SHODENSHA
SHINSHO

織田信長の外交

谷口克広

祥伝社新書

はじめに

織田信長に関して、驚くべき現象が起こっている。このわずか数年間に、信長に焦点を合わせた書籍（とりあえず「信長本」と呼んでおく）が、大量に刊行されたのである。なかでも二〇一四年は、この年だけで七冊も上梓《じょうし》されるという異常ぶりだ。

このような現象は、以前にもあった。たとえば、NHK大河ドラマ「信長 KING OF ZIPANGU」の放映前年にあたる一九九一年には、いわゆる〝あやかり本〟で書店の店頭が埋め尽くされた。

しかし、今回はその時とは違う。中世・近世の各分野で顕著な実績のある研究者が、あえて信長を取り上げ、一般の読者向けにそれぞれの見解を披露している。一冊一冊が立派な啓蒙書なのである。このような現象は長年、信長に〝つきあってきた〟私にも、記憶にない。

さて、数多くの「信長本」のなかで紹介されている信長は、それぞれ違った顔をしている。しかし、全体を通じて言えるのは、昔から評価されてきた「革命児」とかけ離れているだけでなく、「英雄」のイメージさえ薄れた地味な姿が描かれていることである。これは、真実の信長像としてそのまま受け入れるべきであろうか。

私がこれまで守り通してきたスタンスは、第一に信長を革命児として扱わないこと、第二に過度に英雄視しないことであった。したがって、最近出された「信長本」に描かれた信長像と私の信長像とは、共通点が多い。ただ、私が心配するのは次のことである。

読者は、どうしてもインパクトの強い説に流されがちである。これまでも、たとえば本能寺の変の黒幕説をはじめ、読者の多くを幻惑してきた。しかし、これは啓蒙書を著《あら》わす時、著者が心せねばならないことであろう。

私は、信長を革命児としても、極端な英雄としても扱ってはいないけれど、彼の資質が他の戦国大名に比べて抜きん出ていたことを認めてはいる。彼の天才的ひらめき、果敢な行動力については、信憑性《しんぴょうせい》の高い史料からも読み取ることができるからである。

そして、彼の行動を追って特に感じることは、彼がこの時代には珍しいほどの合理主義者だったことである。この合理主義こそが、信長をして全国統一へ向けた原動力になったと考えてよいだろう。

合理主義者・信長は、戦いとは合戦だけでないことを十分に心得ていた。だから、戦略・戦術的な努力のいっぽう、周囲との外交にも心を砕《くだ》いた。長年にわたって戦いを勝ち抜いていくためには、合戦と外交が車の両輪であることを、彼は知っていたのである。
この小著は、信長の合戦と外交とを組み合わせて叙述している。相手は天皇をも含めた全階層、地域は日本の全域にわたる信長ならではの外交を、おなじみの信長の合戦のなかで賞味していただきたい。

平成二十七年九月

谷口《たにぐち》 克広《かつひろ》

目次

第三章　信長包囲網をめぐる外交

第四章　「天下人」としての外交

第五章　北陸から西国にわたる戦いと外交

第六章　全国統一の進展と外交

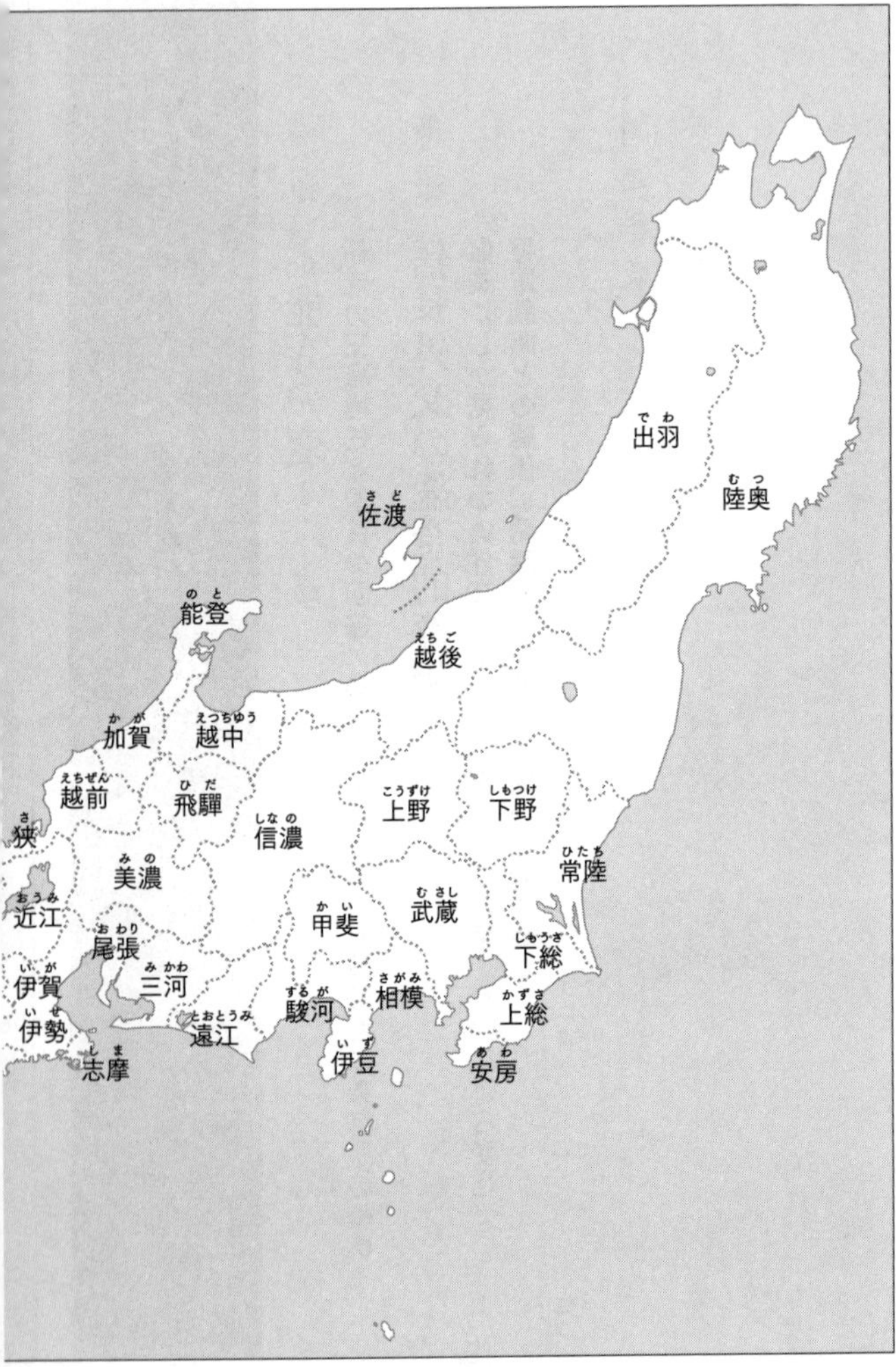
出羽《でわ》
陸奥《むつ》
佐渡《さど》
能登《のと》
越後《えちご》
加賀《かが》
越中《えっちゅう》
越前《えちぜん》
飛驒《ひだ》
信濃《しなの》
上野《こうずけ》
下野《しもつけ》
狭《さ》
美濃《みの》
常陸《ひたち》
近江《おうみ》
甲斐《かい》
武蔵《むさし》
尾張《おわり》
下総《しもうさ》
伊賀《いが》
三河《みかわ》
相模《さがみ》
駿河《するが》
上総《かずさ》
伊勢《いせ》
遠江《とおとうみ》
伊豆《いず》
安房《あわ》
志摩《しま》

図表1　戦国期の国名・国境

国名	都道府県
陸奥	青森
	岩手
	宮城
	福島
出羽	秋田
	山形
越後	新潟
佐渡	
上野	群馬
下野	栃木
常陸	茨城
下総	千葉
上総	
安房	
武蔵	埼玉
	東京
相模	神奈川
甲斐	山梨
信濃	長野
伊豆	静岡
駿河	
遠江	
三河	愛知
尾張	
美濃	岐阜
飛騨	
越中	富山
能登	石川
加賀	
越前	福井
若狭	
近江	滋賀
伊勢	三重
伊賀	
志摩	
紀伊	和歌山
大和	奈良
山城	京都
丹後	
丹波	兵庫
但馬	
淡路	
播磨	
摂津	大阪
和泉	
河内	
阿波	徳島
土佐	高知
伊予	愛媛
讃岐	香川
備前	岡山
美作	
備中	
因幡	鳥取
伯耆	
隠岐	島根
出雲	
石見	
備後	広島
安芸	
周防	山口
長門	
筑前	福岡
筑後	
豊前	
豊後	大分
日向	宮崎
大隅	鹿児島
薩摩	
肥後	熊本
肥前	佐賀
壱岐	長崎
対馬	

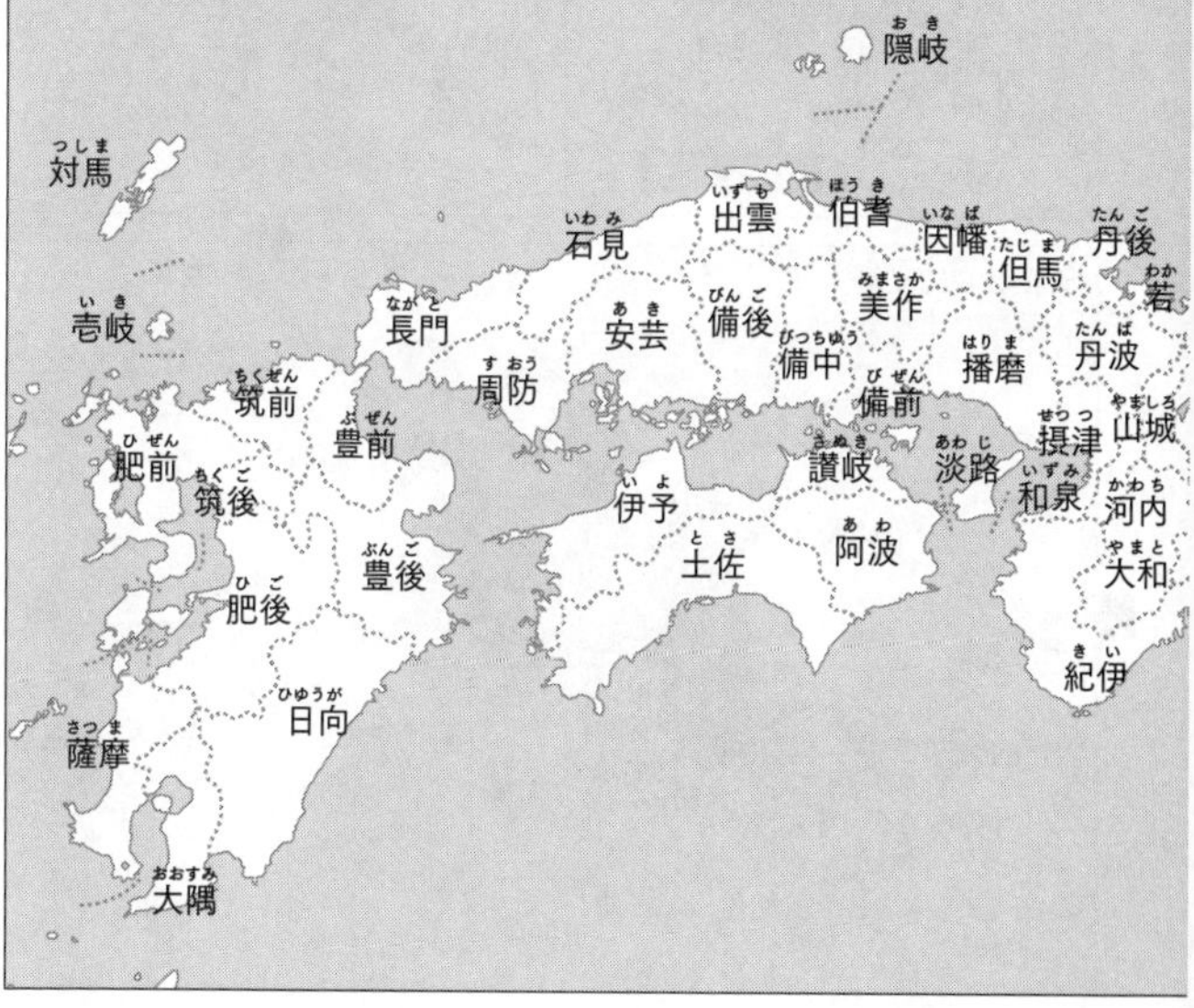

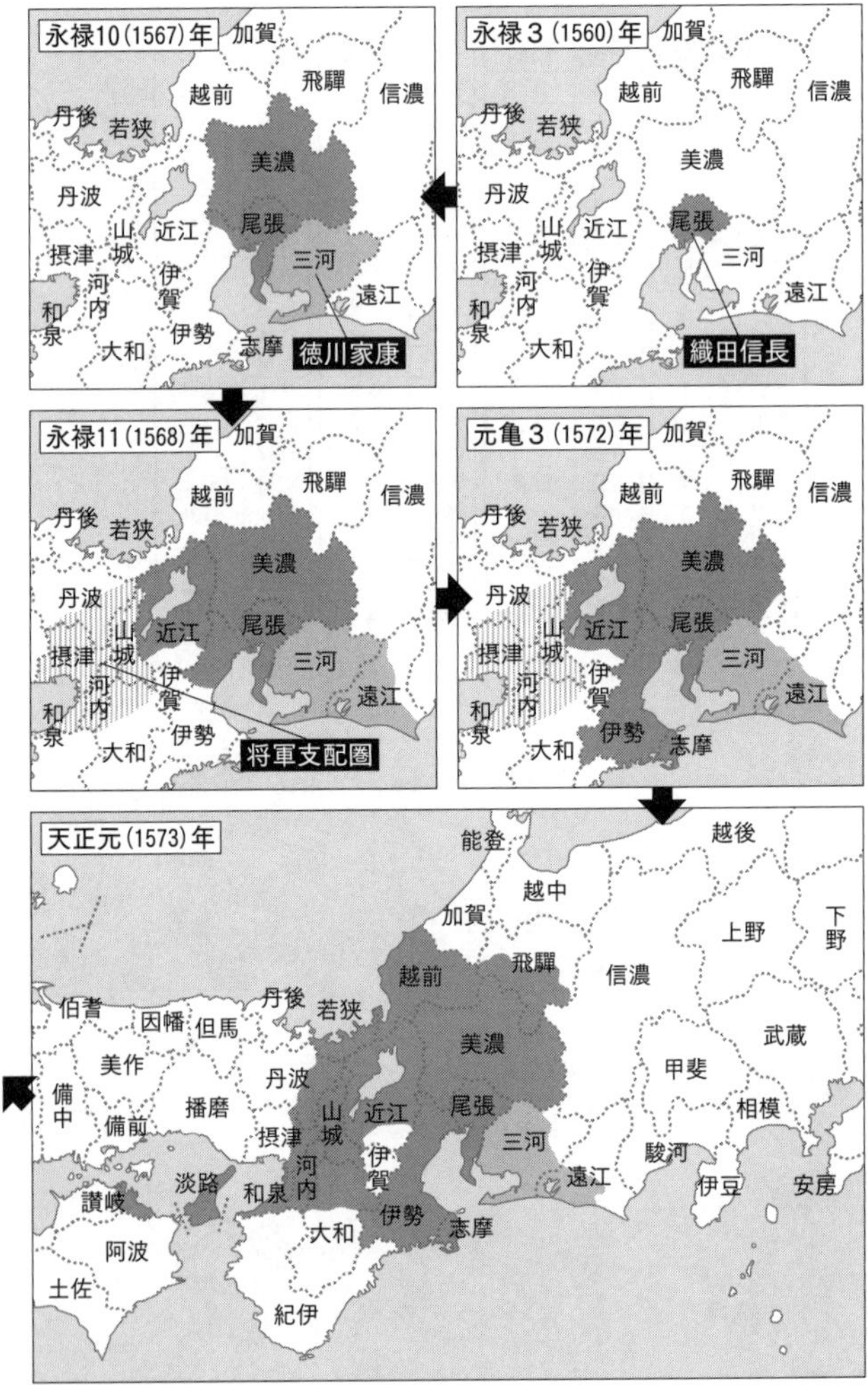
永禄3（1560）年
加賀
飛驒
越前
信濃
丹後
若狭
美濃
丹波
尾張
山城
近江
摂津
三河
河内
伊賀
遠江
和泉
大和
織田信長
永禄10（1567）年
加賀
飛驒
越前
信濃
丹後
若狭
美濃
丹波
尾張
山城
近江
摂津
三河
河内
伊賀
遠江
和泉
大和
伊勢
志摩
徳川家康
永禄11（1568）年
加賀
飛驒
越前
信濃
丹後
若狭
美濃
丹波
尾張
山城
近江
摂津
三河
河内
伊賀
遠江
和泉
大和
伊勢
将軍支配圏
元亀3（1572）年
加賀
飛驒
越前
信濃
丹後
若狭
美濃
丹波
尾張
山城
近江
摂津
三河
河内
伊賀
遠江
和泉
伊勢
大和
志摩
天正元（1573）年
能登
越後
越中
加賀
上野
下野
飛驒
越前
信濃
丹後
若狭
伯耆
因幡
但馬
美濃
武蔵
美作
丹波
甲斐
備中
播磨
近江
尾張
相模
備前
山城
摂津
三河
駿河
河内
伊賀
淡路
遠江
和泉
伊豆
安房
讃岐
伊勢
大和
志摩
阿波
土佐
紀伊

図表2　信長の版図《はんと》の変遷

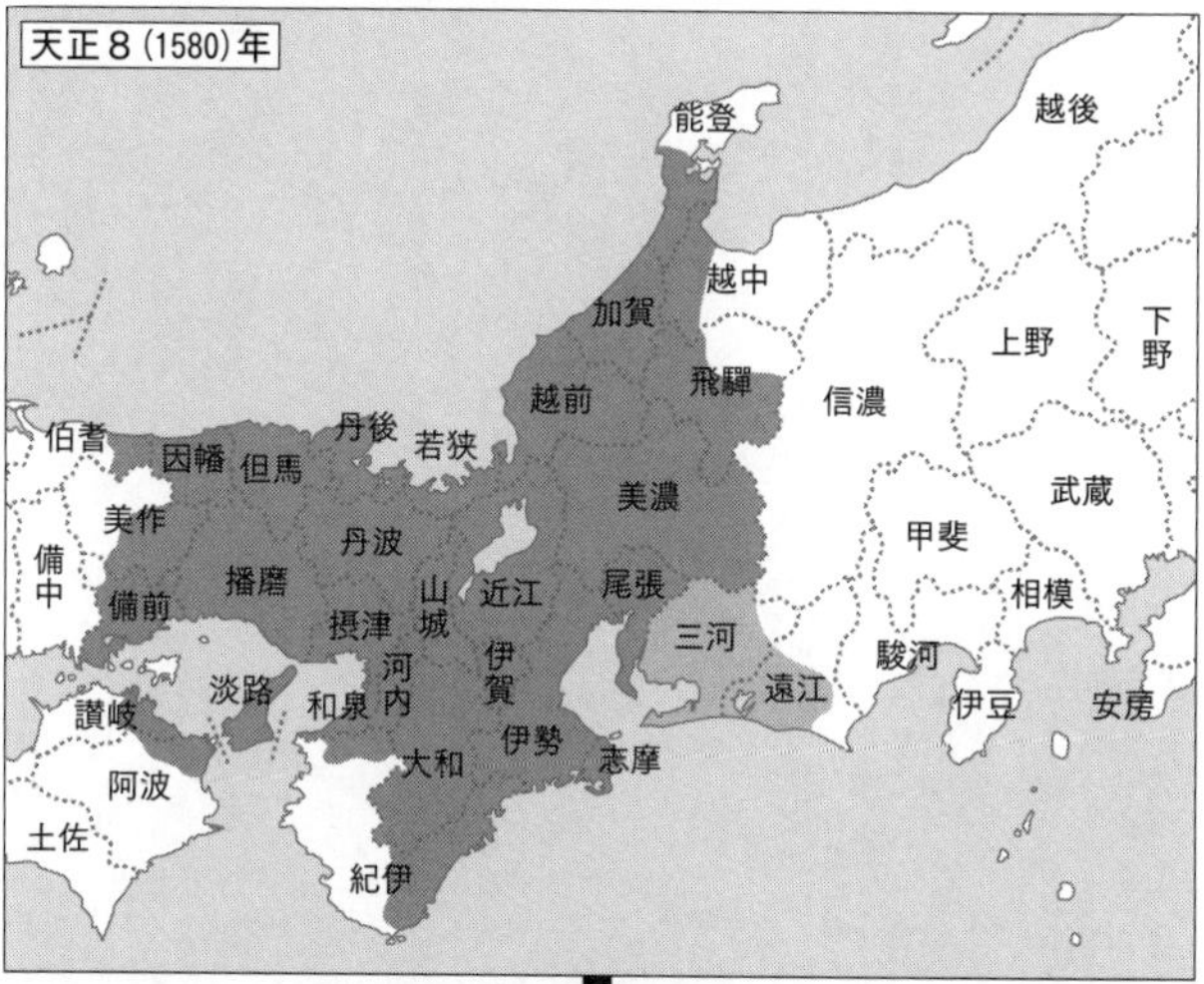

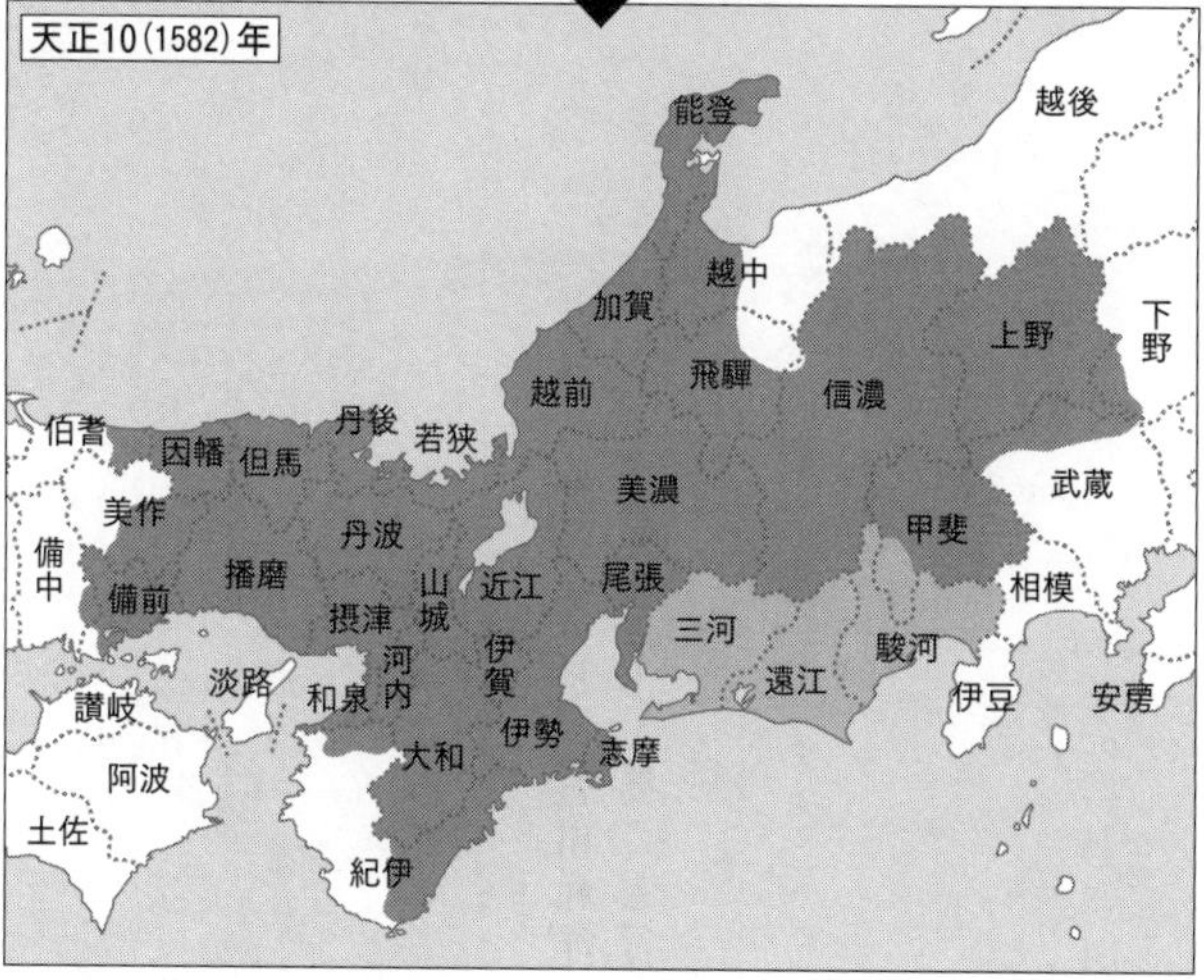

本文デザイン……盛川和洋
図表作成……篠　宏行

序　信長と信玄《しんげん》

永禄《えいろく》十（一五六七）年十一月某日、ところは甲斐《かい》の躑躅《つつじ》ヶ崎館《さきやかた》。

武田信玄《たけだしんげん》は、家老衆を前にしてはっきりと言い切った。

「信長という男は……」

「いささかも偽《いつわ》りのない、誠実な男である」

並みいる家老衆はもちろん、信玄のその一言《ひとこと》で納得したわけではない。

「ですが、お屋形様《やかたさま》、信長は桶狭間《おけはざま》で今川《いまがわ》を討《う》った時分《じぶん》とは違いますぞ。あれから七年、今や尾張《おわり》・美濃《みの》を掌中《しょうちゅう》に収め、岐阜城に住んで、上洛《じょうらく》をもねらう勢いでございます」

「それに信長というのは野心家で、策謀の多い人物と聞いております。今度の申し込みも陰《かげ》で何を考えているかわかりません」

信長の使者の織田掃部助《かもんのすけ》という者が、まさに今、館に滞在中なのである。その用件は、信玄の娘で今年七歳になる松《まつ》姫を信長の嫡男《ちやくなん》奇妙丸《きみようまる》（のちの信忠《のぶただ》）の正室としてもらい受けたい、という申し出であった。つまり信長は、信玄との縁組《えんぐみ》を深めることを願ったのである。しかし、家老たちのほとんどは反対した。この際、色よい返事は控えるべきだ、と信玄に諫言《かんげん》したのである。

それに対して信玄は言う。

「信長からの音信のなかで、わしが着るための小袖《こそで》は別の箱に入れている。その箱は、特別注文して作らせたものらしく、念を入れた作りになっており、きちんと武田菱《たけだびし》を描いた蒔絵《まきえ》をほどこしてある。漆《うるし》も厚く塗っており、試《ため》しに削《けず》らせてみたが、下地も堅固《けんご》なものを用いていた」

ここで信玄は、近習《きんじゆう》（主君のそばに仕える役《やく》）に命じて奥から唐櫃《からびつ》を持ってこさせた。その唐櫃のなかには、漆塗りの箱がいくつか納められていた。

「みな、ここに来てよく見るがよい。これらの箱こそ、今わしの言った信長から贈られたものだ」

前に進んでその箱を取り出して見る家老たちに対し、信玄はさらに言う。

「人の真実・不実は、音物《いんもつ》を見ればわかることだ。一度や二度は念を入れたとしても、三度目以後となると、特別の関係を除き、それを通すことは困難だ。だが信長は、一昨年縁戚となって以来、ずっと手を抜くことがない。こちらからはこの二年間に一度も贈品《ぞうひん》などしたことがないのに、信長はなんと一年間に七度も音信をよこしてくる。この信玄との縁を深めたいという信長の気持ちは真実なものであろう」

家老の面々は、もはや返す言葉がなかった。

こうして、信玄の娘お松と奇妙丸との婚約は決まり、武田氏と織田氏はあらためて姻戚《いんせき》関係を強めることになったのである。

◆

元亀《げんき》四（一五七三）年一月下旬、ところは岐阜城。

「信玄坊主《ぼうず》め……」

信長はいきり立っていた。彼が思い出すのは、昨年十月初旬のことである。

「仲良くしていたはずなのに……」

信玄は突然こちらへ向かって出陣してきた。そして十二月下旬には、三方《みかた》ヶ原《はら》で徳川《とくがわ》・織田連合軍を撃ち破った。その後も敵対行動を続けているようである。

「なんと、こんな書状をたくさん写させて、あちこちにばらまいているそうだ。許せぬ」

信長の手にしている書状は、信玄が将軍義昭《よしあき》の側近上野秀政《うえのひでまさ》あてに出した長文の書状。形は上野あてながら、直接将軍にあてた手紙と見なしてよい。手紙には、延暦寺《えんりやくじ》焼き討ちなど信長の犯《おか》した悪行が並べられている。

信長は、その場で右筆《ゆうひつ》（代筆や文書の記録を担当する職制。祐筆とも書く）に命令して、逆に信玄の悪行を並べ立てた書状をしたためさせた。

「こちらも写しをたくさん作るように。そして、その写しを要所要所に配って、できるだけ多くの目に触れるようにせよ」

正月二十七日付け、信玄と同様上野秀政あてに出された信長書状は次の通りである。

一、八〇歳にもなる父親（信虎《のぶとら》）を追放し、放浪させたあげく飢《う》えさせている。これは前代未聞の悪行である。

二、嫡男の太郎（義信《よしのぶ》）を罪もないのに幽閉し、ついに毒殺してしまった。父親を追放し、息子を殺しただけでなく、そのほかの親族をも大勢死なせている。

三、年来《ねんらい》一緒に戦ってきた家臣数名を、一カ所に追い入れて焼き殺した。大悪行と言えよう。付き従う者などいるはずがない。

四、僧形《そうぎょう》を装《よそお》っているくせに、他人の国を侵《おか》し、民《たみ》に被害を与え、破戒の業《わざ》をなし、人の道に背《そむ》く行為を重ねている。これと同様に、比叡山《ひえいざん》の坊主どもも、近年腐敗《ふはい》しきっていたため天道《てんどう》の処罰を受けることになった。信長の仕業《しわざ》ではない。自業自得というものである。

五、大俗《だいぞく》の身で大僧正《だいそうじょう》を号《ごう》するなど、聞いたこともない。

六、今川氏真《うじざね》は信玄にとって甥《おい》なのに、その甥の国を乗っ取った。これも前代未聞である。

七、北条氏政《ほうじょううじまさ》は婿《むこ》にあたるのに攻撃したり、舅《しゅうと》にあたる諏訪頼重《すわよりしげ》をだまし討ちにしたり、これまた前代未聞の所行である。

このように、七カ条にわたって信玄の悪行を並べたあげく、信長は次のように宣伝している。

「これほどの悪逆を仏神《ぶつしん》も憎みたまうゆえか、信玄は一〇カ国も知行《ちぎょう》できないままなのです。それにひきかえ、信長は禁中《きんちゅう》（朝廷）を重んじ、公方《くぼう》（将軍）を奉《たてまつ》り、民を哀《あわ》れむなど天道にかなった行ないを通しているから、天下を仕置《しお》きし、国家興隆《こうりゅう》、子孫繁栄が約束されております。これも仏神の御心《みこころ》にかなっているからであります。どうか佞人《ねいじん》を用いたりせず、讒臣《ざんしん》の言うことなどお聞きにならないでください」

信玄と信長によるこの中傷《ちゆうしよう》合戦があってまもなく、将軍義昭が反信長の旗幟《きし》を鮮明にして立ち上がることになる。義昭は、信玄の軍が尾張・美濃まで進んで信長の軍を撃ち破ることを期待したわけである。

しかし、信玄の軍は三河《みかわ》で止まった。三河から軍を返した信玄は、甲斐に戻れないまま生涯を終えるのである。

◆

信玄の死から二年たった天正《てんしよう》三（一五七五）年五月二十一日、信長は長篠《ながしの》の戦いで、武田勝頼《かつより》の指揮する軍勢を完膚《かんぷ》なきまでに叩《たた》きのめした。五日後、この大勝利を国元《くにもと》の長《なが》岡《おか》（細川《ほそかわ》）藤孝《ふじたか》に伝えた書状のなかで、信長は次のように言っている。

「信玄入道《にゆうどう》は裏表《うらおもて》のあるやつで、わしから受けた恩を忘れて好き勝手な振る舞いをした。勝頼もまた同じであった」

以後、武田氏は衰退の一途《いつと》をたどる。北条氏との外交に失敗した勝頼が信長に和睦を求めてきた時も、信長は見向きもしなかった。信玄に裏切られた時の恨《うら》みがずっと残っていたのである。

武田攻《ぜ》めの機会がやってきたのは、天正十年二月だった。木曾《きそ》の木曾義昌《よしまさ》の内通《ないつう》を契機に信長は、信忠指揮下の軍勢を信濃《しなの》に出した。信忠の軍に攻撃された武田の城々は、見るに耐えない状態で、ほとんどは戦わずして逃亡した。戦いらしい戦いがあったのはたったひとつ、勝頼の弟仁科盛信《にしなもりのぶ》の守る高遠城《たかとお》のみだった。

こうして三月十一日、甲斐天目山《てんもくざん》に追い込まれた武田勝頼は自害し、武田家は滅亡した。信長と信玄がたがいの子を婚約させて姻戚関係を強めてから一五年後、ふたりが仲違いしてから一〇年後のことだった。

第一章

家《か》督《とく》相続後の戦いと外交

第一節　父信秀《のぶひで》の死

織田家のルーツ

天文《てんぶん》二十一（一五五二）年三月三日、織田信秀は、尾張愛知《あいち》郡末盛《すえもり》城において波乱に満ちた生涯を閉じた。まだ四二歳（一説には四一歳）という若さだった。信秀とは、ほかならぬ信長の父である。

信長の家系は、もともとそれほど高い家柄ではない。尾張の守護《しゅご》は十四世紀末から斯波《しば》氏が任じられている。織田氏は、その守護代《しゅごだい》（在国しない守護に代わり行政を司《つかさど》る）を務めた一族である。織田家は十五世紀のうちに多く分かれていったが、主流をなすのは二家であった。岩倉《いわくら》城を拠点とする伊勢守《いせのかみ》家と清須《きよす》に拠《よ》る大和守《やまとのかみ》家である（図表3）。

信長の曾祖父《そうそふ》とされている良信《すけのぶ》は、大和守家の奉行《ぶぎょう》のひとりであった。つまり、守護代の家臣の家柄である。良信以来「弾正忠《だんじょうのちゅう》」の官名《かんめい》を通称としたので、便宜上「弾正忠家」と呼ぶことにする。

良信に続いて「弾正忠」を称したのは、信貞《のぶさだ》である。やはり大和守家の奉行の身分だから、良信の息子と思われる。そして、織田家の系譜類では、信秀の父（つまり信長の祖父）とされている信定《のぶさだ》と音が同じであることから、信貞と信定が同一人物であることは確実であろう。

信貞（信定）は大永《だいえい》年間（一五二一～一五二八年）に尾張西部に勝幡《しょばた》城（図表4）を築き、津島《つしま》を勢力下に置くことに成功した。彼が津島の豊かな経済力を掌握《しょうあく》したことによって、弾正忠家のその後の発展が大きく促進されることになる。

その息子信秀の代になって、弾正忠家の勢力はさらに強まる。清須の守護・守護代をも凌《しの》ぐほどの実力を持つようになるのである。

図表3　尾張の支配体制

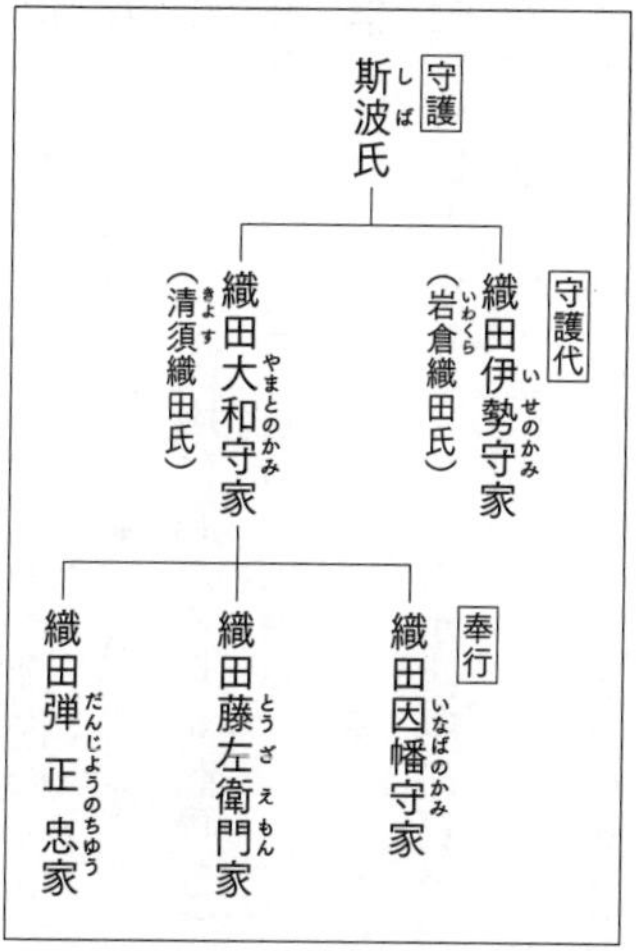

『信長公記《しんちょうこうき》』首巻《しゅかん》には、「去《さ》て備後《びんご》殿（信秀のこと、晩年は備後守を称した）は馮《たの》み勢《ぜい》をなされ、一カ月は美濃国へ御働《おはたら》き、又《また》翌月三州《さんしゅう》（三河）の国へ御出勢《ごしゅつぜい》」とある。自軍だけでなく尾張のほぼ広域にわたる兵を動員して、時には東方の今川氏と、時には北方の斎藤《さいとう》氏と戦っていたことが読み取れる。

信長は、この信秀の三番目（二番目ともいう）の男子として生まれたのだが、誕生した天文三年頃とは、まさに信秀が津島の経済力を背景に、着々と勢力を高めている最中だったのである。

尾張随一《ずいいち》の実力者に成長したように見える織田信秀だが、両面に敵を控えた状態で勢力を維持していくのはやはり難しかった。信長の成長期には苦戦が続くようになる。

天文十三年九月、美濃稲葉山《いなばやま》城攻めで手痛い敗北を喫《きっ》し、弟信康《のぶやす》をはじめ、大勢の重臣を失ってしまう。さらに同十七年三月、三河小豆坂《あずきざか》の戦いで今川軍に敗れ、まもなく三河の拠点の安祥《あんしょう》城を取り返された。

このように失敗が重なると、国内での威信も失われ、清須の守護代勢力との関係も険悪《けんあく》になっていった。逆風のなか、信秀が考えたのは、いっぽうの敵だった斎藤道三《どうさん》と和睦《わぼく》するという戦略であった。天文十八年と思われるが、信長が道三の娘濃《のう》姫（一般には「帰《き》蝶《ちょう》」の名で呼ばれている）と結婚することになり、織田と斎藤の同盟が成立するのである。

その後三年ほどで信秀は死んでしまう。信長にとって、尾張の外だけでなく内にも敵を控えた状態だった。そればかりか、弾正忠家のなかにも複雑な問題がからんでいた様子が見られる。まず信秀が病死するまでの二～三年間の様子について、可能な限り考察を進めてみよう。

図表4　尾張要図

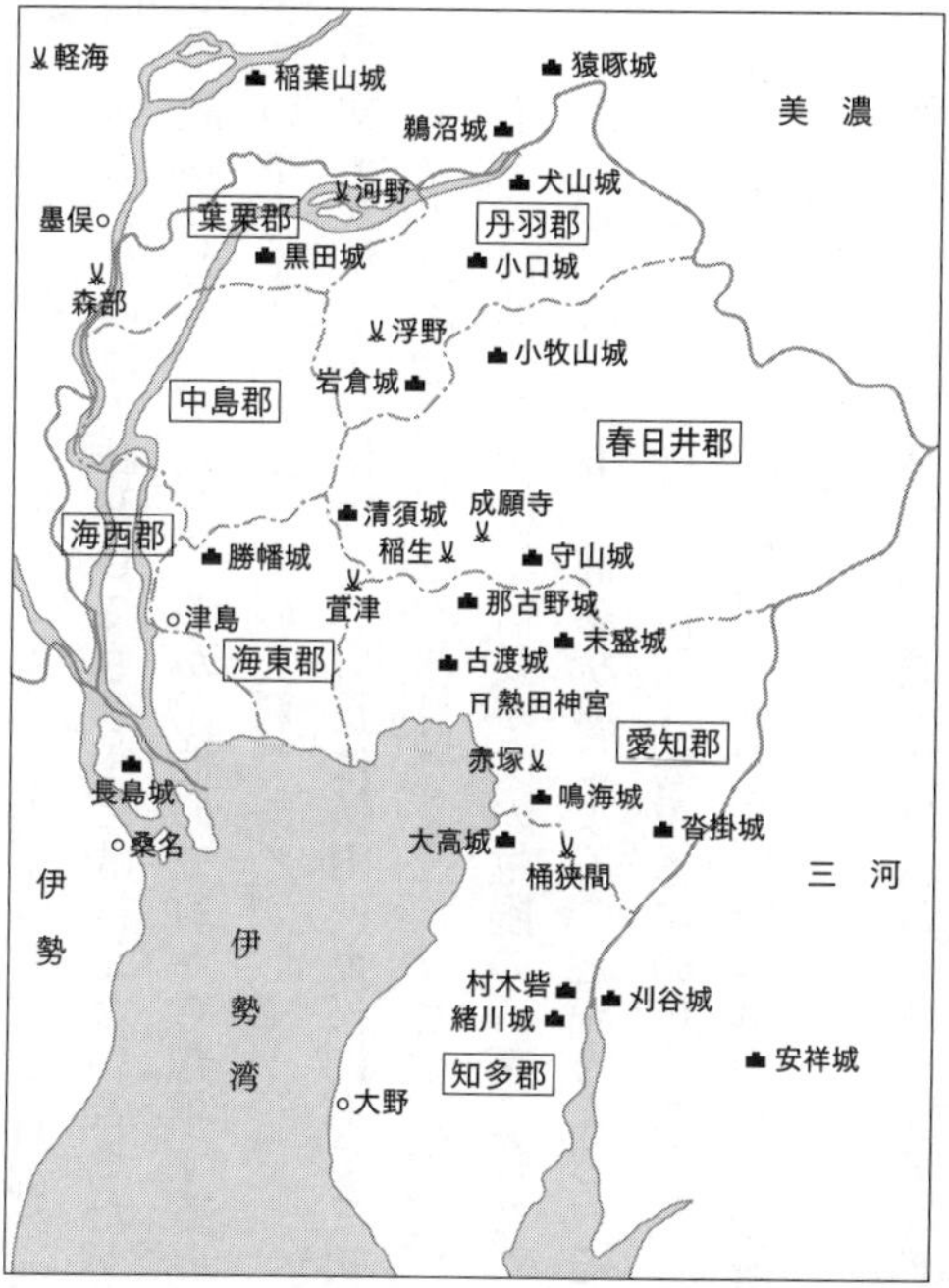

信秀の病死は突然死か？

信秀の死については、『信長公記』首巻に次のように記されている。

「備後守殿（信秀）疫癘《えきれい》（病《やまい》）御悩みなされ、さまざま御祈禱《ごきとう》、御療治《ごりょうじ》候《そうろう》といへども御平癒《ごへいゆ》なく、終《つい》に（天文二十一年）三月三日御年《おんとし》四十二と申すに御遷化《ごせんげ》」

四二歳というのは当時としても老年とは言えない若さだが、彼の死が突然ではなかったことが読み取れる。それどころか、他の史料から類推すると、数年ほど病床にあったようだ。その事実を示すのが、次の史料である。

①天文十八年十一月付けで、信長は熱田《あつた》八カ村にあてて制札《せいさつ》（規則を木札に書いたもの）を下《くだ》している（『加藤秀一氏所蔵文書《かとうしゅういちししょぞうもんじょ》』）。これが信長の初見《しょけん》文書なのだが、この文書によって信秀の在世中に信長が父の権限の一部を代行していたことが知られる。その理由としては、信秀の健康状態によることが考えられる。ただしそのいっぽう、天文十九年十一月一日付けの祖父江秀重《そぶえひでしげ》あての信秀の判物《はんもつ》（大名などが花押《かおう》を押した文書）も見られるから、闘病のかたわら、時には政務に取り組んでいたものと思われる（『氷室光太夫家《ひむろこうだゆうけ》文書』）。

②伊勢《いせ》神宮の祠官《しかん》で連歌師《れんがし》の荒木田守武《あらきだもりたけ》は、天文十八年四月に信秀から贈品を受けているが、その日記には信秀を「弾正忠入道」と記しており、「若殿」（信長ヵ）からも物を贈られている（『荒木田守武日記』）。信秀がこの時点で隠居していたと、とらえられており、そこから、彼の病気がすでに周囲に知られていたため、と考えることもでき

る。

③十一月五日付けの、土岐小次郎《ときこじろう》あて織田寛近《とおちか》書状には、はっきりと「備後守（信秀）病中ゆえ」という文言がある。問題はこの文書の発給年だが、村岡幹生《むらおかみきお》氏は、その内容等から天文二十年のものと推定している（村岡氏二〇一一年論文）。

以上、三点の史料によって、信秀の病《やまい》が天文十八年頃から進んでおり、嫡男の信長が政務の一部を代行していることが推測される。

②に挙げた『荒木田守武日記』の記載からは、一見すでに信長の家督相続がなされているようにも思われるが、天文十九年十一月一日付けで、信秀自身が祖父江秀重に安堵状《あんどじょう》を発しているところを見ると、まだ家督は信秀が保持していたものと判断してよかろう。

信長のライバル

信秀が病に倒れたと推測される天文十八年には、信長は一六歳（数え年）になっている。評判の「大うつけ」だったかどうかはともかく、年齢だけから言えば、立派な成人である。

信秀の男子は知られる限りでも一二人いるが（図表5）、信長は出生順では信広《のぶひろ》・秀俊《ひでとし》

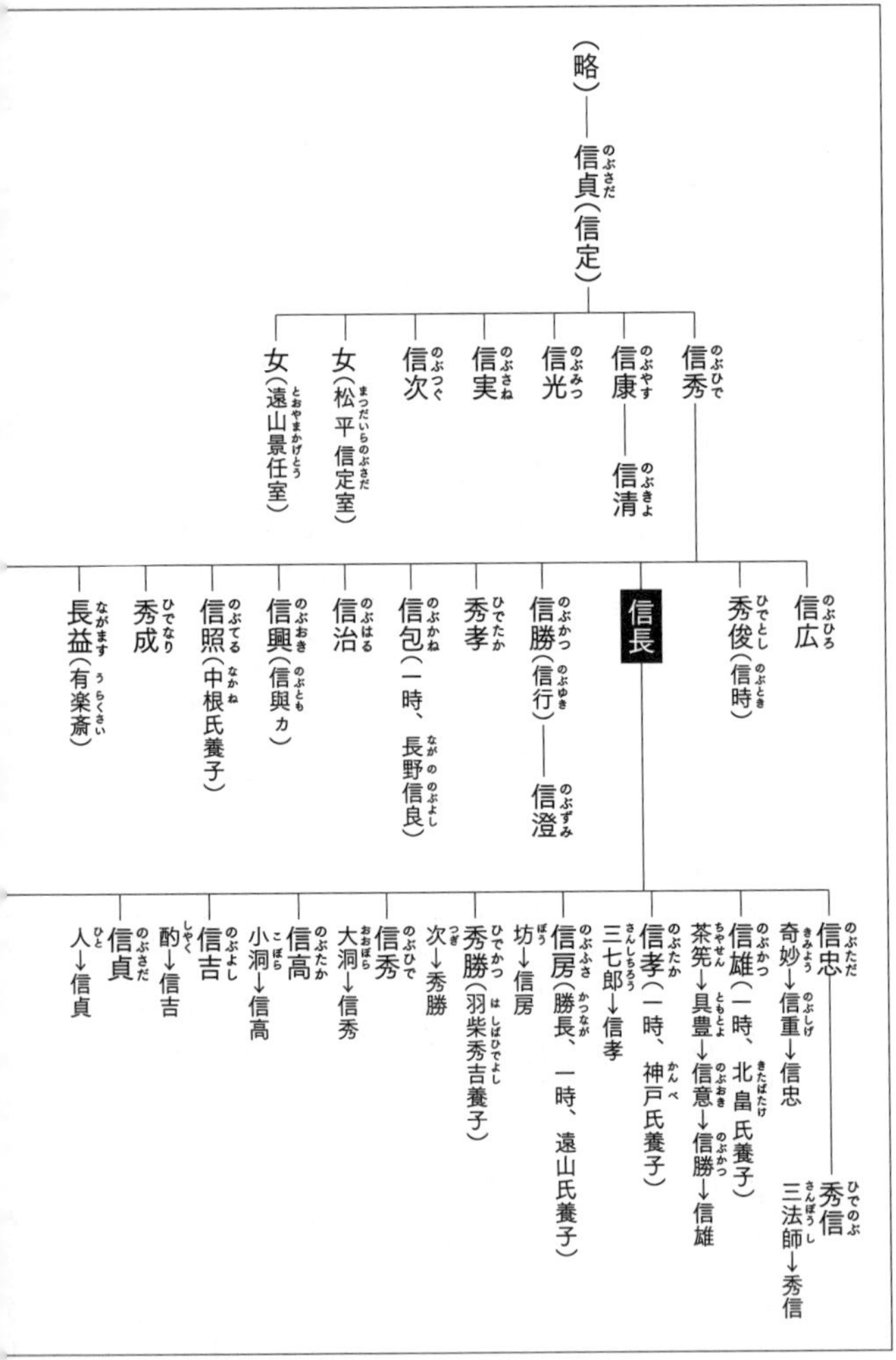
（略）
信貞《のぶさだ》（信定）
信秀《のぶひで》
信康《のぶやす》
信清《のぶきよ》
信光《のぶみつ》
信実《のぶさね》
信次《のぶつぐ》
女（松平信定室《まつだいらのぶさだ》）
女（遠山景任室《とおやまかげとう》）
信広《のぶひろ》
秀俊《ひでとし》（信時《のぶとき》）
信長
信勝《のぶかつ》（信行《のぶゆき》）
信澄《のぶずみ》
秀孝《ひでたか》
信包《のぶかね》（一時、長野信良《ながののぶよし》）
信治《のぶはる》
信興《のぶおき》（信與《のぶとも》カ）
信照《のぶてる》（中根《なかね》氏養子）
秀成《ひでなり》
長益《ながます》（有楽斎《うらくさい》）
信忠《のぶただ》
奇妙《きみょう》→信重《のぶしげ》→信忠
秀信《ひでのぶ》
三法師《さんぼうし》→秀信
信雄《のぶかつ》（一時、北畠《きたばたけ》氏養子）
茶筅《ちゃせん》→具豊《ともとよ》→信意《のぶおき》→信勝《のぶかつ》→信雄
信孝《のぶたか》（一時、神戸《かんべ》氏養子）
三七郎《さんしちろう》→信孝
信房《のぶふさ》（勝長《かつなが》、一時、遠山氏養子）
坊《ぼう》→信房
秀勝《ひでかつ》（羽柴秀吉《はしばひでよし》養子）
次《つぎ》→秀勝
信秀《のぶひで》
大洞《おおぼら》→信秀
信高《のぶたか》
小洞《こぼら》→信高
信吉《のぶよし》
酌《しゃく》→信吉
信貞《のぶさだ》
人《ひと》→信貞

図表5 織田家の系図

長利《ながとし》
女（神保氏張《じんぼうじはる》室、のち稲葉貞通《いなばさだみち》室）
女（織田信清室）
女（斎藤秀龍《さいとうひでたつ》［道三《どうさん》カ］室）
女（遠山直廉《なおかど》室）
女（名は市《いち》、浅井長政《あざいながまさ》室、のち柴田勝家《しばたかついえ》室）
女（織田信直室）
女（織田信成室）
女（名は犬《いぬ》、佐治信方《さじのぶかた》室、のち細川信良《ほそかわのぶよし》室）
女（津田出雲守《つだいずものかみ》室）
女（飯尾尚清《いいのおひさきよ》室）
女（津田元嘉《もとよし》室）
女（牧長清《まきながきよ》室）

信好《のぶよし》
長《ちょう》→信好
長次《ながつぐ》
縁《えん》→長次
女（名は冬《ふゆ》カ、蒲生氏郷《がもううじさと》室）
女（名は五徳《ごとく》、松平信康《のぶやす》室）
女（筒井定次《つついさだつぐ》室）
女（前田利長《まえだとしなが》室）
女（丹羽長重《にわながしげ》室）
女（豊臣《とよとみ》秀吉側室、三《さん》の丸《まる》殿）
女（名は振《ふり》、水野忠胤《みずのただたね》室）
女（中川秀政《なかがわひでまさ》室）
女（万里小路充房《までのこうじあつふさ》室）
女（徳大寺実久《とくだいじさねひさ》室）
養女（遠山直廉の女、武田勝頼《たけだかつより》室）
養女（赤松《あかまつ》氏の女、二条昭実《にじょうあきざね》室）

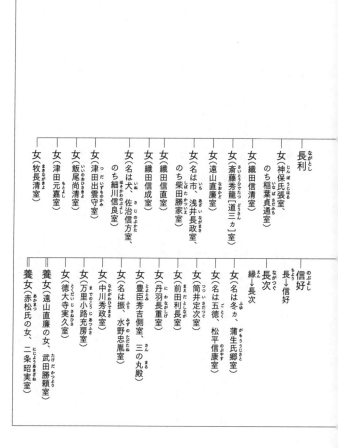

に続く三番目である（秀俊については、信長の弟という説もある）。ただ、信広も秀俊も庶出《しゅつ》（本妻以外の女性から産まれた子）であることから、信長が弾正忠家の跡取《あとと》り候補のナンバーワンとして扱われたわけである。

しかし、信長は、他の追従を許さない絶対的な候補だったとは言えない。この時代は乱世だけに、長子《ちょうし》相続、嫡男相続がけっして最優先視されているわけではなかった。器量が優先とされた時代なのである。そして、器量の評価を行なうのは一族・家臣など周囲の者たちである。

つまり、一族・重臣たちが盛り立ててこその家督なのであった。特に織田弾正忠家の場合は、信長の祖父信貞の代からどんどん分家独立を認めていた。たとえば、信秀の弟の信康には犬山《いぬやま》城主、同じく信光《のぶみつ》には守山《もりやま》城主の地位が与えられるといった具合である。

信長と同年代の者たちにしても、従兄弟《いとこ》の信清《のぶきよ》（信康の子）が犬山城主、同母弟の信勝《のぶかつ》（一般には「信行《のぶゆき》」として知られる）が末盛城主として、信長から独立して勢力を維持していた。いわば分権状態だったわけである。

このなかで、信秀の死没時点における信長のライバルと目《もく》される人物は、叔父《おじ》の信光、弟の信勝、それに異母兄の信広あたりであろうか。

信光は信長にとって最年長の叔父である。しかも小豆坂の戦いから交名《きょうみょう》（多くの人名が書き連《つら》ねられた文書）に記されているほどの歴戦《れきせん》の強者《つわもの》である。『信長公記』首巻に「一段の武篇者《ぶへんもの》なり」と紹介されている。自身が家督候補になるのは難しいとしても、一族のなかで大きな影響力を持っていたことが想像されよう。

信広は、信秀の若年時の子のようで、信長より四～五歳ほど年長と思われる。母親はわからないが、少なくとも高い家柄ではない。対今川氏最前線の安祥城の城将《じょうしょう》として置かれたが、天文十八年に今川軍の攻撃を受けて開城、捕虜《ほりょ》となる。この後、織田に人質になっていた松平竹千代《まつだいらたけちよ》（のちの徳川家康《いえやす》）との交換で、尾張に帰還したが、彼にとってマイナス評価になったものと想像される。

信長にとって、もっとも強力なライバルだったのが、同母弟の信勝であろう。信勝の生年《せいねん》は伝わらないが、彼の活動ぶりから推《お》して信長とはあまり年齢差はないようで、二歳からせいぜい三歳ぐらいの年少だったものと思われる。

信長と信勝の家督をめぐる争いについては周知されてきた事実だが、近年になって村岡幹生氏が細密な検証を行なうことにより、新しい見解を唱えている（村岡氏前掲論文）。この村岡氏の説を紹介し、再検討しながら、次節で信長・信勝兄弟の家督争いの様子を追っていくことにしたい。

第二節　弟信勝《のぶかつ》との家督争い

信勝の攻勢

まだ信秀の生前だが、天文二十（一五五一）年九月二十日付けで、熱田《あつた》神宮座主《ざす》の憲信《けんしん》に尾張笠覆寺《りゅうふくじ》領における権益を安堵した信勝の判物がある。その文書中には、「備後守（信秀）ならびに三郎（信長）先判《せんぱん》の旨《むね》に任《まか》せて」という文言が見られる（『密蔵院文書《みつぞういんもんじょ》』）。同じ『密蔵院文書』のなかに、前年の十二月二十三日付けで、信長が憲信にさまざまな権益を安堵した判物も現存しており、この間に熱田座主に対する安堵権が信長から信勝に移ったことがあきらかである。信秀の生前にして、信勝の権限が拡大している様子が見られるわけだが、村岡氏はそこに、信秀と信長との父子間の軋轢《あつれき》を見て取っている。

その頃、将軍義藤《よしふじ》（のちの義輝《よしてる》）が動いて、織田と今川とを和睦させようとしていたことがわかるが、村岡氏は、今川氏との和睦をめぐって、織田方では推進派の信秀と消極的な態度の信長との対立があった、と想定しているのである。そのため、いったん信長を後継と決めながらも、その後、信秀に躊躇《ちゆうちよ》が生じたのではなかろうか、という推測である。

村岡氏はさらに言う。信秀の葬儀の時、信長が異相《いそう》の格好で現われ、抹香《まつこう》を仏前に投げつけたのは有名な逸話《いつわ》だが、それは信長の父に対する憂《う》さ晴《ば》らしであり、家督の地位を放棄する覚悟を持ったうえでの行動であった。そして、葬儀の記事に続く『信長公記』首巻の次の件《くだり》を引用して、信長が信勝に家督を譲《ゆず》ったとしている。

「一、末盛の城勘十郎公《かんじゆうろう》（信勝）へまいり、柴田権六《しばたごんろく》（勝家《かついえ》）・佐久間次右衛門《さくまじえもん》、このほか歴々あい添《そ》へ御譲りなり」

つまり、村岡氏は――この時「御譲り」になったものは「家督」以外ありえない。当時の信秀の領地はだいたい海西《かいさい》・海東《かいとう》・愛知三郡を中心とする地域だったから、その地域の西半分は信長、東半分は信勝が相続する。そして、弾正忠家に仕えている家臣も、兄弟ふたりの間で分割されたもの――という解釈を披瀝《ひれき》しているのである（村岡氏前掲論文）。

支配地域および家臣の分割というのは、あくまでも村岡氏の仮定にすぎない。今のところそれを裏づける史料は、次に挙げる熱田加藤氏の例のみである。

熱田加藤氏と言えば、豪商として熱田の町を支配する半面、織田弾正忠家に仕えていろいろと保護を受けていた。信秀の死後に発給された文書を見ると、加藤家の本家である東加藤家に商売上の諸権益および財産を保障するなど深く結び付いているのは信勝のほうであり、分家である西加藤家に対する保障をもっぱらにしているのが信長、とはっきり分割されている（『加藤文書』『西加藤家文書』）。

ここで言えることは、信秀が死んだ直後に信長が家督を継《つ》いだとしても、それは形式的なものにすぎず、弟の信勝のほうもほぼ同等の権限を認められていた、ということである。

外交戦略による巻き返し

いっぽうの信長にしても、手をこまねいていたわけではない。果敢な戦闘、それに思い切りのよい外交を推《お》し進めることによって、巻き返しを図《はか》る。

清須城内では、守護の斯波義統《よしむね》に対して、守護代織田彦五郎《ひこごろう》の又代《まただい》（守護代の代官）坂《さか》井大膳《いだいぜん》の一派が反抗し、爆発寸前の状態だった。また今川氏とは、先に触れた通り、信秀の最晩年に将軍義藤のすすめで和談が進行していたが、信秀の死によって白紙に戻ってしまったようである。

信長は、身内の反対勢力のほかに、清須の守護代・又代一派、それに今川氏を自分の敵対勢力として位置づけた。逆に味方として信長が設定したのは、次の顔ぶれである。

まず清須の守護代勢力に対しては守護の斯波義統、今川氏に対抗するためには美濃の斎藤道三、そして、信勝ら身内の反対勢力に対抗するために、信光に接近したのである。

信秀が死んですぐに（天文二十一年三月）、鳴海《なるみ》城主の山口教継《やまぐちのりつぐ》が信長に背いた。今川の兵を招き入れ、守備を固めたのである。四月、信長は自《みずか》ら兵を率《ひき》いて出陣、鳴海城を攻撃する。こうして織田と今川との和平交渉は完全に崩《くず》れることになった。信長の軍はその後、鳴海城から出陣した山口九郎二郎《くろうじろう》（教継の子）の軍と赤塚《あかつか》で戦うが、結局勝負はつかず、たがいに兵を引いたという。

同年八月、今度は清須との戦いがあった。その頃、又代坂井大膳が清須第一の実力者だったが、信長方《がた》だった海東郡の城を攻略するなど、あからさまに反信長の動きを見せたのである。信長はすぐに那古野《なごや》城から出陣する。信光も守山城から軍を出し、信長軍に合流した。それに対して清須城からも出撃してきた。

両軍は、清須の南方の萱津《かやつ》の原《はら》で衝突したが、信長方の勝利として終わった。そればかりでなく、信長はさらに進んで、敵方に奪われた海東郡の城をも取り戻した。『定光寺年《じょうこうじねん》代記《だいき》』には、この年九月に今川軍が末盛の南方の八事《やごと》まで侵攻してきた、と記されている。清須の反信長勢力と呼応したのかもしれないが、徒労《とろう》に終わったようである。

この萱津の戦いこそ、信長が父親譲りの戦闘力を持った男である、ということを周囲に知らしめた戦いだった。

清須の守護代勢力に打撃を与えたとはいえ、信長にとって、最大の敵対者は今川氏である。それに対抗するためには、美濃との同盟を強固にしておかねばならない。

天文二十二年四月下旬とされるが、信長は中島《なかじま》郡富田《とみた》の聖徳寺《しょうとくじ》で斎藤道三と会見することになる。道中は異相の姿だったのに、会見の席には正装で現われて堂々と振る舞い、道三の度肝《どぎも》を抜いたという逸話はよく知られている。すでに、信秀・道三の間で同盟が結ばれ、織田弾正忠家と美濃斎藤氏は姻戚関係になっていたが、あらためて婿と舅が顔を合わせることで、両者のつながりが密接になったことはまちがいない。

村岡氏は、この機会に、信長が道三から全面支援の約束を取り付けた様子である、と述べているが、それは、この翌年の村木《むらき》砦《とりで》攻めの時の道三の援助を見ても、確かなようである（村岡氏前掲論文）。

翌年一月、今川氏は水野信元《みずののぶもと》の緒川《おがわ》城攻略を企《くわだ》てる。そして、緒川城の北方に付城《つけじろ》

（敵城攻略のために築かれる城）として、村木砦を築いた。水野信元は、織田・今川両勢力の接点に位置して、この一〇年間ずっと織田方を貫《つらぬ》いてきた貴重な味方である。ここで今川の進出を許すわけにはいかない――信長は緒川救援を決意した。しかし、清須に気を許せる状態ではない。

そこで信長は、斎藤道三に応援部隊の派遣を要請する。道三は快《こころよ》く安藤守就《あんどうもりなり》の部隊を出してくれた。信長は安藤の隊を那古野城の留守隊とし、自軍を率いて出陣する。信光も協力して、攻撃軍に加わる。信長は、道三・信光という同盟者のおかげで、なんとか水野の危機を救うことができた。

道三との会見から三カ月後、清須城内でたいへんな事態が起こった。守護の斯波義統が殺害されたのである。坂井大膳が中心となって企てたクーデターだった。義統の嫡男岩《がん》龍丸《りゅうまる》（のちの義銀《よしかね》）が屈強な家臣たちを引き連れて川遊びに行った隙《すき》をねらったのだという。

この事件も、結果的には信長に幸運をもたらす。父の最期《さいご》を聞いた岩龍丸がまっすぐ那古野へ逃《のが》れてきて、信長に保護を求めたからである。守護の正統な後継者を手元に置くことによって、大義名分を手に入れることができた。信長はさっそく柴田勝家に命じて清須を攻めさせ、成願寺《じょうがんじ》における戦いで、かなりの成果を挙げることができた。

この頃、清須城内はすっかり混乱した状態だったものと思われる。守護代織田彦五郎はいたものの、実権は坂井大膳が握っている。その大膳にしても、いくさのたびに盟友を失い、今や孤立した状態である。

ここで、策士の大膳は、彦五郎とともに両守護代として奉るという条件で、信光に近づき、苦境を脱しようとした。信長と信光との間を離反させることがねらいだったのだろう。

しかし、信長・信光側の策略のほうが上だった。四月二十日、承知したふりをして清須城に入った信光は、やにわに軍勢を起こして城を乗っ取ってしまった。彦五郎は城内で討ち取られたが、大膳は風をたのんで遁走《とんそう》した。信長・信光ふたりの謀略だったという。

翌月、信長は那古野城を信光に譲り渡し、清須城に移る。清須城はもともと守護所《しゅごしょ》（守護が行政を行なう居城・機構）である。だから信長は、保護している義銀（岩龍丸）をともない、同居させた。信長にとって彼は当分の間は大切な「玉《ぎょく》」なのである。

この年十一月からしばらくの間、信勝は「達成《みちなり》」の諱《いみな》（高貴な者の実名）を名乗る（『加藤文書』『明叔慶浚等諸僧法語雑録《みんしゅくきょうしゅんとうしょそうほうござつろく》』ほか）。「達」は守護代織田大和守家が通字《とおりじ》としてきた字である。彦五郎の諱は不明だが、やはり「達」を用いていた可能性がある。信勝が改名したのは、そのタイミングから、信長・信光の守護代討伐に対する反発が根底にあったものと思われる。

一時は守勢に回ったかに見えた信長だったが、信秀が死去して二年後、天文二十三年頃には、あきらかに信勝を抑《おさ》え込んでいる。その原動力になったのは、第一に、身内のなかで信光の協力を得るようになったことであろう。第二には、美濃の斎藤道三との同盟を攻守同盟にまで強めたことであろう。

信長の果敢な戦闘力に対する評価はもちろんだが、実力のあるこのふたりを抱え込んだ彼の外交力も、おおいに注目されてよいのではなかろうか。

兄弟の争いの激化

その戦闘力と外交力によって、織田弾正忠家の家督を安定させていった信長だったが、天文二十三年から二十四年にかけて、試練の場に立たされることになる。協力者を次々と失ってしまうのである。

天文二十三年十一月、信光が家臣の手にかかって死んだ。清須城を謀略によって奪い取ってから、わずか半年後のことである。信長にとって大きな打撃と言える事件だが、『信長公記』首巻では、逆に「しかしながら、上総介殿《かずさのすけどの》（信長）御果報《ごかほう》のゆえなり」と信長への祝意を表している。

信長と信光は、清須城奪取を共謀した時、尾張半国をふたりで分割するという約束があったと言われ、その約束が信光の死によって反故《ほご》になったので、信長にとって「御果報」という意味なのだろう。

それはそれとして、信光が生きていたなら、その器量から見て、いずれ反対に信長の障害になったかもしれない。そうした意味では、信光の死は信長にとって幸運だったと言える。

天文二十四年、美濃では斎藤道三とその長男義龍《よしたつ》との対立が決定的となった。義龍は道三がかわいがっていた弟ふたりを殺し、父と対決する覚悟を決める。そして翌年四月、長良川《ながらがわ》の戦いで、父子は衝突、道三は敗死してしまう。信長は、道三救援のため清須を出陣したがまにあわなかった。義龍は反信長の姿勢を明確にしており、以後、美濃は信長にとって敵国となってしまうのである。

天文二十四年六月末、信長・信勝の異母弟秀孝《ひでたか》が、当時の守山城主織田孫十郎《まごじゅうろう》（叔父

信次《のぶつぐ》カ）の家臣に誤って射殺されるという事件が起こった。孫十郎は報復を恐れて出奔《しゅっぽん》してしまったが、信勝は勝手に軍勢を出して守山城を攻撃している。それに対して信長は、秀孝にも落ち度ありと判断して、守山攻撃を控えたという。

城主不在となった守山城には、信長の判断により、兄弟（おそらく異母兄）の安房守秀《あわのかみひで》俊《とし》が入れられた。『信長公記』首巻に「利口《りこう》なる人」と評されているから、それなりの人物だったのであろう。信長は彼に恩を売ることにより、味方に引き入れたようである。

しかし、翌年六月、秀俊は人事のもつれから家老の角田新五《つのだしんご》に討たれた。角田がこの後、信勝に仕えていることから考えると、秀俊暗殺の黒幕は信勝だった可能性がある。

信勝の謀略の手はこの通り、信長の近辺にまで伸ばされていた。信長の筆頭家老の林《はやし》秀貞《ひでさだ》（一般には「通勝《みちかつ》」とされているが誤り）とその弟美作守《みまさかのかみ》は、以前より信長と対立しがちだったが、それに付け込んで、信勝は林兄弟を味方につけようと画策《かくさく》した。

『信長公記』首巻によると、弘治《こうじ》二（一五五六）年のことと思われるが、信長は秀俊をともなって那古野城に林を訪ねた。那古野城は、信光の横死《おうし》後、林に預けていたのである。その時、美作守は好機と見て、兄に信長を討ちはたすことをすすめたが、さすがに秀貞は、「三代相恩《そうおん》の主君をおめおめと、ここにて手に懸《か》け討ち申すべき事、天道おそろしく候」と言って、思いとどまったという。

もうこの頃には、信長と信勝の間は、修復し難《がた》いほどの険悪な関係になっていた。そして、信勝は本来信長の直轄領である篠木《しのき》三郷を横領するという思い上がった行動に出るのである。

兄弟の争いの結末

信勝のあからさまな敵対の姿勢を見て、信長は庄内《しょうない》川を渡った名塚《なづか》に砦を築き、佐久間大学《だいがく》(盛重《もりしげ》)を入れ置いた。

弘治二(一五五六)年八月二十三日、信勝方のほうから名塚に向かって出陣した。信勝の名代《みょうだい》の柴田勝家は一〇〇〇の兵を率い、林美作守も七〇〇を率いて加勢していた。翌二十四日、信長も清須を出陣した。率いる兵は七〇〇、敵軍の半分にもならなかったという。そして両軍は、清須から東方約五キロメートルの稲生原《いのうはら》で衝突した。

この時の戦闘の様子を『信長公記』首巻によって簡単に記してみよう。

信勝の軍は、柴田隊と林隊に分かれ、二方《ふたかた》から信長軍に向かった。信長はまず柴田隊に向かって突進する。その威勢に恐れをなして柴田の兵がひるみ、ちりぢりになって逃れた。間髪《かんはつ》を容《い》れず、信長は林隊に向かう。信長自身が槍《やり》を取って主将の林美作に挑《いど》みかかる。主将が先に立っての奮戦に、味方は下人《げにん》まで槍を取り、一丸《いちがん》となって敵と切り結んだ。そして、敵の主将の美作が信長に討ち取られたところで、戦いの勝敗が決した。

この戦いの勝因はどこにあるだろうか。ひとつは、主将自らが先頭に立って軍の指揮を執《と》るその気迫である。そのおかげで、敵勢はひるんで逃げ腰になってしまった。もうひとつは、信長が一《いち》から育てた親衛隊の活躍ぶりである。この後も彼ら親衛隊は、信長軍の中核として重要な役割をはたしていく。

この時は、ふたりの母の土田《どた》氏が信勝の命乞《いのちご》いをしてきたので、信長は信勝を赦免《しゃめん》することになる。そして、信勝赦免にともなって、敵対した柴田勝家や林秀貞に対しても、その罪を追及することなく終わった。この稲生の戦いの敗戦によって信勝の勢力はすでに分断されており、これ以上弾正忠家の内紛を継続させるべきでない、という信長の判断の結果であろう。

信勝はこの後、諱をあらためて「信成《のぶなり》」と名乗る。弾正忠家の名乗りに戻したということは、おとなしく兄信長に従う意思を示したと判断してもよいだろう。ただ、通称として用いているのは「武蔵守《むさしのかみ》」であり、信長の「上総介」に遜色《そんしょく》ない名乗りである。信勝が本気で信長に降参する気があったかどうかについては、判断が難しいところである。

弘治三年と思われるが、四月十九日付けで「高政《たかまさ》」という人物から織田武蔵守（信勝）にあてた書状がある。「その表相替《ひょうそうあいかわ》る子細《しさい》これ無《な》く候や」と、さりげなく音信を問うた手紙なのだが、この史料そのものに問題が含まれている（『徳川美術館所蔵文書』）。

なぜかというと、差出人の「高政」というのはほかならぬ斎藤義龍と同一人物なのである。彼は前年に父道三を攻め殺したあと、父殺しの身を潔斎《けっさい》する意味なのか、一時的に「高政」の諱を称している。この書状中で「御意《ぎょい》承りたく候」「なお重ねて申し入るべきの間、閣筆《かくひつ》（筆者注・筆をおいて書くことをやめる）に候」と述べていることは、信勝と義龍とが結び付いていることを示している。

明けて永禄元（一五五八）年三月、信勝は、守山の北東、庄内川に接した竜泉寺《りゅうせんじ》に築城を開始した（『定光寺年代記』）。築城の目的ははっきりしないが、守山城にはこの頃、織田孫十郎が信長の命令によって復帰しており、信長の勢力圏だったことはまちがいない。この頃の信勝が家の嫡流の官名「弾正忠」を称していることから、再び信長への対抗心が湧《わ》き起こったものとする見方もある。

いずれにしても、すでに信勝が支持を受ける情勢ではなくなっていた。かつては信勝を強力に支えていた柴田勝家さえ、信勝のもとを離れて信長に服《ふく》するようになっている。すでに勝負はついているのである。

この年十一月二日、信長は信勝を清須城に招いて殺害し、ようやく兄弟の争いに決着をつけた。

第三節　桶狭間《おけはざま》の戦い

岩倉《いわくら》城の攻略

岩倉城は、尾張北部の丹羽《にわ》郡にあり、尾張のもうひとりの守護代織田伊勢守の居城である。大和守が下《しも》四郡、伊勢守が上《かみ》四郡を支配する取り決めになっていたのだが、十六世紀になってからの動向がしばらく伝わっていないところから推測するに、その勢力は目立たないものになっていたと思われる。

永禄元（一五五八）年、その岩倉織田家中でクーデターが起こった。守護代だった織田信安《のぶやす》が長男の信賢《のぶかた》と不和になった末、城から追い出されてしまったのである。

信長はこのチャンスをとらえて、岩倉城を攻めようとした。七月十二日、清須から軍を出し、岩倉の北西浮野《うきの》に着陣した。従兄弟の犬山城主織田信清も味方となっており、その軍と合流するため、浮野まで軍を進めたのだろう。信賢も岩倉城から軍勢を出した。三〇〇〇ばかりというから、かなりの大軍である。昔年《せきねん》の面影《おもかげ》はないとはいえ、岩倉守護代の勢力はまだ侮《あなど》れないものだった。

だが、戦いは信長・信清連合軍の大勝に終わった。岩倉軍は一二五〇もの戦死者を出して、城に逃げ帰る結果となった。

その後しばらくして信長は、再び岩倉城を攻撃する。城の周囲に鹿垣《ししがき》を二重三重にめぐらせ、廻《まわ》り番《ばん》に巡視させるという本格的な包囲戦だった。二、三カ月に及ぶ包囲後、信長軍は火矢《ひや》・鉄砲を放って城内に攻め込んだ。こうなると、すでに浮野の戦いで大勢討たれていた岩倉城はもはや持ちこたえられない。信賢は城を明け渡した。信長は岩倉城を破《は》却《きやく》し、清須に帰陣した。

この岩倉城攻略の年月については、『信長公記』首巻に「或時《あるとき》」と記されているだけで、いつのことかはっきりしない。前後の経緯から推測すると、永禄二年の春頃と思われる。信長は二月二日に上洛しているから、その直前の一月あたりであろうか。

この岩倉城攻略をもって、信長の尾張統一完了とする記述をしばしば見かける。しかし、そのように考えるのは早計《そうけい》である。

永禄二年春の時点では、まだ知多《ちた》郡の国人《こくじん》（在地の領主）たちも信長に従属していないし、もっと清須に近い愛知郡すら今川氏の勢力に蹂躙《じゅうりん》されている状態だった。そのうえ、こののち、犬山の信清が斎藤氏に近づいて信長から離れてしまうため、信長が尾張の全域を支配下に収めるのはずっとあとにずれ込んでしまう。

今川義元《いまがわよしもと》の目的

思えば、信長にとって、今川義元は長年にわたる仇敵《きゅうてき》であった。本拠地に近い愛知郡を侵略されながらも、身内との争い、清須との戦いに明け暮れていた信長には、それに対応する余裕はなかった。

永禄二年、信長は岩倉城を攻略するが、その時点での東方の様子は、鳴海城だけでなく、知多郡の大高《おおたか》城、東方の沓掛《くつかけ》城も今川方の城になっていたのである。しかも今川氏は、両城に譜代《ふだい》家臣を入れて、統制を強めていた。

信長は、まず本拠地近辺の鳴海城と大高城を取り戻そうと考え、付城として鳴海城に丹《たん》下《げ》・善照寺《ぜんしょうじ》・中島《なかじま》の三砦、大高城に鷲津《わしづ》・丸根《まるね》の二砦を築き、有力家臣を配置した。さらに大高城の南方の正光寺《しょうこうじ》と氷上《ひかみ》にも付城を築き、水野氏の兵と知多郡の豪族佐治《さじ》氏を置いたという説があるが、その説は信じられそうである。ともかく信長は、鳴海・大高両城に対し厳重な包囲態勢を布《し》いて、攻城戦に取りかかろうとしたのである。

そうした信長の動きに対して、いよいよ義元自身が動く。永禄三年五月十日頃と思われるが、駿府《すんぷ》を出陣して西方へ向かったのである。率いた軍勢は、『信長公記』には四万五〇〇〇とあるが、その他の書物では二万から六万と大幅に分かれる。駿河《するが》・遠江《とおとうみ》・三河の三国を支配下に置いているとはいえ、駿河の留守に割《さ》いた兵もあることを考えれば、せいぜい二万といったところだろうか。

それよりも、この時の義元の出陣が、どこまでの軍事行動を目標にしたものだったか、ということが問題である。

江戸時代初期に小瀬甫庵《おぜほあん》が書いた『信長記《しんちょうき》』（以下、『甫庵信長記』とする）には、「ここに今川義元は、天下へ切《きり》て上《のぼ》り、国家の邪路《じゃろ》を正《ただ》さんとて」とあり、それを受けて、江戸時代に書かれた書物の大多数が、義元の出陣の目的は上洛すること、信長との戦いはその途中の一戦闘にすぎなかった、と見なしている。それにとどまらず、明治以後の桶狭間の戦いについての研究を見ても、近年まで、江戸時代以来の「上洛説」が支配的だった。

しかし最近になって、「上洛説」はあまり顧《かえり》みられなくなり、地域領有権の争いを原因とする説がさかんに唱えられるようになった。

その「地域領有権争い説」にしても、単なる国境争いにすぎないという説から、義元が東海地域を制圧しようとしていたとする説までさまざまだが、筆者は、「尾張領国拡大説（尾張領有説）」がもっとも妥当《だとう》ではないかという考えである。つまり、義元は、鳴海・大高両城を救うだけでなく、清須城をも攻略して尾張を領有するのが目標だった、とする説である。

籠城《ろうじょう》を拒否した信長の心中

今川軍は五月十八日に尾張沓掛城に入った。ここから、先鋒《せんぽう》部隊として朝比奈泰朝《あさひなやすとも》と松平元康《もとやす》（のちの徳川家康）が指名され、すぐに大高城へと向かった。元康には大高城への兵糧《ひょうろう》入れと丸根砦攻撃、泰朝には鷲津砦攻撃の役割が命じられていた。

翌十九日の朝、義元自身が沓掛城を出発した。そして彼の率いる本隊は、「おけはざま山《やま》」と呼ばれる小高《こだか》い丘に本陣を布いたと『信長公記』にある。

このような今川軍の尾張侵攻に対して、信長は何も対処しなかった。十八日夜、清須城に重臣たちが集まったものの、信長は雑談するだけですませ、さっさと寝所《しんじょ》に入ってしまったという。

『信長公記』諸本のひとつ天理本《てんりぼん》には、ともかく軍議が開かれて、籠城をすすめる老臣たちに対し、信長が出陣して今川軍を迎撃《げいげき》する覚悟であることを披瀝する、という筋書《すじが》きになっている。軍議の場で、信長が出陣を主張したかどうかについては不明だが、すでにこの時、信長の心の内に出撃の覚悟ができていたことは確かであろう。

味方よりもはるかに勝《まさ》る敵勢に侵略された場合、籠城というのが普通の戦法である。だが、この時の信長にとっては、籠城を拒否する理由が三点あった。

一点目は、清須城の守備力の問題である。清須城は水陸両面において、まさに交通の要衝《ようしょう》だが、五条川《ごじょうがわ》を堀《ほり》代わりにしただけの平城《ひらじろ》である。防御力はそれほど高いとは思われない。信長は清須城に移ってからも、台地上に位置する那古野城を、なおも軍事上の拠点と考えていたとする説もある（松田訓氏二〇〇六年論文）。

二点目は、那古野城時代・清須城時代を通じて、これまで信長は一度も籠城作戦を採《と》った経験がないことである。思えば、父の信秀にしても、知られる限りのいくさで籠城戦はない。ことによると、籠城しても運は開かれない、というのが父の遺《のこ》した無言の教訓だったのかもしれない。

三点目は、後巻《うしろま》き（後方に控える予備兵力。後詰《ごづめ》とも言う）できる味方がどこにもいないことである。そもそも籠城という作戦は、援軍を出してくれる味方がいて、はじめて勝利につながる作戦である。ところが、斎藤氏が敵になってからというもの、尾張の外には信長と同盟を結ぶ大名は存在しない。この時期は、信長の外交がもっとも振るわなかった時と言える。そこに今川の大軍が襲ってきたわけである。言い換えれば、このように外交的に孤立した状態で籠城策など採りようがなかったとも言える。

義元の本陣はどこか？

さて、いよいよ桶狭間の戦いの記述に入るが、戦いの経過については他の史料を顧みず、ひたすら『信長公記』首巻の記述に沿って述べることにする。

研究者によっては、『三河物語《みかわものがたり》』『松平記《まつだいらき》』といった江戸時代初期に成立した書物を「比較的良質」として用いることがあるが、『信長公記』首巻に比べると、それらの信憑度は格段に劣《おと》る。けっして『信長公記』が史料として万全というわけではないが、戦いの経過を伝える一次史料が存在しない以上、『信長公記』以外の書物の記事にとらわれると、かえって混乱を招き、真実を見失う危険があると思う。

『信長公記』には「夜明けがた」とあるから、十九日の午前四時頃だろうか、鷲津・丸根両砦より注進があった。敵勢が攻撃してきたというのである。信長は、すぐに出陣の支度を始めた。まさに今、敵の大軍が分散している、と見たのだろう。

「人間《じんかん》五〇年、下天《げてん》の内《うち》をくらぶれば……」

謡曲「敦盛《あつもり》」をひとわたり舞った信長は、ほら貝を吹かせ、具足《ぐそく》を身に着けると、立ちながら湯漬けをかき込み、馬上の人となった。突然の主君の出馬とあって、続いたのは周囲にいたわずか五人の小姓《こしょう》、あとは雑兵《ぞうひょう》ばかりだったという。

この行軍の最中の辰刻《たつのこく》(午前八時頃)、東方を見れば、煙が上がっている。鷲津・丸根砦が落ちたようである。それを確認した信長は善照寺砦に入り、後続の兵を待った。

今川軍の前衛部隊は東海道《とうかいどう》をすでに中島砦近くにまで進んでいた。その敵軍に対し、突然攻撃をしかけた軍勢があった。佐々《さっさ》隼人正《はやとのしょう》と千秋季忠《せんしゅうすえただ》の率いる別働隊だった。わずか三〇〇のその隊は、たちまち今川軍に呑《の》み込まれ、佐々も千秋も討ち死《うじ》にしてしまった。

信長が善照寺砦に入ったのを見たうえでの攻撃だったというから、信長本隊の応援を期待しての抜《ぬ》け駆《が》けだったのかもしれない。ともかく、義元は遭遇戦における早々《そうそう》の勝利を見届け、「義元が戈先《ほこさき》には天魔鬼神《てんまきしん》も忍《たまる》べからず。心地はよしと悦《よろこん》で」謡《うたい》を謡わせたと『信長公記』に記述されている。

その間に、善照寺砦には、二〇〇〇近くの兵が集結した。ここで、信長は中島砦に移動しようとする。中島砦から今川前衛軍に挑戦しようというのである。

この時、側《そば》にいた老臣たちが必死に信長を止めたという。中島砦までの道は深田《ふかだ》で進みづらく、そのうえ、敵方からは味方が小勢《こぜい》なことが見通しになってしまう、という理由である。しかし信長には、敵の目から味方の軍勢を隠す意思は毛頭《もうとう》なかった。家臣の制止を振り切って、中島砦に移動した。

中島砦でも、信長は休息を取ることはない。すぐに今川前衛隊に向かって出撃を命じる。進みづらいのは味方も敵も同じ。さらに、今川前衛軍は数のうえでは二〇〇〇の信長軍よりも優勢かもしれないが、その大部分は非戦闘要員だったはずである。それにひきかえ、信長軍のほとんどは鍛《きた》え抜かれた専業武士、しかも信長が育て上げた屈強の馬廻《うままわり》（本陣を固める、比較的身分の低い直臣《じきしん》）の者たちが勢揃いしていた。

信長自ら率いる二〇〇〇の軍勢は、馬廻を先頭にして、今川前衛軍を追い返した。すると、山の麓《ふもと》まで進んだところで、急に天候が変わった。『信長公記』にいわく、「にわかに急雨《むらさめ》石氷を投げ打つように、敵の輔《つら》（顔）に打ちつくる。身方《みかた》（味方）は後《うしろ》の方に降りかかる」。

遠方に望まれる沓掛峠の楠《くす》の巨木が、この時の風雨のため東へ向かって倒れたという。こうした天候の変化も味方するなか、信長軍はいよいよ勢いづいて進撃した。

味方の前衛部隊が押し戻された時、総大将の義元を中心とする今川本陣はどうしていたのだろうか。『信長公記』には明記されていないが、おそらく「おけはざま山」を北に下って、谷あいに位置していたと思われる。この時の信長軍の攻撃の様子について、『信長公記』は次のように伝えている。

「旗本《はたもと》は是《これ》なり。是へ懸《かか》れと御下知《ごげち》（将軍の命令）あり。未剋《ひつじのこく》、東へ向《むかい》てかかり給《たま》ふ」

信長軍が「おけはざま山」を登りながら今川本陣に攻撃をかけたとしたら、「東南」あるいは「南」になるはずである。前衛隊の苦戦を知った本隊が、それを支えるため山を下って合流するのが自然の動きであろう。

もうひとつ、基本的な議論がなされている。それはもちろん、かつてさかんだった「迂《う》回《かい》奇襲」か「正面攻撃」か、などというものではない。『信長公記』を見れば、信長が正面から今川軍を攻撃したことは明白なのだから、「迂回奇襲」というのはありえない。今議論になっているのは、「おけはざま山」はどこなのか、つまり義元の本陣の位置についてである。

地元出身の研究家である小島廣次《こじまひろじ》氏は、沓掛城と中島砦のほぼ中間点、現在「桶狭間古戦場」とされているところのやや南にある標高六四・七メートルの丘を「おけはざま山」に当てはめた（小島氏一九六六年著書）。しかし、今川軍の進路である東海道に沿った南方には、小高い丘はいくつもある。

高田徹《たかだとおる》氏・藤井尚夫《ふじいひさお》氏は、古図の分析および、佐々・千秋が今川前衛部隊に討たれるのを義元が目視できたという『信長公記』の記述から、今川本陣はもっと中島砦に近いところにある漆山《うるしやま》と呼ばれる比高《ひこう》一二メートルの小山と推測している（高田氏二〇〇七年論文、藤井氏二〇〇八年論文）。

信長軍の反撃がどれほどの距離にわたって続いたかは、義元の本陣の位置次第で異なる。しかし、『信長公記』によって確かめられることは、平地を東へ向かって突き進んだことのみにとどまる。

主将自らの槍を取っての指揮に、今川本陣の旗本たちは崩れ、混乱に陥《おちい》った。それでもはじめは三〇〇ほどの旗本が、義元の塗輿《ぬりごし》（表面を漆塗りにした乗りもの。主《おも》に公家《くげ》・高僧などが使用した）を囲んで、なんとか防いでいた。だが、信長軍のたたみかける攻撃のため、次第に数を減らし、ついに五〇人ほどしか残らなかった。

そこに、信長の馬廻の服部一忠《はっとりかずただ》と毛利良勝《もうりよしかつ》が肉薄する。義元も刀を抜いて立ち向かい、服部に傷を負わせたが、うしろから組み付いた毛利がついに首を取った。主将を討たれた今川軍は、バラバラになって東海道を敗走するしかなかった。

この戦いでの勝利は、今川氏の西方進出の勢いを止めると同時に、信長に自信を植え付け、大きな跳躍台になった。それればかりではない。織田信長という戦国大名の存在を広く知らしめるきっかけになったのである。遠く京都醍醐寺理性院《だいごじりしょういん》にいる厳助僧正《げんじょ》さえ、その手記に次のように記している。

「駿河今川尾州《びしゅう》（尾張）へ入国。織田弾正忠武略《ぶりゃく》を廻《めぐ》せ、打取《うちと》るの事《こと》これ有り」

第四節　清須《きよす》同盟

松平元康《まつだいらもとやす》の自立

桶狭間の戦いの時、松平元康は今川軍の先鋒軍として、大高城に兵糧を搬入する役割をはたした。元康はまだ一九歳。その若者にこのような大役を任せたことは、それだけ義元の期待が大きかったということだろう。

その後、元康は大高城の付城である鷲津・丸根両砦を攻めて、これらを落とし、大高城に入城した。そのため、十九日白昼にあった主力戦には、元康は参加していない。総大将の義元が討ち死にしたことも、当日の夕方まで知らなかったのである。

今川軍の敗走と義元の討ち死にを元康に知らせたのは、水野信元であった。敵方とはいえ、ほかならぬ元康の母方の伯父《おじ》である。浅井道忠《あさいみちただ》という者を遣《つか》わし、織田方が攻めてくる前に大高城から立ち退《の》くようすすめたという。道忠は元康の軍の案内役を務めた功により、元康より所領給与を約束されている（『譜牒余録後編《ふちようよろく》』）。

『松平記』によると、三河岡崎《おかざき》城には、本丸に今川の直臣、二の丸に松平氏の家臣が留守《るす》居《い》として置かれていたという。しかし、義元戦死、今川軍退去の報に接すると、本丸にいた今川の直臣は駿河へと引《ひ》き揚《あ》げた。五月二十三日、元康は岡崎城に入城する。幼時に人質として駿府に送られてから、実に一〇年半ぶりの帰還であった。これ以後、岡崎城を拠点とした元康の新しい活動が始まる。

桶狭間の戦いから半月もたたない永禄三年六月三日、元康は、三河碧海《あおみ》郡中島《なかじま》村にある崇福寺《そうふくじ》に禁制《きんぜい》(軍勢の勝手な行動を禁止する命令)を下している(『崇福寺文書』)。続いて同年七月九日、額田《ぬかだ》郡にある御祈願所法蔵寺《ほうぞうじ》に五カ条の定書《さだめがき》(法令・規則)を与えた(『法蔵寺文書』)。

岡崎城に入った元康が、早くも独自の動きを始めているかに見える。このような活動を見て平野明夫《ひらのあきお》氏は、元康は桶狭間の戦い直後より今川氏から離れて信長と地域協定を結んだ、と推測している(平野氏一九九五年論文)。

もうひとつ、平野氏が自説の論拠としているのは、五月朔日《ついたち》付けの水野下野守《しもつけのかみ》(信元)あて(北条)氏康《うじやす》書状である。平野氏はこの書状を永禄四年に比定《ひてい》しており、文中に「三《さん》州《しゅう》において弓矢所詮《しょせん》なく候。去年来候筋目《すじめ》、駿・三和談《わだん》念願」という一節があるため、前年より元康は今川氏と戦争状態になっていた、と解釈しているのである。

このような平野氏の見解に対して、柴裕之《しばひろゆき》氏は、この書状は永禄五年一月二十日付けで将軍足利《あしかが》義輝が、諸国の大名あてに紛争調停のために出した御内書《ごないしよ》（将軍の書状）を受けたものである、したがって、永禄五年に比定すべきである、と反論している（柴氏二〇〇五年論文）。

その後、本多隆成《ほんだたかしげ》氏は、今川氏真の発給文書を整理することにより、三河における元康と今川氏の戦争が本格化しているのは永禄四年四月以降であることを証明し、柴氏の説を支持している（本多氏二〇一〇年著書）。

筆者としても、柴氏・本多氏の説のほうが無理なく受け入れられる。柴氏・本多氏の挙げた論拠に加えて、筆者の感じていることをまとめると、次の通りである。

①永禄三年六月三日の崇福寺あて禁制を元康独立の第一歩とするのは、あまりにも無理な解釈であろう。桶狭間の戦いからまだ半月しかたっていないのである。元康には、まだ今川氏から離れる決心はつかなかったに違いない。尾張遠征に失敗したとはいえ、今川氏はまだ勢力を弱めたわけではない。

②翌年四月には、元康ははっきりと今川氏に反抗の姿勢を見せる。それまでの間、今川氏真の発給文書は数多く見られるが、元康が敵対していることをうかがわせる文書は

ひとつも存在しないのである。消極的ではあるが、これも裏づけのひとつと言えないだろうか。

今川氏にとって、三河の統治はまだ遅れていた。義元は、嫡男氏真に家督を生前譲渡して、駿河および遠江の統治を任せ、自らは三河支配を進めようとしていた。その過程での戦死だったのである。

桶狭間の戦い後の氏真の三河関係の文書を見ても、その支配が渥美《あつみ》郡・八名《やな》郡・設楽《しだら》郡・宝飯《ほい》郡、額田郡東部、つまり三河の東半分ほどにとどまっていることがわかる。

元康が岡崎に入城すると、岡崎城だけでなく、知立《ちりゅう》城・重原《しげはら》城など西三河の城々から、今川軍は退去していった。これは、元康の岡崎入城と西三河制圧が、氏真の公認、そこまでいかなくとも暗黙の了解のもとに行なわれたことを意味しないだろうか。東三河は、氏真自ら統治するけれど、距離的に遠い西三河はおまえに任せる、というわけである。

永禄三年から四年にかけては、元康の内々《うちうち》の気持ちはともかくとして、氏真の意識のうえでは、元康はまだ今川氏の「配下」だったはずである。それは、この後、元康と戦争状態になった時、さかんに「松平蔵人《くろうど》（元康）逆心」と、三河の国人たちに触れ込んでいることからもわかる。

結論すれば、今川氏真の承知のうえとはいえ、永禄三年のうちに、松平元康による西三河制圧は進んだ。それをもって、今川氏からの自立へ向かう動きととらえてもよいが、信長との領土協定、すなわち「清須同盟」はまだなかったと見るべきだろう。

同盟の締結

今川氏真が、配下と見なしていた松平元康の反抗をはっきりと悟《さと》ったのは、永禄四年四月十一日にあった牛久保《うしくぼ》城をめぐる戦いの時である。この戦いに関する氏真の感状は数点残っているが、それらによると、元康のほうから牛久保城に攻めてきたようである(『愛知県史』資料編11)。牛久保城は東三河の宝飯郡に位置する。そこまで、元康は軍を進めてきたのである。このあと、元康と氏真とは本格的な戦争状態になっていく。

元康が積極的に東三河まで軍を動かすことができたのは、すでに尾張の信長との間に領土協定が結ばれていたからである。この領土協定、いわゆる「清須同盟」は、永禄四年四月以前に結ばれていたと考えてよかろう。

この信長・元康の同盟は、当時の信長の居城清須城に、元康が足を運んで締結されたという伝承があるため、「清須同盟」と呼ばれている。後述するように、その呼び方には問題があるが、一般に流布《るふ》している語なので、カギカッコつきで「清須同盟」と呼ぶことにしよう。

この「清須同盟」は、天正十（一五八二）年六月二日、本能寺《ほんのうじ》で信長が倒れるまで約二〇年間も続く。昨日の友は今日の敵、信義なき乱世にあって、たいへんに珍しい現象とされているが、それについては、紆余《うよ》曲折《きよくせつ》こそあったものの、だいたいふたりの利害関係が一致し続けた結果、と判断してよいだろう。

では、「清須同盟」が結ばれた時は、いつ頃だろうか。実は、はっきりと書いている史料はない。ただ、元康が今川氏に反抗した永禄四年四月をさほどさかのぼった時期ではなさそうである。漠然とした言い方だが、永禄四年春ということで押さえておきたい。

さらに『総見記《そうけんき》』（別名『織田軍記』）という書物には、「翌年（永禄五年）の春」として、元康が清須城に信長を訪問して、饗応《きようおう》を受けたことが書かれている。しかし、この書物は十七世紀終わり頃に成立したもので、信用するに値《あたい》しない。

元康は当時、東三河で今川氏との戦いに追われている最中なので、自ら清須まで足を運ぶ余裕はなさそうである。ただ、この後のふたりの結び付きを思うと、「清須同盟」締結からほど遠からぬ頃に、顔を合わせる機会を持ったことはまちがいなかろう。ただし、ふたりが会った場所が清須という裏づけはない。

もうひとつ押さえておきたいのは、ふたりの同盟の仲介者としての水野信元の役割である。信元がこの協定を仲介したという記事は、良質の史料にはない。江戸時代初期に成立した『松平記』に「然《しか》る処《ところ》に信長より水野下野《しもつけ》（信元）を以《もつ》て、元康色々《いろいろ》和談の扱い有り」と書かれているだけである。

しかし、信元はほかならぬ元康の伯父であり、また、長らく信長に従ってきた人物である。しかも尾張緒川城界隈《かいわい》だけでなく、三河碧海郡・幡《は》豆《ず》郡にまで勢力を広げた有力者である。これ以上の適役はいるまい。信長が水野信元に働きかけて仲介役をさせた、と考えるのが自然ではないだろうか。

同盟後の信長と元康

永禄六年三月とされているが、同盟の証《あかし》として、元康の嫡男竹千代《たけちよ》（のちの信康《のぶやす》）と信長の娘五徳《ごとく》との婚約が結ばれた。とはいっても、ふたりともまだ数え年五歳の幼子《おさなご》にすぎない。五徳が輿入《こしい》れするのは、それから四年先のことである。

この永禄六年という年は、姻戚関係が結ばれたほかにも、信長と元康それぞれにとって、今後の展望を切り開く画期《かっき》となった年と言える。

まず元康は、この年着々と東三河の掌握を進めていった。そして、今川義元の偏諱《へんき》（貴人の二字名のうちの一字）を受けて名乗った「元康」の諱を、「家康」にあらためた。これで、名実ともに今川氏と決別したと言える。

ところが、元康あらため家康の前に、さっそく大きな試練が降りかかった。三河一向一揆《いっこういっき》の蜂起《ほうき》である。大勢の家臣たちも加わることになるこの大規模な反乱は、この年の秋頃に起こったとされている。鎮圧するのに翌年までかかったものの、この時の苦労が二〇歳そこそこの若い家康に貴重な経験を与えたようである。

信長のほうは、居城を清須から小牧《こまき》へと移す。『定光寺年代記』の永禄六年の条《じょう》に、「二月、火車輪城《かしゃりんじょう》（小牧山城カ）鍬始《くわはじ》め」とあるから、この年のうちに小牧山城の築城が進み、そこに移転したものと思われる。

小牧移転にあたって、次のような逸話が『信長公記』首巻に載《の》っている。かなり有名な話だが、信長の居城についての考え方に関係するので、そのあらましを紹介したい。

ある時、信長は、家臣たちを連れて丹羽郡の二《に》の宮山《みやさん》に登り、今後ここに居城を移転すると宣言。家臣の屋敷の割り振りまで決めた。二の宮は不便な場所なので、家臣たちは皆、そこへ引っ越すことを不満に思った。ところが、信長はその後、新しい居城を小牧山に変更すると言い出した。小牧山なら、清須のような便利な地ではないけれど、二の宮よりはずっとましで、清須からも川伝《かわづた》いに行ける。家臣たちはどっと喜んで、さっそく引っ越し支度《じたく》を始めた。これは、はじめから小牧山移転を言い出したら家臣が不満を持つだろう、と信長が考えた策略だったという。

信長というのは、意外なほど神経が細かく行き届いた人間である、人情の機微《きび》に通じた人物である、という例としてよく語られる逸話である。それはそれとして、ここで気がついてほしいのは次の二点である。

①最初に家臣に移転地として宣言した二の宮山は、犬山の南方わずか七キロメートルである。したがって、この時の居城移転は、敵対している犬山と、その与党である美濃中部の諸城攻略を視野に置いた戦略の一環である、ということ。

②平城《ひらじろ》の清須城から小牧山城への移転となるわけだが、いったん候補地として家臣に二の宮山が告げられている。この事実は、信長にあきらかに山城《やまじろ》志向があったということを示していると思われる。小牧山城のあと、岐阜城→安土《あづち》城と移る通り、信長の志向は最後まで変わらなかったようである。

この時、信長がわざわざ小牧山に居城を移したメリットと言えば、これから本格的に攻撃しようとしている美濃に近いということ、しかも比較的攻撃しやすいと思われる中美濃《なかみの》とはごく近距離という点であろう。

それゆえ、小牧山移転については、ずっと美濃攻略のための作戦と理解されてきた。したがって、小牧山城は信長にとって、一時的な居城にすぎないという認識であった。しかし、その認識を覆《くつがえ》したのが千田嘉博《せんだよしひろ》氏である。

千田氏は一九八九年、「近世村絵図」と「地籍字分全図《ちせきあざわけぜんず》」（地籍図）などを分析することによって、城の築かれた小牧山の南麓から東西一キロメートル、南北一・三キロメートルにわたって城下町が広がっていたことを証明したのである。

その後、千田氏の研究をもとにして、小牧市教育委員会が、小牧山城とその城下町の発掘調査に乗り出し、大きな成果を挙げた。その結果、石の多用、城下町の整備、惣構《そうがまえ》（城や砦の外郭）の設置など、小牧山城がこのあとの岐阜城・安土城の先駆をなす形態を持つ城であることがあきらかになった。

信長の小牧山移転の意義については、まだつかみきれないが、美濃攻略のための一時的な拠点という認識ではすまされないのは確かなようである。

第二章

上洛と周囲との外交

第一節　武田《たけだ》信玄《しんげん》・上杉《うえすぎ》謙信《けんしん》との交わり

美濃《みの》攻め

斎藤道三が生きていた時は、信長と美濃斎藤氏とは友好的だった。信長が今川方の村木砦攻撃のために出張した時、応援の軍勢を派遣してくれたほどだから、領土協定だけでなく攻守同盟が結ばれていたと考えられる。

しかし、道三は嫡男義龍との対立の末、長良川の戦いに敗れて討ち死にしてしまう。義龍は、父の路線を引き継がず、信長に対して敵対の姿勢をとった（図表6）。尾張国内で信長と対立している信勝と懇意《こんい》にしたり、岩倉城の伊勢守家を陰で応援して信長に対抗させたりしていた。信長の異母兄信広を煽《あお》って、清須城を乗っ取らせようとしたこともあった。

図表6　桶狭間《おけはざま》の戦い後の状況(1561〜1567年頃)

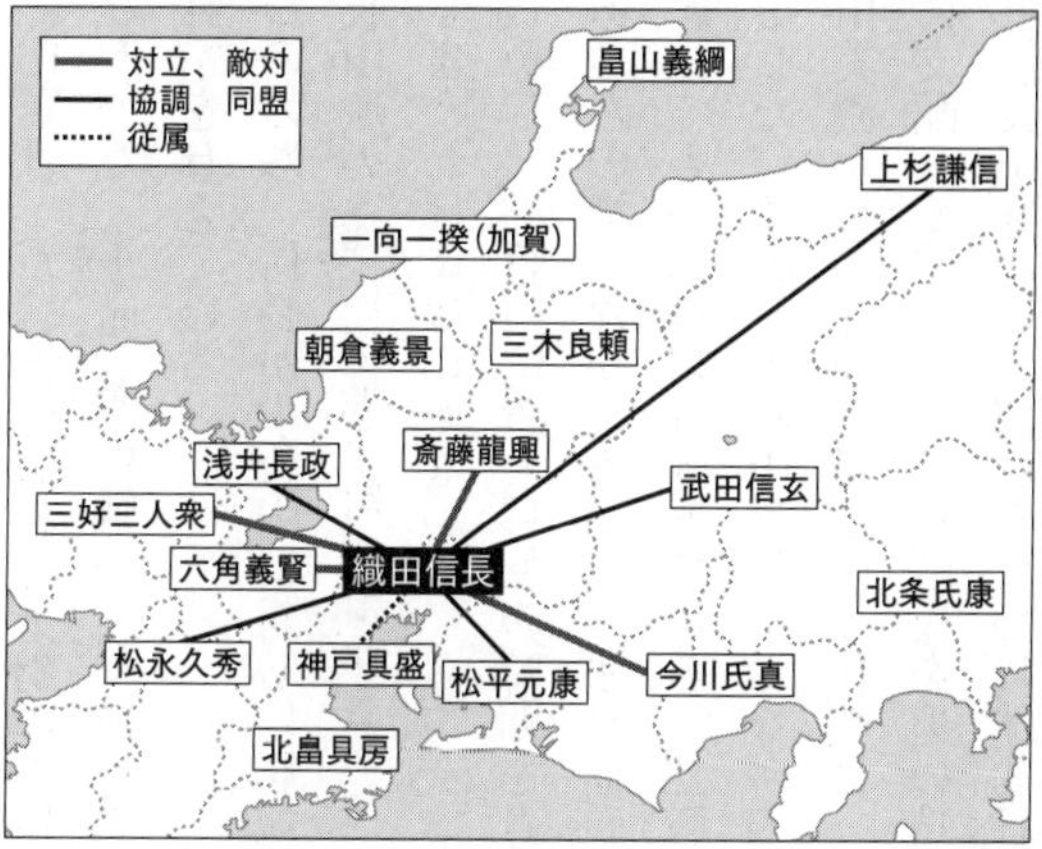

それでも、信長のほうから美濃方面になんらかの動きを見せることはなかった。それはもちろん、東方の今川氏への対応のため、北方に軍を出すほどの余裕がなかったことが主なる理由である。だが、それに加えて、義龍の美濃国衆《くにしゅう》の支配が強力だったから、信長をしても付け入る隙がなかったのではないかと思う。ともかく義龍の在世中、信長は美濃に手出しをしていない。

桶狭間の戦いの翌年、つまり永禄四（一五六一）年五月十一日、その斎藤義龍が急死した。まだ三五歳。継嗣《けいし》の龍興《たつおき》はわずか一四歳の少年だった。義龍の死の報《しら》せを聞くや否《いな》や、信長は出陣した。五月十三日というから、信長の情報掌握の早さといい、対応と決断の素早《すばや》さといい、「さすが」と言ってよかろう。

織田と斎藤の両軍は森部《もりべ》で戦った。この戦いで織田軍は、斎藤方の武将を大勢討ち取る大勝利を収めたが、斎藤方もそのまま引き下がらなかった。十四条《じゅうしじょう》の戦い、軽海《かるみ》の戦いと織田軍と互角《ごかく》に戦いを交え、織田方にかなりの打撃を与えている。

こののち、信長が小牧山に新しい居城を築いて移転することは、前章の最後に述べた。小牧山城の麓《ふもと》には城下町が計画されていることから、一時的な拠点にすぎないと見なしてしまうわけにはいかない。

しかし、小牧の位置と移転の時期を考えるならば、やはり移転の第一の意義は美濃攻略にあったのではなかろうか。つまり信長は、西美濃からまっすぐに稲葉山城への攻撃を繰《く》り返しても美濃攻略は困難である、比較的攻めやすい中美濃から攻撃しようという作戦に変更した、それが小牧山移転につながったものと思われるのである。

中美濃からの美濃攻撃という作戦は、迂遠《うえん》だが犠牲の少ない方法である。中美濃を軍事的に支配して、東方から斎藤氏を追い込むという形である。この作戦を実行するにあたって、信長が行なわねばならない具体的行動は、次の通りである。

①尾張の犬山城主の織田信清が斎藤氏に通じて、信長に敵対している。まず犬山城および犬山の支城である黒田《くろだ》・小口《おぐち》両城を攻略すること。

②中美濃の鵜沼《うぬま》城の大沢《おおさわ》、猿啄《さるばみ》城の多治見《たじみ》、加治田《かじた》城の佐藤《さとう》などの中美濃衆を味方につけること。特に加治田城の佐藤忠能《ただよし》は、中美濃の有力者である。彼を味方にすることは、美濃攻略を大きく前進させることになる。

③東美濃に広く勢力を植え付けている遠山《とおやま》氏とは、以前から姻戚関係にあるが、その後も引き続き、友好関係を保《たも》っておく必要があること。

④斎藤氏との戦いを進めるにあたって、武田氏および上杉《うえすぎ》氏と結んでおくこと。武田氏とはすでに接触があるが、関係をより深めておく必要がある。上杉氏とはまだ接触したことすらない。上杉氏と武田氏とは長らく対立している関係だが、信長にとっては上杉謙信《けんしん》と敵対する理由はない。できれば、武田氏と同様に懇意にして万全を期《き》しておきたいところである。

龍興という少年を家督として戴《いただ》き、美濃国内の国人統制も思ったようにいかない斎藤氏である。それに、道三の代より武田氏・今川氏とは対立関係にあった。義龍の時代になると、近江《おうみ》の六角《ろっかく》氏・浅井《あざい》氏との関係も思わしくなくなっている。このように、周囲の群雄から孤立している斎藤氏に対して、信長は①および②の軍事・外交作戦を敢行《かんこう》する。

軍事作戦はまず、黒田・小口両城攻略戦から始まった。難なくこれらを落とすと、永禄七年から八年のうちに、鵜沼・猿啄・加治田・犬山・兼山《かねやま》の各城を次々と開城させた。案外と年数はかかったものの、確実に美濃の攻略は進行し、斎藤氏の稲葉山城を次第に孤立させていったのである。

武田信玄との交流

前項の③④に挙げた周囲の勢力との外交のなかでも、もっとも大切なのは、対武田氏外交であろう。

武田信玄が信濃の大半を勢力下に収め、さらに東美濃の遠山氏をも従属させるようになると、信長は対武田氏外交に力点を置かざるを得なくなった。

斎藤道三が生きていた頃は、織田氏と斎藤氏は結ばれており、武田氏は今川氏と同盟していたから、信長と信玄の間には接触がなかった。どちらかというと、敵対しやすい立場だった。しかし、道三が死んで、織田氏と斎藤氏が敵対関係になってからは、信長と信玄との間も変わってきた。双方《そうほう》が接近していくようになるのである。

信長の比較的初期の発給文書のなかに、十一月二十三日付けで秋山善右衛門尉《あきやまぜんえもんのじょう》にあてた書状がある（『新見《しんみ》文書』）。『増訂織田信長文書の研究』に取り上げられているが、そこで奥野高廣《おくのたかひろ》氏はこの文書を、花押の形状から永禄元（一五五八）年のものに比定している。

秋山善右衛門尉とは武田信玄の重臣で、この後もずっと美濃方面を担当している秋山伯耆守虎繁《ほうきのかみとらしげ》（一般には「信友《のぶとも》」で通っている）と同一人物である。文書の内容は、陣中への使者の派遣を謝《しゃ》し、大鷹《おおたか》の贈呈を求めたものである。もちろん秋山の主君である信玄も、ふたりのそのような関係は承知していたであろう。

永禄元年十一月と言えば、ちょうど信長が信勝を倒してようやく一族の一本化を成し遂《と》げた時であり、まだ今川氏に尾張を侵食されたままの状態である。そうした時期にして、すでに信長は武田氏と接触を持っていたのである。

信長と信玄とが接触するにあたって、仲介の役割をはたしたのは、おそらく遠山氏であろう。遠山氏は岩村《いわむら》城を居城とする惣領家《そうりようけ》（一族を束《たば》ねる本家）を中心に、明知《あけち》・苗木《なえぎ》など七家に分かれて恵那《えな》郡を支配しながら、武田氏の保護を受けていた。

いっぽう、織田氏とのつながりも深く、岩村城の遠山景任《かげとう》の正室は信長の叔母《おば》だった。また、苗木城の遠山直廉《なおかど》には信長の妹が嫁《か》していた。いずれも、天文末年から弘治初年頃（一五五〇年代前半～中頃）には婚姻がなされていたはずである。

信長は遠山氏の仲介を得ながら、美濃攻略作戦のなかで武田信玄との入魂《じっこん》を深めようとする。

永禄八年頃と思われるが、信長の養女が信玄の四男勝頼に嫁した。この養女は、遠山直廉に嫁した信長の妹が産んだ女性、つまり信長の姪《めい》である。この勝頼室《しつ》は、同十年にめでたく男児を産むが、それからほどなく病死してしまう。残された男児とは、一五年後に父勝頼とともに武田氏の最期を迎えることになる信勝《のぶかつ》である。勝頼室が死んだあと、信長の嫡男信忠と信玄の娘お松《まつ》（信松尼《しんしょうに》）の婚約がなされ、織田・武田の姻戚関係は保たれることになる。

この頃の信長と信玄とのつきあいについて、『甲陽軍鑑《こうようぐんかん》』に興味深い逸話が載っている。どれほど信用できるかわからないが、いちおう紹介しておこう。

信玄は信長に対してせいぜい年に一度ぐらいしか通信しなかったのに、信長のほうは七度ほども音信してきた。しかも、贈物を入れた唐櫃《からびつ》は漆を厚く塗ったうえに武田菱を配した立派で気持ちの行き届いた物だった。そのため、さすがの信玄も、信長の誠意を寸分も疑わなかったという（「序」を参照）。

信長が、相手のプライドを尊重したかのように装った、抜け目のない外交を行なっていたことを象徴する話である。

上杉謙信との交流

武田信玄と上杉謙信と言えば、戦国時代のライバルとして広く知られた関係である。川中島《かわなかじま》で対戦すること五回、第一回は天文二十二（一五五三）年、第五回は永禄七（一五六四）年だから、その間一〇年あまり戦い続けていたことになる。

なかでも、第四回の永禄四年九月に行なわれた戦いは、大将同士が切り結んだという伝説が生まれるほどの激戦だった。川中島の戦いが一段落したあとも、ふたりは対立を続け、結局、信玄が死ぬまで和睦することはなかった。ずっと宿敵関係にあった信玄と謙信両者と、信長は懇意にしていたのである。

信長の上杉氏との接触の初見は、永禄七年に比定される六月九日付けの直江大和守《なおえやまとのかみ》（景綱《かげつな》）あての書状である（『杉原謙氏所蔵文書《すぎはらけん》』）。直江景綱は謙信の側近であり、のちに有名な直江兼続《かねつぐ》の養父になる人物である。

この後まもなく、信長と謙信の間に、実子のいない謙信に信長の一子を養子として預ける話が出たようである。十一月七日付けで信長は再び、直江に書状を送り、「殊《こと》に御養子として愚息《ぐそく》を召《め》し置かるべきの旨《むね》、まことに面目《めんぼく》の至りに候」と述べている（『上杉家文書』）。

どうやら、この養子の話は、信長側から申し入れたらしい。養子とはいっても人質の性格も持ち合わせており、どちらかというと信長のほうが不利な立場である。しかしその後、この話は立ち消えになってしまった。その理由についてはよくわからない。

ところで、有利不利と言えば、初期のふたりの関係を見ると、あきらかに謙信のほうが有利というか、上位に立っている感じがする。

それは、この二通の文書のあて名がいずれも側近である直江であり、謙信への披露をお願いするという形式を採っていることからわかる。このような手紙は「披露状《ひろうじょう》」と言い、相手に対して最大の敬意を払ったものである。しかも、その直江あての書状のなかですら、「本懐《ほんかい》の至りに候」「まことに面目の至りに候」「向後《きょうご》いよいよ御指南《ごしなん》を得《え》」などと極端にへりくだった表現が取られている。

これらの文書が発せられた永禄七年当時の信長は、尾張一国を統一し、小牧山城を拠点にして美濃経略を進めている最中である。分国《ぶんこく》（戦国大名の治《おさ》める領地）の大きさでは、謙信に比べて必ずしも劣るわけではない。しかも、上杉氏の分国越後《えちご》とは離れているから、直接の利害関係はなかろう。それでも信長は、相手のプライドを尊重するかのような丁重な態度で接しているのである。

武田・上杉という敵同士の両者と同時に懇意にしていることといい、ことさらに下手《したて》に出て相手の信用を得ようとする巧《たく》みさといい、この頃の信長は、外交戦術をかなり意識的に取り入れているように思われる。

第二節　上洛を前にした外交

足利義昭《あしかがよしあき》との交流

永禄八（一五六五）年五月十九日に京都で起こった事件が、信長と足利義昭を交流させるきっかけとなる。この日、将軍足利義輝が三好義継《みよしよしつぐ》・松永久通《まつながひさみち》（久秀《ひさひで》の子）の軍勢に御《ご》所《しょ》を襲われて殺害されたのである。

義輝の弟の義昭は覚慶《かくけい》と名乗り、興福寺《こうふくじ》一乗院《いちじょういん》に入室していたが、敵方のため捕《と》らえられ監視つきの身となった。義輝を殺した三好・松永は、かつて堺公方《さかいくぼう》と呼ばれた義維《よしつな》

（義輝・義昭の叔父、図表7）の子義栄《よしひで》を傀儡《かいらい》将軍として立てるつもりだった。

ところが、幕府の将軍近臣のなかには、義昭を将軍として立てようと密《ひそ》かに企《たくら》む一派があった。幕府奉公衆《ほうこうしゅう》の細川藤孝や和田惟政《わだこれまさ》たちである。

七月二十八日夜、彼らは義昭を一乗院から脱出させ、近江甲賀《こうか》郡の和田の館に移すことに成功した。この日からしばらくの間、義昭の流浪《るろう》の日々が続く。そしてその後、信長との出会いとなるわけである。義昭はこの年十一月に同国野洲《やす》郡矢島《やじま》に移り、ほぼ一〇カ月そこに滞在したが、翌年九月に若狭《わかさ》経由で越前敦賀《えちぜんつるが》に移動した。さらに、同十年十一月より朝倉《あさくら》氏の城下である一乗谷《いちじょうだに》の安養寺《あんようじ》に居住することになる。

流浪の身である義昭の目標は、有力な大名に推戴《すいたい》されて上洛し、将軍の地位に就《つ》くことである。和田館に移った時から、義昭は諸国の大名たちにあてて書状を出しまくっている。

管見《かんけん》のところ、最初の書状は、（永禄八年）八月五日付けの上杉謙信あてのものである。そのなかで、義昭は、兄の死と自分の逃亡について語り、早く無念を晴らしてほしい、と頼み込んでいる（『上杉家文書』）。謙信は、並みいる戦国大名のなかでも、先代将軍義輝と特別に懇意だったから、義昭にとってもまさに上洛の希望を託する本命だったのである。

しかし謙信には、義昭を奉《ほう》じて上洛するには困難な事情があった。それは、武田氏・北条氏との和睦ができていないことである。特に、武田信玄とは一〇年来の仇敵だった。義昭は何度も武田氏・北条氏と和睦するようすすめたが、謙信の返事ははかばかしいものではなかった。こうして、義昭のなかで、尾張の織田信長という大名の存在が次第にクローズアップされていった。

義昭の信長あての書状は、謙信あてのものより遅いと思われるが、それでも同年の九月頃までには出されていたようである。それは、十二月五日付けの細川藤孝あての信長書状の冒頭に、次のようにあることから推測される。

「御入洛《ごにゅうらく》の儀《ぎ》につきて、重ねて御内書《ごないしょ》を成《な》し下《くだ》され候」

「重ねて」とあるから、この書状が二度目の義昭の書状に対する返書であること

図表7 足利将軍家の系図

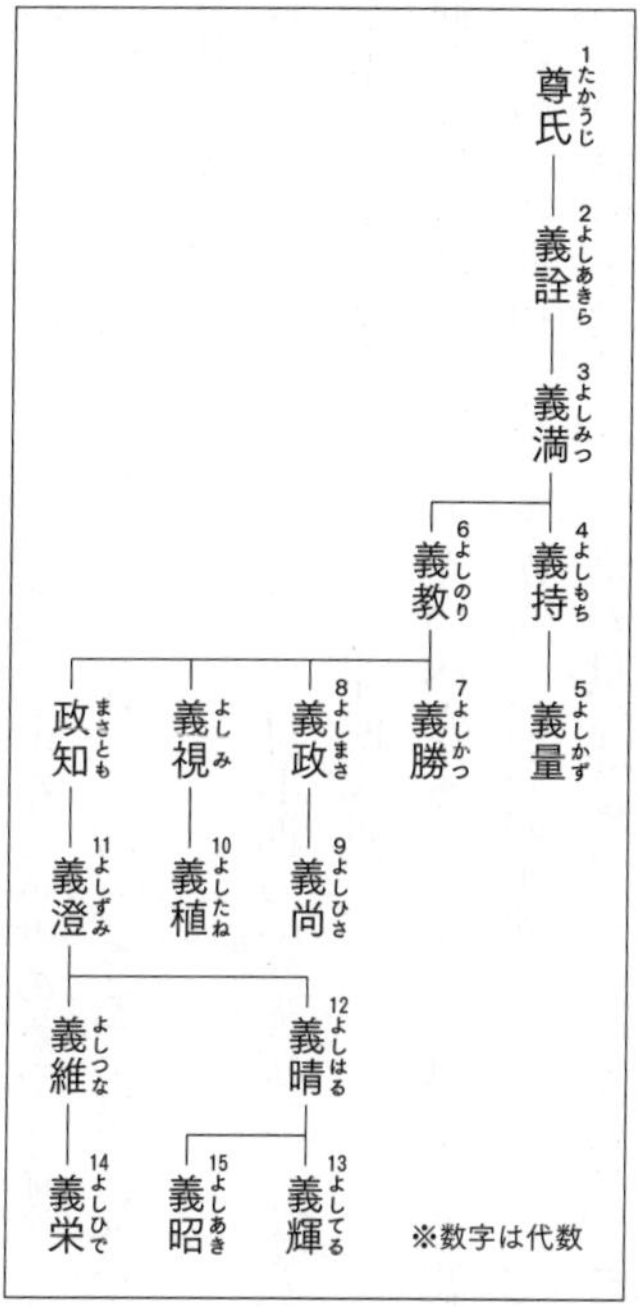

がわかる。これに対し、信長は「上意《じょうい》（主君の意見・命令）次第、不日《ふじつ》なりとも御供奉《ごぐぶ》の儀、無二《むに》にその覚悟に候」、つまり、いつでもご上洛に従いますと返事している（『高橋義《たかはしよし》彦《ひこ》氏所蔵文書』）。

ちなみに、この直前の九月に、丹羽郡の寂光院《じゃっこういん》にあてた判物が「麟《りん》」字を変形した花押を用いた初見文書である（『寂光院文書』）。

麒《き》および麟は、世の中がたいへんよく治まった時にのみ出現するという想像上の動物だが、その字を使用することから、信長の平和への願望を示したものと言われている。義昭側からの誘いを受けて、上洛が具体性を帯《お》びたのを機に、この花押に切り替えた、という考えが、佐藤進一《さとうしんいち》氏が四〇年前に唱えて以来、ほぼ定説化している。

こうして信長は、上杉謙信と並んで足利義昭の期待を担《にな》う立場になった。しかし、信長にしても謙信と同様、ただちに上洛へと向かえない事情があった。それはこれまで書いてきた通り、まだ美濃攻めの最中で、斎藤氏との戦いに明け暮れている状態だからである。

それで義昭は、細川藤孝を派遣して、信長と斎藤龍興とが和睦するよう調停させることにした（『上杉家文書』）。

四月十八日付け、細川藤孝・和田惟政あての義昭書状がある。永禄九年のものにまちがいないが、それには「信長参洛《さんらく》の事、別儀なきの由《よし》、喜び入り候」と書かれている（『和田家文書』）。信長は、翌年四月になっても、義昭を奉じて上洛することに、依然として乗り気だった様子である。義昭の仲介が功《こう》を奏《そう》して、織田・斎藤の和睦が実現する運びとなったものと思われる。

上洛の延期

ところが、永禄九年の信長の上洛は結局、延期になる。どのような経過で延期となったのだろうか。文書を中心にしてたどってみよう。

先に紹介した四月十八日書状から二カ月もたたない六月十一日、義昭は和田惟政にあてて書状を発している。それによると、再び藤孝が上使《じようし》として尾張に下ったらしい。そして、その藤孝から、急ぎ惟政を尾張に派遣してほしい、との連絡があったようである。

義昭は惟政に通信し、まず家来をひとり派遣し、それからなるべく早く自身が下るようにと命令している。尾張下向《げこう》の理由は、信長が上洛について逡巡《しゆんじゆん》している様子なので、こちらの都合を説明して信長が上洛を決意するよう説得しなければならない、ということなのである（『和田家文書』）。

なぜ、信長はいったん決意したはずの上洛を、急に逡巡するようになったのだろうか。

それは、これまで以上に冷静な判断がなされた末の結論だったと思う。上洛するにあたって、敵方の中心となるのは足利義栄を担《かつ》ぐ三好三人衆（三好長逸《ながやす》・三好政康《まさやす》・石成友通《いわなりともみち》）である。ところが、近江の六角氏がその勢力に加わるようになった。三人衆は六角承禎《じょうてい》に対して、義昭の上洛を阻止するようしきりに働きかけていたのである。そんな不穏《ふおん》な状態の近江を突っ切って上洛するだけでも、危険な行為である。

さらに、義昭が仲介して講和するといっても、斎藤とはつい最近まで戦ってきた間柄である。ただちに信頼せよ、というほうが無理だろう。仮に義昭を奉じて首尾よく上洛できたとしても、もし斎藤と六角が組んで敵対してきたらどうなるか。信長は袋の鼠《ねずみ》となり、身の破滅である。冷静に考えれば、ここで逡巡しないほうが不思議であろう。

しかし義昭は、そんな信長の危惧を顧みることなく、織田・斎藤の講和を進めようとした。細川藤孝の努力により、織田方も斎藤方も義昭の上洛のために協力しましょう、と同意したということである（『中島文書（山梨県）』）。

その際に信長は、八月二十二日に矢島まで義昭を迎えに行くと約束させられたようである。七月十七日付けの大和の国衆十市遠勝《とおちとおかつ》あての大覚寺義俊《だいかくじぎしゅん》の書状には、義昭の書状によると、信長が尾張・三河・美濃・伊勢の四カ国の軍勢を引率するということだ、と書かれている（『多聞院《たもんいん》日記』所収文書）。

四カ国とは大風呂敷《おおぶろしき》もいいところだが、それは信長ではなく、義昭の段階で作られた誇大宣伝だと思う。そして、信長の逡巡をおかまいなしに、義昭だけがはしゃいでいる様子が目に見えてくる。

結局、翌月には上洛計画は中止になった。八月二十八日付けで、信長の老臣佐久間信盛《のぶもり》は大和の柳生宗厳《やぎゅうむねよし》に書状を出し、信長の上洛は近江の様子が不穏なので延引《えんいん》する、と申し送っている（『柳生文書』）。奥野高廣氏は『信長文書』中で、この文書を永禄十一年に比定しているが、同九年が正しいと思われる）。近江の不穏な様子とは、三好三人衆に同調する六角氏の動きのことを指していることはあきらかである（『中島文書（山梨県）』）。

矢島が安全地帯ではないことを知った義昭一行は、八月二十九日にそこを出発して若狭へと向かった（『言継卿記《ときつぐきょうき》』）。若狭は武田義統《よしずみ》が守護として治める形の国だが、すでに武田氏には実権がなく、そのうえ、義統が嫡男元明《もとあき》と対立している状態だった。一カ月あまり滞在しただけで、義昭は若狭を出発、九月八日（この年は閏《うるう》八月がある）に越前敦賀に居所《きょしょ》を移したのである（『歴代古案《れきだいこあん》』）。

閏八月十八日付けで、斎藤氏に仕える四人の奉行が連名で出した書状がある。本項で引用してきた『中島文書（山梨県）』である。あて名が不明の書状だが、甲斐の住人で斎藤氏と関係が深い人物に限定されるから、恵林寺《えりんじ》住職の快川紹喜《かいせんじょうき》ではないかと言われている。

この文書には、織田・斎藤の和睦について、せっかく斎藤方が承諾したのに信長が約束を違えて動こうとしない、義昭公はたいへん機嫌をそこねて、矢島を去ることになりそうだ、信長は天下の笑いものになっている、と信長をさんざんにこき下ろしている。

この文書は、さらに信長のみじめな敗戦についても語っている。八月二十九日と言えば、義昭が矢島を出発した日とまさに同日にあたるが、信長が木曽川を渡って攻めてきたというのである。

両軍が対峙《たいじ》している形になったが、閏八月八日未明、信長軍はにわかに退却し始めた。ところが、川が増水していたため、大勢が溺《おぼ》れてしまい、そのほかの兵も追撃した斎藤軍に襲われて討たれたという。「前代未聞の体《てい》たらくに候。一戦も遂《と》げずして退散に候の間《あいだ》、数多《あまた》討ち取らざること、無念《むねん》少なからず候」と織田軍はすっかり馬鹿にされている。

なんといっても、この文書は、意図《いと》的に斎藤氏を賛美したものである。だから、戦いがはたしてこの通りに展開されたかどうかはわからない。しかし、信長がこの時、美濃を攻撃しようとして失敗したことまでは認められるであろう。

信長の美濃併合、さらに上洛は、このようにしてずれこんでいくのである。

上洛を見据《みす》えた外交

永禄十年八月、信長はようやく稲葉山城を落とす。そして、小牧山城と麓《ふもと》の城下町を捨てて、稲葉山に居城を移し、そこを岐阜と改名した。この年から「天下布武《てんかふぶ》」の印判《いんばん》(図表8)を使用するのは、上洛を視野に置いたものと解釈してまちがいない。その後に伊勢に軍を出して、伊勢北部から中部の国人たちを従属させた。また、遅くともこの頃には、北近江の浅井長政《ながまさ》と同盟を結んで、京都への通路を確保している。

岐阜を拠点として信長は、いよいよ足利義昭を奉じて上洛するために、具体的準備を始める。上洛に先立って信長が行なわねばならない外交面の課題を整理すると、次の三点にまとめられよう。

①奉戴《ほうたい》しようとしている足利義昭は、現在越前の朝倉義景《よしかげ》の保護を受けている。義昭との直接交渉だけでなく、朝倉との話し合いも必要である。

図表8「天下布武」印の変遷

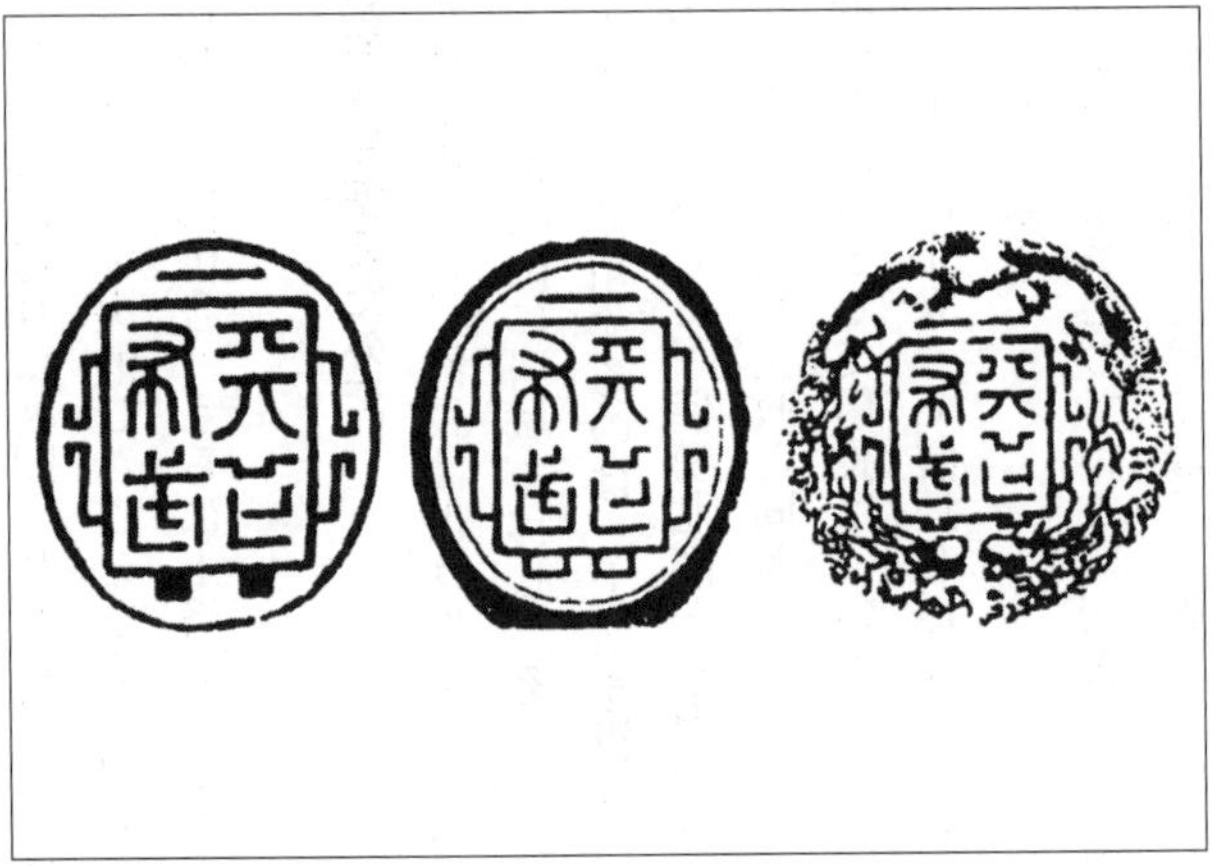

「天下布武」印は、楕円形《だえんけい》(左。1567年11月～1570年1月)、馬蹄《ばてい》形(中央。1570年3月～1582年5月)、二匹の龍を模《かたど》ったもの(右。1577年5月～1579年6月)の三種類が確認されている

(滋賀県立安土城考古博物館図録『信長文書の世界(第二版)』より)

②上洛後の畿内《きない》平定が順調に進むように、畿内の諸勢力と連絡し、去就《きょしゅう》を確認しておくことも肝要である。

③背後の今川氏の動きを封じておくことも必要である。今川氏については、まず徳川家康に抑え役を務めさせるが、できれば武田信玄にも牽制《けんせい》する役割をはたさせたい。

最初に、①の朝倉義景との関係について述べる。

奈良を脱出した翌年、つま

写真1　信長の朱印状

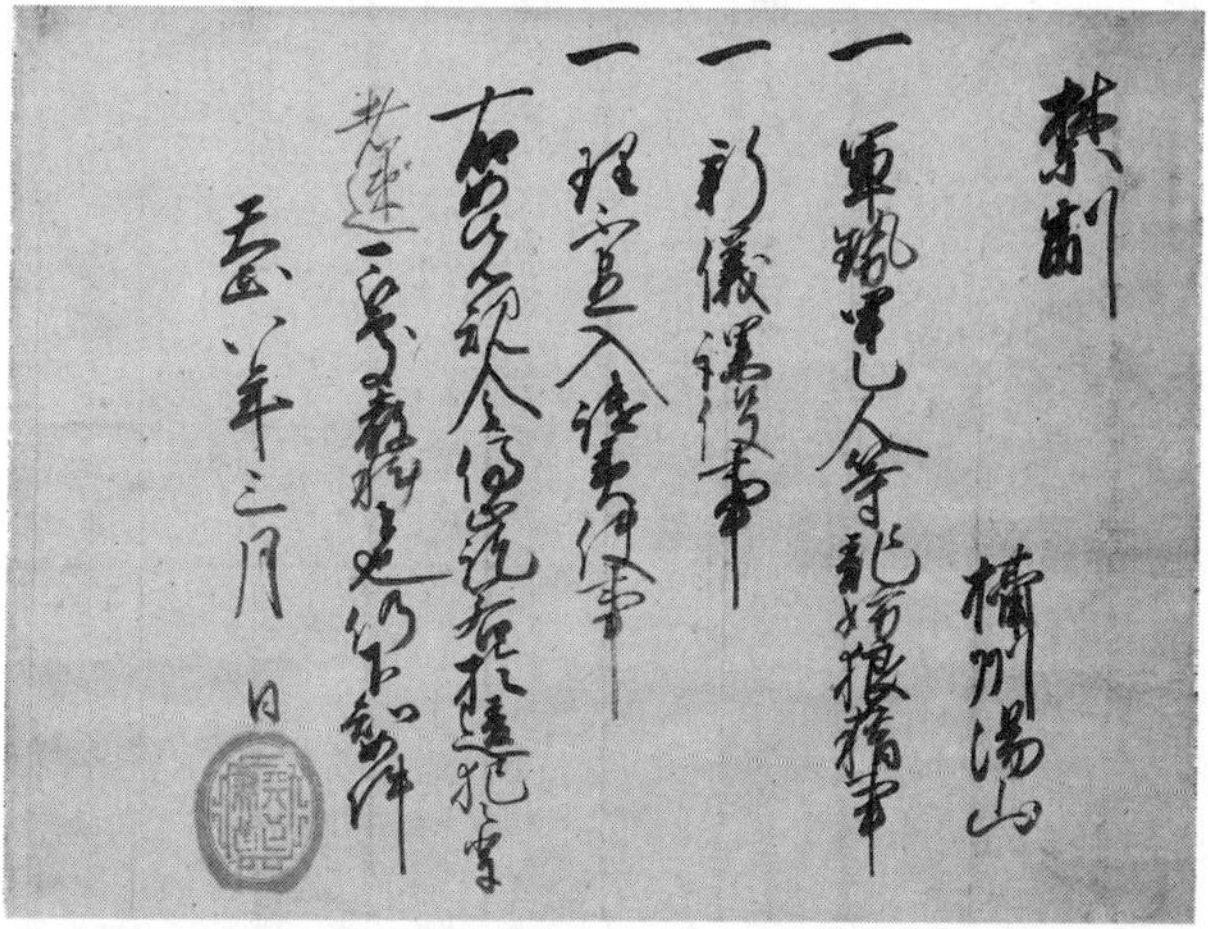

天正8(1580)年、摂津国湯山《せっつゆのやま》村あてに出された禁制《きんぜい》。軍には乱暴狼藉《らんぼうろうぜき》をさせない、新しい荷役(税)を取ることはしない等が記され、「天下布武」の朱印が押されている

（大阪城天守閣所蔵）

り永禄九年九月に越前敦賀に移って以来二年近い間、義昭は、朝倉氏の分国内に居住していたのである。信長が義昭を奉じて上洛しようというのなら、早くから義景と連絡を取るのが普通なのではあるまいか。しかし、確かな史料で見る限り、ふたりの間にはまったく連絡の跡《あと》が認められない。家臣同士の交流すら見られないのは、不思議なほどである。

　伝わるところによれば、義昭が信長に供奉《ぐぶ》されて上洛する予定である、という話を聞いた義景が再三慰留《いりゆう》したのに、義昭は耳を貸さなかったという。また、『永禄記《えいろくき》』によると、義昭が、信長とともに上洛に従うよう義景に求めたのに、義景が拒否したという。

これらの話が本当だとすると、以前から義景のほうに信長に対する反発があったのかもしれない。ともかく、信長と義景との間柄は、義昭の越前在住の時からなんとなくしっくりいっていない。対朝倉関係は、上洛以後の信長にとって大きな課題になってしまう。

②の畿内の諸勢力との連絡については、すでに信長はある程度の手を打っている。敵方の三好三人衆と対立している松永久秀たちと早くから通信しているのである。

久秀は、永禄九年八月の時点で、早くも信長に通じている（『柳生文書』）。三好三人衆に堺《さかい》を攻められて出奔し、行方《ゆくえ》をくらませていた時期にあたるが、さすがに久秀は、まだ美濃平定途中の信長に期待を寄せたものと思われる。信長は上洛に先立ち、（永禄十年）十二月一日付けで興福寺や大和・山城《やましろ》の国人など畿内の諸勢力に書状を送り、近いうちに上洛する意思を伝えているが、おのおのが久秀に協力するよう求めている（『柳生文書』『岡《おか》文書』）。

最後に挙げた③については、かなり複雑な関係がからんでおり、この後、東海地域の戦乱に発展する。

今川氏真の領地をめぐる武田信玄と徳川家康の動きが中核だが、家康の背後には信長が、また今川の味方として北条氏康がいるし、上杉謙信も信玄に対する牽制の役割として登場する。かいつまんで、その経緯について語ろう。

まず、今川氏の衰《おとろ》えに乗じて信玄が駿河への進出を企《くわだ》てたことが、この争乱の発端である。信玄の侵略に対抗するため、今川氏真は越後の上杉謙信と結ぼうとした。今川氏と北条氏との絆《きずな》は強い。もし今川と上杉が結び付いたならば、信玄は三方《さんぽう》から包囲されて窮地《きゅうち》に陥ってしまう。

危機を覚えた信玄は、あらためて信長に提携を呼びかけた。上洛するにあたって背後の今川氏の動きが気になっていた信長は、信玄の誘いに応じるのである。この時、信長と信玄が取《と》り交《か》わしたと思われる約束事は、要約すると次の二点になるだろう。

ひとつは、信長が信玄と謙信との和睦を仲介し、謙信を北陸に足止《あしど》めしておくこと、もうひとつは、信長が家康を遠江方面から今川領に侵入させ、今川氏を攻撃させることである。

永禄十一年の七月二十九日と言えば、すでに義昭を岐阜に迎えたあとになるが、信長は上杉謙信に書状をしたためている。謙信からの書簡に対する返書だが、その文面には、信長と信玄が入魂《じつこん》であること、信玄と家康との間に協定が結ばれていることが述べられ、さらに謙信が信玄への過去の遺恨《いこん》を忘れて手を結ぶように求めている（『志賀槙太郎《しがしんたろう》氏所蔵文書』）。

この後、畿内では信長が足利義昭を奉じて上洛を遂げる。いっぽう東海では、武田信玄の駿河侵入に始まって、混乱した状況が展開することになるが、詳しいことは第三節および第四節で述べることにする。

浅井長政《あざいながまさ》との同盟

南近江を支配する六角氏は三好三人衆方についたが、北近江の戦国大名浅井氏は、信長にとって心強い同盟者であった。問題は、この同盟がいつ頃なされたのか、ということである。それは、長政と信長の妹お市《いち》との政略結婚の時期がいつ頃か、と言い換えることもできる。

これについては、かつて奥野高廣氏が「織田信長と浅井長政との握手」と題する論文を書き、信長が上洛するすこし前の永禄十年末か十一年早々あたりと推測している（『日本歴史』二四八、一九六九年)。ただ、この説に従うと、類《たぐ》い稀《まれ》な美貌《びぼう》の持ち主お市の輿入《こしい》れが二一歳か二二歳で、当時としては〝行《い》き遅《おく》れ〟の年齢になってしまう。そうした難点があるものの、有力な反論が出ないまま、だいたいこの説が通用してきたようである。

しかし、その後四〇年ほどたって、宮島敬一《みやじまけいいち》氏が著書『浅井氏三代』(吉川弘文館、二〇〇八年)のなかでそれと異なる説を披露した。宮島氏は、奥野氏が論拠にした文書の解釈を否定し、また、他の史料も用いて、長政とお市の婚姻は永禄二年六月以降同六年以前、織田・浅井同盟もその頃である、との結論を導《みちび》いている。

宮島氏の説の通り、奥野氏の文書の解釈には無理があるようである。しかし、いっぽうの宮島氏の論も、根拠にしている史料に疑問があること、および論に飛躍が感じられることなど、十分な説得力を持っているとは言えない。したがって、論争を経《へ》ながらも、この問題に関してはまだ疑問のままと言わねばならない。

ただ言えることは、一《いち》に信長が美濃経略のなかで近江の浅井氏と同盟を結んだこと、二《に》にこの同盟は信長の遠交近攻《えんこうきんこう》策のひとつであること。この二点については押さえておくべきであろう。

北伊勢《いせ》・中伊勢の従属化

永禄十年四月十八日付けの、滝川一益《たきがわかずます》の奉行人による、大福田寺《だいふくでんじ》あての禁制がある（『大福田寺文書』）。伊勢のうち、もっとも尾張に近い長島《ながしま》の地では一向一揆による支配が行なわれているが、その先の桑名《くわな》あたりは信長の勢力圏に入っていたことがわかる。

同十一年二月、信長は北伊勢に出陣した。北伊勢には勢力の大きい豪族はいないので、出陣した時点で北伊勢全体が、すぐに信長に服属した様子である。信長はそのまま、中伊勢まで軍を進めた。この時に目標となったのは、鈴鹿《すずか》郡・河曲《かわわ》郡に勢力を広げている神戸《かんべ》氏とその一族である関《せき》氏、それに奄芸《あんき》郡・安濃《あの》郡の長野《ながの》氏であった。

信長は、まず神戸氏の主城神戸城と支城の高岡《たかおか》城を攻撃したが、途中で力攻めを中断し、和談の作戦に切り替えた。そして、三男の三七郎《さんしちろう》（のちの信孝《のぶたか》）を継嗣のいない神戸具盛《とももり》の養子にするという条件で和睦を成立させた。その後の神戸一族は、信長の幕下《ばっか》に属するようになる。

信長は、続いて長野氏に属する安濃城を囲む。長野氏の当主は具藤《ともふじ》。南伊勢一帯を支配下に収めている北畠具教《きたばたけとものり》の二男で、伊勢国司《こくし》の具房《ともふさ》の弟にあたる。とはいっても、まだ一〇歳ほどの少年にすぎない。長野の老臣たちは相談の末、この少年を実家に返し、代わりの主君として信長の一族を入城させてくれるよう、信長に願い出たという。おそらく信長のほうから、そのように仕向けたのだろう。信長は、弟の信良《のぶよし》（のちの信包《のぶかね》）を長野氏の当主として安濃城に送るのである。

このような経緯で、信長は中伊勢の有力者神戸氏・長野氏を従属させるのに成功した。神戸氏と長野氏に従っていた中伊勢の豪族たちは、ことごとく信長の幕下に所属することになった。

この後、信長は上洛を遂げるが、その時点では、まだ南伊勢の北畠氏は信長に従属していない。北畠氏が信長に属すようになるのは、上洛の翌年の大河内《おかわち》城攻め以後である。この時の講和も、信長が二男を養嗣子《ようしし》として押し付ける形になるのだが、それについてはまたあらためて述べることにしよう。

第三節　新政権の誕生

義昭を岐阜に招く

信長よりの岐阜招聘《しょうへい》の使者が、越前一乗谷にいる義昭のもとに着いたのは、永禄十一（一五六八）年の六月下旬だったと思われる。使者は村井貞勝《むらいさだかつ》と島田秀満《しまだひでみつ》、ふたりとも織田の吏僚《りりょう》のなかで筆頭格である。それに西美濃衆の不破光治《ふわみつはる》が同行したのは、北近江方面の道案内役だったのであろう。

前節で述べた通り、最後はおたがい気まずい別れになった可能性もあるが、義昭にとって、朝倉義景は二年間近くも世話になった恩人である。六月二十四日付けで、「これまでの忠義を忘れない。今後、そなたを見放すことはない」と誓《ちか》った御内書が伝わっている（『永禄記』）。

義昭一行は、途中で信長と同盟を結んでいる浅井氏の小谷城《おだに》に立ち寄ったあと、美濃に入り、七月二十五日に岐阜の郊外にある立政寺《りゅうしょうじ》に落ち着いた。さっそく信長が主立《おもだ》った家臣を連れて挨拶《あいさつ》に訪れる。一〇〇〇貫《がん》の銭が積まれ、太刀《たち》・鎧《よろい》、その他の武具、馬などが進上、その日は盛大な祝宴となった。

八月七日、信長は、浅井氏の属城《ぞくじろ》（従属している城）である佐和山《さわやま》城まで出かけた。六角氏を説得して上洛への道を空《あ》けさせるためだったというが、七日間もそこにとどまったのは、そのためばかりではなかっただろう。

義弟の浅井長政と打ち合わせる必要があったし、『永禄記』には、この時、義昭から朝倉義景に使者が遣《つか》わされ、信長とともに上洛に従うよう誘いがなされたとある。そうだとすると、義景からの返事を待っていたのかもしれない。

いずれにしても、六角承禎は信長の誘いに乗らなかった。義昭も直接使者を遣わし、上洛後に侍所《さむらいどころ》（京都にいて、守護・地頭《じとう》などを統率する役所）所司代《しょしだい》（次官）の地位を約束したが、三好三人衆と堅《かた》く結んでいる六角は応じなかった。

信長は結局、軍事力に任せて上洛への道を切り開くほかなかった。しかし、これは信長にとって、予期したことだっただろう。この時、六角氏が説得に応じるなどとは、はじめから考えていなかったに違いない。

信長の進撃と上洛

信長軍の岐阜出陣は九月七日だった。尾張・美濃・伊勢、それに同盟している徳川家康の三河の兵も従った。近江に入ると、浅井軍も合流した。総軍は五、六万ほどもあったと思われる。

六角氏の主城は観音寺城《かんのんじ》である。当主義弼《よしすけ》とその父承禎、それに従う近江の国衆たちの住む郭《くるわ》（城の内部の居住空間）が四方に広がった巨大な山城である。近くに、支城として和田山《わだやま》城・箕作《みつくり》城がある。六角氏は前衛の位置にある和田山城の守備を重点的に固めていた。

九月十二日の夕刻、信長が先鋒軍に攻撃させたのは、観音寺城よりさらに奥に位置する箕作城だった。予想外の攻撃に遭《あ》って、その夜のうちに箕作城は落ちた。

箕作城を落とされて、六角氏の戦意はたちまち萎《な》えてしまった。承禎父子は観音寺城を捨てて、甲賀方面へと逃げてしまったのである。信長は十三日に悠々《ゆうゆう》と観音寺城に入城した。近江国衆の一部の者は承禎父子に従ったが、ほとんどの者はこの時信長に降伏した。

信長の上洛は、もう時間の問題になった。信長はここで、岐阜にいる義昭に迎えの使者を立てる。朗報を待ち望んでいた義昭はただちに岐阜を出発、二十二日に桑実寺《くわのみでら》まで来て、信長と合流した。

信長の快進撃を見て、三好三人衆たち三好一党は京都を退散した。そして、畿内の勢力下にある諸城に籠《こも》って、信長の動きをうかがう態勢を取った。畿内の大名たちは皆、決断を迫られていた。

京都にいる天皇や公家たちはとまどっていた。織田信長というあまりなじみのない武将が、ともかく自分たちを擁護《ようご》してくれることを期待して、見守るしか方策がなかったのである。そうしたなかで正親町《おおぎまち》天皇は、九月十四日付けで信長に対して綸旨《りんじ》(天皇の命《めい》を伝える文書)を発給させ、禁中の警護と京都市内の治安《ちあん》維持を命令している(『経元卿御教書案《つねもときょうみぎょうしょあん》』)。

二十六日早朝、信長はついに京都に入り、東寺《とうじ》に本陣を張った。続いて義昭も入京、清水寺《きよみずでら》に着陣した。ここで、信長は右筆で秘書官役でもある明院良政《みょういんりょうせい》と義昭側近の細川藤孝を禁裏《きんり》(天皇御所)へ遣わし、厳重に皇居の警護を固めるという覚悟を伝えた。京都市内に着陣している織田軍の兵卒も統制が行き届いており、戦いにつきものの乱暴狼藉《らんぼうろうぜき》も起こらなかった。

畿内《きない》平定と新政権誕生

上洛を遂げたからといって、信長には一服するゆとりはなかった。山城・摂津《せっつ》には三好三人衆やその与党の勢力が蟠踞《ばんきょ》している。それらに対して、即座に軍勢を向けた。山城の勝龍寺城《しょうりゅうじ》、摂津の芥川城《あくたがわ》をたちまちに落とす。それを見て、摂津の越水《こしみず》・滝山《たきやま》・伊丹《いたみ》の各城が開城した。唯一池田《いけだ》城が抵抗したが、十月二日に降伏した。三好三人衆らは、四国阿波《あわ》まで逃れ去った。こうして、畿内には大きな抵抗勢力がいなくなった。

畿内の大名・国人たちは、芥川城にとどまっている義昭と信長を訪ね、忠誠を誓った。彼らのなかでもっとも大物と言うべき者は松永久秀であろう。茶器の名物「つくもかみ(付藻茄子《つくもなす》)」を持参して、信長を訪問した。

義昭にとって、彼は兄の仇《かたき》、今さら降参してきても、とても赦《ゆる》せない男である。しかし、信長が義昭を説得したのだろう。先に触れた通り、久秀は二年も前から信長と通じており、信長のほうも彼をうまく利用しようと考えていた様子なのである。

畿内の平定が終わって、新しい畿内の支配体制が定められた。次の通りである。

河内《かわち》守護　三好義継(若江《わかえ》城)・畠山高政《はたけやまたかまさ》(高屋《たかや》城)

摂津守護　和田惟政（芥川城）・伊丹忠親《ただちか》（伊丹城）・池田勝正《かつまさ》（池田城）
大和支配　松永久秀（多聞山《たもんやま》城）
山城の内《うち》　細川藤孝（勝龍寺城）

松永の大和支配、三好の河内半国守護は、信長の助言を生かした人事なのだろうが、和田を摂津三守護のひとりとしたこと、細川に勝龍寺城を預けたことは、義昭の上洛に尽くした恩賞と言える人事である。そのほかは、もともとその地域を支配してきた者を温存した形である。全体的に見て、近々《ちかぢか》将軍に就任する予定である義昭の意向を生かした体制作りと言えよう。

信長と義昭は、十月十四日に京都に凱旋《がいせん》した。信長は本陣を清水寺に置きながら、自軍の雑兵《ぞうひょう》たちに不法な行為のないよう、厳重に統制させた。公家や京都市民の支持を受けることも、信長が重視した政略の一環だったのである。

十月十八日、義昭は参内《さんだい》して、念願だった征夷大将軍《せいいたいしょうぐん》の宣下《せんげ》を受けた。三好三人衆に担がれて将軍になっていた足利義栄は、信長・義昭の上洛直前に富田《とんだ》の地で病死していたから、義昭の将軍就任にはまったく支障がなかったのである。兄義輝の横死《おうし》後、流浪の生活に入ってから三年あまり、ようやくの思いで勝ち取った将軍位だった。

二十二日、義昭は将軍宣下のお礼のため参内する。翌日には、細川邸で能楽《のうがく》を張行《ちょうぎょう》した。このたびの信長の忠誠をねぎらうための催《もよお》しである。しかし、信長は能楽は趣味ではない。十三番も組まれたプログラムをたった五番に縮《ちぢ》めさせ、しぶしぶ出席した。

その場で、義昭は信長に、副将軍か管領《かんれい》（将軍を補佐し政務を総括する）の職に就くようすすめた。副将軍という公的地位はないから、これは信長に対する義昭の最大の謝意だったに違いない。しかし信長は、何度にもわたる誘いを断わり、この恩賞を受けなかった。

翌二十四日付けの、二通の信長あての義昭御内書がある。一通は今度の京都・畿内平定に対する感状《かんじょう》、もう一通は足利氏の桐《きり》の紋章《もんしょう》と旗や幕《まく》に付ける二引両《にひきりょう》の使用を許可したものだった。この紋章と二引両は、信長は素直に受け取っている。二通の御内書のあて名が「御父　織田弾正忠殿」となっていることは有名である。この頃の義昭にとって、信長はもっとも敬愛すべき父のような存在だったのである。

その御内書を手にして、信長は十月二十六日に京都を発《た》ち、帰国の途《と》に就いた。

第四節　上洛後の情勢

信玄からの救援要請

永禄十一（一五六八）年十月、信長が上洛の軍を起こして畿内を平定し、足利義昭を将軍位に就けてからまもなく、東方では武田信玄の駿河侵略が始まった。越後の上杉謙信が積雪のため動けないことを見越し、信長および三河の徳川家康と示し合わせての軍事行動だった。

武田軍にやや遅れて、徳川軍も西方から遠江へ侵入した。武田軍は、早くも十二月十三日に今川氏の居城のある駿府を占領して、今川氏真を掛川《かけがわ》へと追いやってしまうのである。

ところが、信玄は北条氏の説得に失敗した。北条氏は、はっきりと今川氏支援を表明、軍勢を駿河に派遣してきたのである。駿河・遠江を舞台に、武田・徳川連合対今川・北条連合の戦いが繰り広げられる。

信玄は、最初こそ順調に駿河を侵略したのだが、北条氏が敵になって駿河に侵入してくると、苦戦続きでその勢いが止まってしまった。それで、家康に対して、早く掛川城を攻略して今川氏を滅《ほろ》ぼすよう繰り返し催促している。

しかし、追い込まれながらも、今川氏真はよく持ちこたえた。家康は予想外の抵抗に遭《あ》って、力攻めの難しさを感じ、氏真に和睦への道を呼びかけることにした。

このような情勢のなか、もっともあせったのは信玄である。もう三月、北陸の雪もほとんど溶《と》けている。謙信の意思次第で南方への出陣は可能だ。いっぽう、掛川城攻めが行き詰まっている家康は、氏真との和睦の道を探っている、という噂《うわさ》が聞こえてくる。もし徳川と今川とが和睦することになれば、一転して信玄の立場が危《あや》うくなる。場合によっては、北条・今川・上杉に三方から取り囲まれる危険性が生じるのである。

ここに至って信玄は、市川十郎右衛門尉《いちかわじゅうろうえもんのじょう》という者を京都に派遣した。在京中の信長および将軍義昭にも、上杉謙信との和睦の仲介を急いでほしい、と頼むためである。三月二十三日付けの十郎右衛門尉にあてた信玄書状がある。その書状には、次のような信玄の嘆《なげ》きが綴《つづ》られている。

「この時いささかも信長御疎略《ごそりやく》においては、信玄滅亡疑《うたが》いなく候」(『古今消息集《ここんしょうそくしゅう》』)。

手紙の相手は家臣だから、これは信玄の本音ととらえてよかろう。外交上、完全に信長のほうが優位に立っていることが感じ取られる。

この後、信長と義昭による対上杉外交の成果もあったのか、謙信の南下の動きはなく、四月下旬、信玄は駿府から甲府へと無事に軍を撤退することができた。五月十五日、氏真は掛川城を開城し、北条氏のもとに逃れる。

これで、駿河・遠江の国主《こくしゅ》はいなくなったが、北条氏を完全に敵に回してしまったため、信玄が駿河を支配下に置くのは一年以上もあとになってしまうのである。

信長と義昭の協調

信長の上洛の翌年早々、阿波に引き下がっていた三好一党が、海を渡って京都まで進撃してきた。一月五日、三好軍は将軍仮御所にしていた六条《ろくじょう》の本国寺《ほんこくじ》を襲撃した。

どういう不手際《ふてぎわ》からか岐阜への注進は遅れて、信長が京都に駆けつけたのは十日になってしまった。だが、将軍御所を守る義昭の親衛隊や畿内の守護たちの敢闘《かんとう》で、義昭の身柄を守ることができた。

信長は、この将軍の危機を見て、堅固な将軍御所の建設を早急に実行しようとするのである。しばしば信長自身が陣頭に立ち、突貫工事を続けた結果、四月には完成して、義昭はそこに移った。仕事を終えた信長は岐阜に戻るが、義昭は新御所の石垣の上に立って、去り行く信長をいつまでも見送っていたという。

この場面で象徴されるように、上洛以来、最初の一年間ほどは、信長と義昭は協調しながら中央政権を運営していった。京都・畿内の政務は将軍の専権事項だが、信長は協力を惜《お》しまず、朱印状《しゅいんじょう》（花押の代わりに朱印を押した文書）発給などによってバックアップしている。強大な軍事力を持つ信長と、将軍の地位にいる義昭とは相互補完関係にあり、この時の政権は「二重政権」もしくは「連合政権」と呼ぶにふさわしいものだったと言えるであろう。

外交に関しても、信長は義昭の方針に協力的である。

上杉謙信に働きかけて武田信玄との講和を促《うなが》す努力は、先々代の義輝以来の将軍の仕事だったが、先に述べた通り、窮地に陥った信玄の強い要請に応えて、義昭はあらためて謙信に働きかけている（『歴代古案』）。信長も、信玄に貸しを作ろうという意識からか、義昭に歩調を合わせて対上杉外交に動いている（『上杉家文書』）。

毛利《もうり》氏への接触

義昭と信長の協調外交は、西国大名に対しても同様である。

この頃、筑前《ちくぜん》・豊前《ぶぜん》の地で、毛利氏と大友《おおとも》氏とが軍事衝突を繰り返していた。両者の関係回復についても、義輝以来、幕府の課題であった。永禄十二年、義昭は両者に御内書を与えたり、使者を派遣したりして、熱心に和睦を仲介している（『吉川家《きつかわけ》文書』『大友氏記録』）。信長も、そのような義昭の外交姿勢に同調して、両者の講和のために動いているのである（『今井宗久書札留《いまいそうきゅうしょさつどめ》』）。

西国と言えば、信長と毛利氏との交際について触れねばならない。

八月十九日付けで、朝山日乗《あさやまにちじょう》が毛利元就《もとなり》をはじめとする毛利一族および老臣たちにあてた書状案がある。五カ条から成る条書《じょうしょ》（箇条書《かじょうが》きにした文書）形式の書状だが、その内容から永禄十二年に書かれたことはあきらかである（『益田家什書《ますだけじゅうしょ》』）。日乗は、この後しばらく、朝廷・幕府・信長の三権力（権威）間で縦横に動き回る怪僧と言うべき人物である。以前、毛利氏に仕えていた時期があるということで、その縁《えん》からか、毛利氏相手の外交にたずさわることが多い。

この日乗書状の前書きに、次の通りの文言がある。

「信長のこと、いか様《よう》とも申し談《だん》ずべきの由《よし》、申され候。なにとぞ御縁辺《ごえんぺん》申し談じたきの由、御分別《ごふんべつ》候いて仰《おお》せ越《こ》さるべきに候」

つまり信長は、毛利氏と姻戚関係を結ぶことを望んでいるというのである。大勢いる兄弟・子女を政略のために利用するのは、信長の常套《じようとう》手段である。

また、この書状には、毛利氏が信長に軍事的協力を求め、信長がそれに応じて、但馬《たじま》と播磨《はりま》に出兵したことが書かれている。

毛利氏は永禄九年に富田《とだ》城を攻略して、尼子《あまご》氏を没落させたものの、山中鹿介《やまなかしかのすけ》たち尼子残党が、但馬の山名《やまな》氏の協力を得て活動を続けていた。当時、毛利氏はその動きに手を焼いていたから、日乗を通じて信長に助力を求めたのである。信長のほうも、但馬の生野《いくの》銀山に魅力があったようで、堺の豪商今井宗久を代官に任命して、銀山の確保に乗り出している（『今井宗久書札留』）。

その後、翌年二月から、信長と毛利氏との外交が正式に始まる。新しい信長方の担当者は木下秀吉《きのしたひでよし》（のちの豊臣《とよとみ》秀吉）と武井夕庵《たけいせきあん》だった。秀吉は、（永禄十二年）三月十八日付けの小早川隆景《こばやかわたかかげ》あての書状のなかで、「若輩《じやくはい》ですが、どうぞよろしく」と挨拶している（『小早川家文書』）。

北畠《きたばたけ》氏の従属

北畠氏は代々「伊勢国司」を称しながら、室町幕府体制のもとで存続してきた。そして戦国時代には、南伊勢のみならず大和宇陀《うだ》郡を勢力下に収めた戦国大名として威《い》を振るっていた。当時の北畠家の当主は具房《ともふさ》だが、その父の具教《とものり》が大河内《おかわち》城に同居して実権を握っていた。

信長は上洛以前に伊勢の北部と中部を支配下に置いていたが、南部を支配する北畠氏を従属させるには至らなかった。信長は上洛後、その北畠氏を制圧する機会をうかがっていたのである。

永禄十二年五月、その機会がやってきた。具教の弟にあたる木造具政《こづくりともまさ》が、信長に誼《よしみ》を通じてきたのである。八月二十日、信長は岐阜を出陣し、南伊勢に向かった。目指すは北畠氏の主城、大河内城である。なんと八万、あるいは一〇万とも言われる大軍だった。総力を挙げての遠征だったと言えよう。その大軍をもって信長は、大河内城を四方から取り囲んだのである。

これほどの大軍でたったひとつの城を囲むという戦いなのに、大河内城が開城したのは十月三日、つまり一カ月半後である。谷川に挟《はさ》まれ、複雑な地形に位置した攻めづらい城ではあるが、それにしても日にちがかかりすぎている。なぜ、そんなにも長引いたのだろうか。

この大河内城攻めについて書かれた史料で、もっとも信頼できるものはやはり『信長公記』である。これによると、信長は攻囲を始めて二〇日もたたない九月八日に夜攻めを敢行し、失敗したと記されている。しかし、その後の経過についての記載はない。「城中は干殺《ひごろし》になさるべき御存分《ごそんぶん》にて御在陣《ございじん》候」とあるだけで、まったく戦いについての記載はない。そして結局、「端々《はしばし》餓死に及ぶに付いて、(北畠が)種々御侘言《おわびごと》候て」開城するということで終わっている。

『信長公記』は信憑性の高い史料ではあるが、なんといっても信長の側近の手によるものである。都合の悪いところは、意識的に伏《ふ》せられている可能性は否定できない。では、信憑性においては劣るが、ほかの立場から書かれた史料を参考にして、真実を探ってみたい。

まず、一次史料である『多聞院日記』に垣間《かいま》見られる戦いの様子。同日記の同年九月七日条を見ると、大和の松永久通(久秀の息子)が家臣の竹下秀勝《たけしたひでかつ》をともなって信長を在陣見舞いしようとしたが、「合戦悪くて人数数多《あまた》損じ」たという噂を聞き、出発を遅らせたと書かれている。

次に、摂津出身の武士と思われる生島宗竹《いくしまそうちく》という者が記した『細川両家記《ほそかわりようけき》』。伊勢から離れた地で書かれたものではあるが、時間的にはほぼリアルタイムで記された史料である。

「(信長が)伊勢国へ入られ、合戦度々《たびたび》これありといえども、神軍《かみいくさ》に候か、国司方《がた》勝利を得て嗳《あつか》いに成《な》り、同《おなじ》く十月十二日、信長開陣の由《よし》申し候。人数過分《かぶん》に死ぬ由に候なり」

つまり、宗竹の得た情報によると、「国司(北畠)方勝利」「(信長方の)人数過分に死ぬ」ということだったのである。

さらに、越前で同時代の者が書いたと思われる『朝倉記《あさくらき》』の記述を紹介する。

「同月(九月)中旬に城中より切《きっ》て出《で》、千ばかり討捕《うちと》りけり。ゆえに弾正忠(信長)も少《すこ》し手弱く見えける所に、内裏・公方様より和睦の御嗳いを成され」

ここでも、信長の苦戦の様子が語られている。

どうも、この大河内城攻めは、どう考えても信長の圧倒的勝利と言える戦いではなかったようである。ただし、講和・開城の条件については、どの史料にも述べられていないが、以後の状況から推測すると、次の三点にまとめられる。

①大河内城を信長に明け渡し、北畠具教・具房父子は他の城へ移ること。
②信長の二男の茶筅丸《ちゃせんまる》（のちの信雄《のぶかつ》）を北畠家の養嗣子とすること。
③田丸《たまる》城など北畠方の周囲の城々を破却すること。

つまり、戦闘では押され気味だったのにかかわらず、信長方が一方的に有利な条件で講和をしているのである。

では、戦争の状況と講和の内容における「ねじれ」は、何ゆえに生じたのだろうか。先に引用した『朝倉記』に、「内裏・公方様より和睦の御曖いを成され」とあることに注目すべきである。天皇はともかく、将軍義昭が、信長と北畠氏の講和を仲介した可能性はありそうに思う。

戦国大名同士の争いを仲介して講和へと持ち込むのは、将軍の務めのひとつである。ただ、この時、義昭が自らの意思で仲介に動いたのか、信長に依頼されたのかは詳《つまび》らかでない。ともあれ、その結果だけを見ると、信長が外交的勝利を収めたという形で結着したと言えよう。

この後、信雄が北畠家家督を相続して、実質上、北畠家を信長が乗っ取ってしまう。それだけではない。天正四（一五七六）年十一月、具教以下北畠一族は、突然の粛清劇《しゆくせいげき》によって滅ぼされてしまうのである。そのような成り行きを思えば、この時の外交的勝利は決定的な意味を持ったと言うべきであろう。

第三章

信長包囲網をめぐる外交

第一節　将軍義昭との摩擦《まさつ》

五カ条の条書《じょうしょ》

永禄十二（一五六九）年十月、伊勢の大河内城を開城させた信長は、千草《ちくさ》峠越えで十一日に京都に入った。そして将軍御所を訪ねて、伊勢平定について報告した。その後、信長は、しばらく京都に滞在するはずだったのだが、十七日に突然、岐阜に帰ってしまった。

驚いた正親町天皇が、わざわざ勅使《ちょくし》を立てて理由を聞いたほどの予想外の下向だった（『正親町天皇宸筆女房奉書案《しんぴつにょうぼうほうしょあん》』）。突然の帰国の理由については、『多聞院日記』に次のように記されている。

「上意《じょうい》とせりあいて下《くだ》りおわんぬと」

つまり信長は、将軍義昭と喧嘩《けんか》し、怒りのあまり岐阜へ帰ってしまった、というのである。では、喧嘩の原因はなんだったのだろうか。タイミングからいって、北畠攻めに関係することに違いない。義昭が仲介した可能性のある講和にからむことか、あるいは北畠攻めそのものをめぐる意見の対立か、具体的なことは不明だが、これが信長と義昭の最初の衝突である。

信長と義昭の「連合政権」はこの後、連携時代を終了させて確執《かくしつ》時代に移る。その第一歩が翌年一月二十三日付けで出された五カ条の条書である。条書のあて名は朝山日乗と明《あけ》智光秀《ちみつひで》になっており、義昭は袖判《そではん》(文書の袖=端《はし》に記した花押)を押して承認するという形を採っている(『成簣堂《せいきどう》文庫所蔵文書』)。

日乗は先に触れた通り、天皇・将軍・信長三者の間を立ち回っていた「怪僧」と評すべき人物である。もうひとりの光秀は、周知の通り、のちに信長の老臣となる武将だが、当時は信長に仕えながら幕臣の立場でもある両属の関係にあった。つまり、ふたりとも信長・義昭両方と関係の深い人物だから、信長に証人として選ばれたものと思われる。

五カ条の内容を意訳すると次の通りである。

一、大名たちに御内書で命令することがあるならば、まず信長にその旨をおっしゃってください。信長からも書状を添えましょう。

一、これまでの御下知はすべて無効とされ、あらためて考え直してからお決めになることにしてください。

一、将軍に忠節の者に恩賞・褒美《ほうび》を与えたくても土地がない時は、命令してくだされば信長の分国のなかからでも提供しましょう。

一、天下のことはともかく信長にお任せになったのだから、誰であっても将軍の御意思をうかがう必要はありません。信長の意思通りに行なうようにいたします。

一、天下は鎮《しず》まったのですから、朝廷のことは油断なく執り行なうようにしてください。

ここに書かれている通りに信長の言葉をとらえる限り、信長の将軍に対する強い締め付けと言える。義昭の行動を著《いちじる》しく制約し、傀儡《かいらい》化してしまおうという信長の意図が明白に読み取れる。しかし、どうしても腑《ふ》に落ちないところがある。

まず第一条で要求している御内書の件だが、これまで義昭が勝手に諸国の大名に命令しているケースは見当たらない。また、第二条に書かれているように、これまでの下知をすべて無効にしたならば、とんでもない混乱が起こるに違いない。これまでふたりがたずさわってきた、いわゆる「連合政権」の実際に鑑《かんが》みて、かなりの「ずれ」を感じるのである。

それに関しては、堀新《ほりしん》氏および桐野作人《きりのさくじん》氏の研究がある。つまり、この条書は公表されたものではなく、信長と義昭との間に交《か》わされた、いわば「密約」と言うべきものであった、という説である。両氏は、この文書は明治四十三（一九一〇）年まで、その存在すら知られていなかったこともその傍証となる、と論じている（堀氏二〇〇九年論文、桐野氏二〇一一年著書）。

要するに、ここに書かれていることは、信長による義昭への牽制と理解すべきであろう。「義昭が将軍風を吹かせて調子に乗ってしまうとやっかいだ」、そして「ここで釘《くぎ》を刺しておく必要がある」、信長がそのように考えた結果、ととらえるのが適当だと思う。

諸大名への触状《ふれじょう》

五カ条の条書と同日付けで、信長は諸大名に対して触状を出した。そのあて先は、畿内・近国の大名たちがほとんどだが、東方は徳川家康・武田信玄、北方は越中《えっちゅう》の神保《じんぼ》氏、西方は備前《びぜん》の浦上《うらがみ》氏にまで及んでいる（『二条宴乗記《にじょうえんじょうき》』）。

書状の用件は次のようなことである。

「皇居の修理、幕府への奉仕、そのほか天下を鎮めるため、来たる二月中旬に上洛する予定である。おのおの方《がた》も上洛して天皇・将軍に拝礼し、お役に立つことが大切である。遅れてはならない」

この触状に表われた信長の意識は明確である。それは、朝廷および幕府の権威を利用して、諸国の大名に対する支配権を掌握しようとすることであろう。

信長は、すでに朝廷の保護者であり、幕府の支持者という立場を明確にしている。しかも五カ条の条書とは違い、この触状は公的なものである。したがって、この触状に背くことは、すなわち朝廷および幕府に対する反抗と見なされても致《いた》し方《かた》ないわけである。

さて、呼びかけにあった「二月中旬」という予定は大幅に遅れ、信長が岐阜を出発したのは二月二十五日であった。それにもかかわらず、信長はゆっくりと東山道《とうさんどう》を上った。途中、常楽寺《じょうらくじ》にとどまって相撲会《すもうえ》を催したりしている。上洛する近国の大名たちを丁重に京都で迎える、などというつもりはなかったようである。

信長が京都に入ったのは、三十日の夕刻だった。大勢の公家や幕府奉公衆が、はるばる坂本《さかもと》・堅田《かたた》まで迎えに出ていた。これは、信長が常楽寺から船便を利用した場合に備えたためである。

それだけではなかった。京都の郊外には、何百もの人々が集まって、盛大に信長を出迎えたのである。彼らは京都の市民だった。『言継卿記』によると、一町あたり五人のノルマが割り当てられていたという。これらの賑々《にぎにぎ》しい出迎えは、すべて信長側による演出だったのであろう。

三月一日の参内は、何を意味するか?

なぜ、信長はこんな演出を必要としたのだろうか。それは、上洛の翌日、すなわち三月一日の信長の行動を見れば、だいたい察しがつく。

この日午前、信長は将軍御所を訪ねて、義昭に上洛の挨拶をすませた。そして、午後になって参内した。何事かを期したかのような、衣冠《いかん》を着した正装の姿だったという(『言継卿記』)。大勢の公家衆が相伴《しょうばん》した。

当時の信長の官位は、正六位《しょうろくい》相当の弾正忠。つまり、地下人《じげにん》(昇殿を許されていない官人)にすぎない。ところが、この時は将軍義昭に匹敵する待遇を受けているのである。京都に入る際の盛大な出迎え、おおげさな参内の様子。この時の信長の上洛の目的は、まさしくこの参内にあったと見なしてよかろう。

橋本政宣《はしもとまさのぶ》氏は、論文「織田信長と朝廷」（一九八二年）で、この時の信長について取り上げているが、「信長の位置と威勢を明示したもの」と述べるにとどまっている。それに対して、立花京子《たちばなきようこ》氏は、この参内こそ信長が「天下静謐《せいひつ》執行権」を獲得した機会であり、「将軍代行の地位」に立った時と意義づけている（立花氏一九九七年論文）。

「天下静謐執行権」あるいは「将軍代行の地位」といっても、それを表わした裏づけ史料があるわけではない。したがって、この時の参内に際し、信長に対して、天皇からどのような詔勅《しようちよく》がなされたのかわからない。

しかし、その後の信長をめぐる様子を見ると、この三月一日の参内を契機として、信長に身分上の変化があったことがうかがえる。それらをまとめると、次の通りである。

①三月十日、十六日に、公家衆や上洛した大名たち、その他大勢の者が信長の宿所を訪ねて挨拶していること。

②信長はこの後、四月二十日に京都を出陣するが、将軍の「上意」だけでなく天皇の「勅命《ちよくめい》」をも受けての出陣であり、出陣中の二十五日には、禁中で戦勝祈願がなされていること。

③この出陣には、池田・松永といった幕府の直臣のほか、天皇に仕えながら将軍にも奉

公する性質を持つ「武家昵近公家衆《ぶけじっきんくげしゅう》」も同陣していること。

これらの事実を顧みた場合、やはり三月一日の参内の意義は大きかったと考えるべきであろう。それを「天下静謐執行権」と呼ぶべきかどうかはともかく、この時に信長が、本来将軍に属すべき軍事的権限を天皇より委《ゆだ》ねられた、と推測することが許されるのではなかろうか。

さらに敷衍《ふえん》して考えれば、幕府要人・公家衆だけでなく、諸国大名、さらには京都市民をも巻き込んだ大騒ぎは、天下静謐の執行者である信長の存在を広く知らしめることが目的だったのではないだろうか。

第二節　朝倉《あさくら》氏・浅井氏との戦い

朝倉氏との関係

信長と朝倉義景との関係はもともと冷《ひ》ややかだった。それが義昭の上洛をめぐってますますこじれてしまった様子だったことは、前章で述べた通りである。上洛後の様子を見ても、ふたりの間に交流が行なわれた形跡がない。それどころか、信長には、義景を敵対者扱いする素振《そぶ》りさえあったようである。

朝山日乗が毛利一族と老臣あてに発給した書状については、前章第四節でも触れたが、その書状のなかに次の文言がある。

「（信長は）安房《あわ》（阿波）・讃岐《さぬき》か又《また》は越前かへ、両方に一方《いつぽう》申し付けらる躰《てい》にて候」

阿波・讃岐は、ずっと信長に敵対している三好三人衆らの本拠地である。越前がそれに並べられて敵国扱いにされている。しかも日乗の観察によれば、信長が近いうちに攻撃する様子、と言うほどの不穏な間柄なのである。

翌年一月二十三日、信長は諸国の大名たちに上洛を促す触状を発する。『二条宴乗記』に載せられたあて名には、東方は武田、西方は浦上まで、多数の大名の名が記されている。北陸においても、若狭の武田元明、越中の神保まで呼びかけの対象になっている。しかし、そこには朝倉義景の名が抜けているのである。

『越州軍記《えつしゆうぐんき》』には、義景のもとに義昭から御内書が届けられ、早々に上洛するよう促されたが、どうせ信長の策略だろうと見抜いて腰を上げなかったと書かれている。義昭からはなんらかの形で連絡があったかもしれないが、信長からの呼びかけはなかったのではあるまいか。

四月二十日、信長は三万もの大軍を率いて京都を出陣、北方へと軍を進めることになる。天皇の勅命、将軍の上意、両方を帯《お》びての出陣であった。

しかし、この勅命と上意は、はたして朝倉攻めを命じたものだったのだろうか。そもそも、仮に信長から朝倉への呼びかけがあり、それに応じなかったから即座に討伐というのは、あまりにも性急ではないか。

朝倉義景と言えば、将軍義昭にとっては、二年間も世話になった恩人ではないか。朝廷から見ても、けっして追討《ついとう》に値する存在とは言えないはずである。

七月十日付けで信長自身が毛利元就にあてた書状には、次のように書かれている。

「若狭の国端《くにはし》に武藤《むとう》（友益《ともます》）と申す者、悪逆を企《くわだ》つの間《あいだ》、成敗《せいばい》致すべきの旨、上意として仰《おお》せいださるの間、去る四月二十日出馬《しゅつば》候」

「かの武藤、一向《いっこう》に背《そむ》かざるのところ、越前より筋労（圧力のことヵ）を加え候。遺恨繁《はん》多《た》に候の間、ただちに越前敦賀郡に至《いたり》て発向《はっこう》候」（『毛利家文書』）

つまり、この時の出陣は、若狭の武藤を討つためだったのだが、武藤を操《あやつ》っているのが朝倉だということがわかったので、進撃の途中で、越前に馬首《ばしゅ》を転《てん》じたという意味のようである。

しかし、信長ははじめから越前へ攻め込むつもりだったのだろう。そもそも、武藤は若狭守護武田氏の家臣で、大飯《おおい》郡を本拠とする一国人にすぎない。そんな敵を攻めるのに、三万もの大軍を必要とするはずがなかろう。要するに、この戦いは、信長のほうが一方的にしかけたものであって、朝倉氏の敵対から始まったわけではない。

越前敦賀郡に攻め込んだ信長軍は、たちまち郡内の城々を攻略した。そして、いざ木《き》ノ芽《め》峠を越えて、朝倉氏の本拠地へと攻め込もうとした時、浅井長政の離反の報が届くのである。

このままでは腹背《ふくはい》に敵を抱えてしまう。ここから、有名な金《かな》ヶ崎《さき》の退《の》き口《ぐち》が始まる。そして四月三十日、信長はほうほうの体《てい》で京都にたどりつくことになる。

浅井長政が離反した理由

浅井長政は、なぜこの時信長を裏切ったのだろうか。昔から言われているのは、浅井氏が朝倉氏から受けた深い恩に縛《しば》られたため、ということである。

つまり、長政の祖父亮政《すけまさ》が、京極《きょうごく》氏から独立して北近江に勢力を伸ばすにあたって、越前の朝倉氏がいろいろと援助してくれた。それゆえ、長政は信長と同盟を結ぶ時、朝倉氏と戦うことになった場合、必ず自分にもことわるよう約束していた。それにもかかわらず、信長は長政を無視して越前に攻め入った、ということである。

浅井氏が戦国大名として自立する時に、朝倉氏がどれほど協力したかについては、確かな史料がないからよくわからない。しかし、浅井氏と朝倉氏が国境を接していながら、ずっと目立った紛争を起こしていないことを考えると、親密な関係が続いていたと判断してよいだろう。

小泉義博《こいずみよしひろ》氏は、浅井氏は朝倉氏の一部将にすぎなかった、という説を唱えている（小泉氏一九九五年論文）。長政が義景の家臣だったとは信じられないが、両者の力関係からいって、かなり強い影響を受ける立場だったのはまちがいなかろう。

長政のそのような微妙な立場について、信長には十分な理解があっただろうか。長政が離反したと聞いた時、信長はしばらく信じられなかったという。『信長公記』には、その時の信長の言葉を次のように記している。

「浅井は歴然御縁者《ごえんじゃ》たるの上《うえ》、あまつさえ江北《ごうほく》一円に仰せ付けらるるの間、不足これあるべからざるの条」

実際に信長の口から吐《は》かれた言葉かどうかはわからないが、太田牛一《おおたぎゅういち》（『信長公記』著者）はその時の信長の心境をこのように理解したわけである。いかにも信長らしいと評すべきか、はなはだしく浅井氏を軽んじた、傲岸不遜《ごうがんふそん》な物言いである。

北近江の浅井氏分国は、信長から与えられた所領ではない。浅井氏三代が苦労して切り取った領地である。しかも、前々年の上洛の時、前年の大河内城攻めの時、兵を出して協力したのに、なんの分け前もなかったではないか。

とはいっても、この永禄十三年四月の時点では、あきらかに信長のほうに追い風が吹いている。朝倉はかなり追い込まれた形である。この情勢のなかで信長に背くのは、相当な決断を要したであろう。では、長政を決断させたものはなんだったのだろうか。

宮島敬一氏は長政離反の理由として、次のように述べている。

「両者の政治理念・権力観の相違の結果」、より具体的に言うならば、「浅井氏が在地（村落・百姓）に対峙する姿（「支配の論理」）と織田氏のそれとでは大きな相違があった」（宮島氏二〇〇八年著書）。

なおもわかりづらいが、要するに長政が、諸大名への触状などに表われた信長の政治姿勢に不信を持ったということであろう。しかも、その不信感は、決定的衝突を予感させるほど大きなものになり、突然の離反へと走らせたのであろう。

元亀《げんき》争乱

この越前遠征の失敗が、信長を泥沼のような「元亀争乱」へと引きずり込むことになる。元亀元（一五七〇）年六月、信長は、浅井長政の居城小谷城攻撃のため北近江に出陣する。

そして六月二十八日、援軍として駆けつけた徳川家康と一緒に、浅井・朝倉連合軍と姉《あね》川《がわ》を挟んで遭遇戦を展開する。この姉川の戦いは、信長方の勝利として終わったが、朝倉氏・浅井氏に決定的ダメージを与えるには至らなかった。

北近江から戻っても、信長は岐阜城でゆっくりしていられなかった。七月下旬、三好三人衆など三好党の軍勢が阿波から渡海し、摂津の野田《のだ》・福島《ふくしま》の砦に籠って、畿内回復の態勢を取ったのである。八月、信長は南方へと出陣する。そして、野田・福島の砦を取り囲んだ。

三好党がいよいよ進退きわまったと思われた時、予期せぬ事態が起こった。九月十二日夜半のこと、陣のすぐ近くにある本願寺《ほんがんじ》の兵が突然、信長軍に襲いかかってきたのである。

本願寺顕如《けんにょ》は、信長が上洛する前から通信しており、上洛以後も友好的な態度を続けていた。ところが、ここにきて、信長に敵対する姿勢を露《あら》わにしたのである。

信長にとっては、突然の敵対だったが、顕如の反信長の意志はもっと前から固まっていた。すでに美濃・近江の門徒《もんと》たちに対し、無理難題を懸《か》けてくる信長と戦うよう命令した檄文《げきぶん》が出されていたのだ。それだけでなく、信長の敵になった浅井氏とも連絡していた。「(信長が本願寺を)破却すべきの由、確かに告げ来たり候」と門徒にあてた書状に書かれている。顕如は、信長の本願寺に対する威圧的な態度を見て、敵対を決意したのであろう。

本願寺の敵対により、戦いは攻守所《こうしゅところ》を変えてしまった。信長のほうが追い込まれたところに、京都から注進があった。朝倉・浅井の軍勢が京都に進出してきたというのである。

信長はここで、三好党および本願寺との戦いを切り上げる決意をした。九月二十三日、南方陣を引き払っていっせいに退陣、その日のうちに京都に到着した。信長軍の京都帰還を見て、朝倉・浅井軍は京都を離れ、比叡山の峰々に陣を張った。

山上に陣を張っている敵に攻撃をかけるのは困難である。信長は比叡山延暦寺の僧を呼び寄せ、次の条件を出した。

「朝倉・浅井に味方するのをやめ、自分に味方してくれるならば、織田の分国にある延暦寺領はすべて還付《かんぷ》しよう。出家の身ゆえ一方《いっぽう》に味方できないと言うならば、せめて中立を保ってほしい。このまま敵方を通すならば、延暦寺すべてを焼き払う」

「中立」とは、具体的にどのようにせよということかよくわからないが、要するに、信長の要求は敵軍を山から下《お》ろせということであろう。しかし、この信長の要求は、延暦寺に無視されてしまう。

信長の軍は四万もの大軍で比叡山の麓《ふもと》に陣を張ったものの、攻撃をしかけることができず、ただ日を送るのみであった。このにらみ合いは、十二月中旬まで三カ月近くも続く。信長が自ら軍を率いた戦いのなかで、もっとも長い日々を送った戦いである。この長い対陣を「志賀《しが》の陣」と呼んでいる。

振り返ってみれば、この「志賀の陣」は信長の戦歴のなかで、最大の危機だった。

もし、朝倉・浅井軍が近江の一向一揆、それに六角氏と呼応しつつ山を下ったならば、大軍を擁《よう》した信長軍といえども、対抗できたかどうかわからない。敵軍の主力をなしていた朝倉軍の主将義景の優柔不断さが信長を救ったと言えよう。

志賀《しが》の陣の和睦《わぼく》

三カ月近い対陣の間、十一月下旬に堅田をめぐって一度だけ戦闘があったが、主力同士は比叡山の峰《みね》と麓《ふもと》に分かれて、にらみ合ったまま動かなかった。

季節はもう冬である。北国はまもなく雪に閉ざされる。越前を本拠地とする義景のあせりは募《つの》る。信長のほうも、長らく留守にしている国元から、長島一向一揆の蜂起など気がかりな情報が入ってきている。

堅田の戦い直後より、和睦の動きが見え始めた。信長・義景ともに、国に帰りたいのが本心だから、和睦の話はとんとんと進んだ。和睦の発端について、『信長公記』には次のように記されている。

「公方様へ朝倉色々《いろいろ》嘆き申すに付いて、無為《むい》の儀《ぎ》仰せ出され候。信長公御同心《ごどうしん》これなき処《ところ》に、霜月晦日《しもつきみそか》、三井寺《みいでら》（園城寺《おんじようじ》）迄《まで》公方様御成《おなり》ありて、頻《しき》りに上意の事《こと》候間《あいだ》、黙止難《もだしがた》く思食《おぼしめ》され」

つまり、義景のほうが切羽詰《せつぱつ》まった状態になって、将軍義昭に和睦仲介を願い出た。信長は和睦する気がなかったのだが、義昭がわざわざ三井寺までやってきて信長を説得したので、しかたなく同意することになった。

しかし、文書や日記などの一次史料を見ると、かなりそれとは違った経緯をたどったことがわかる。

この時の和睦の経緯について詳しく記述しているのは、興福寺別当《べっとう》の大乗院尋憲《だいじょういんじんけん》の日記『尋憲記《じんけんき》』である。尋憲の兄である関白二条晴良《にじょうはれよし》が義昭と一緒に調停役を務めた関係で、和睦交渉が始まってから和睦が締結されるまでの経過が詳細に記されている。

この記述によると、調停は義昭よりも晴良が主になって行なわれたようである。おそらく、朝倉・浅井側には、義昭は将軍ではあっても信長方の人物という認識があり、調停者として受け入れ難かったのだろう。

十一月二十八日、晴良は義昭とともに三井寺に下向している。晴良は、この調停の仕事がうまくいかなければ、関白の職を辞《じ》して高野山《こうやさん》に籠る覚悟だったという。朝倉の陣に使者を遣わして、義景を説得している様子が見られる。

義景はその使者を三、四日陣にとどめ、浅井長政および延暦寺の意向を尋《たず》ねている。つまり、晴良の使者は、信長の出した条件を持って朝倉陣に向かったわけである。将軍義昭と関白晴良を動かして調停をさせたのは、信長のほうであることはあきらかである。

晴良の出した調停案に対して、朝倉義景と浅井長政は妥協してくれた。しかし、まだ異議を唱える者がいた。延暦寺である。将軍や関白の調停だけでは承知しなかったのである。晴良は正親町天皇に綸旨を出してもらい、ようやく延暦寺を納得させた。この和睦交渉が十二月十二日まで延びたのは、延暦寺がなかなか承知しなかったからである。

ともかく、和睦は成立した。十三日に織田方・朝倉方双方で人質が交換された。幕府からも、三淵藤英《みつぶちふじひで》の子が朝倉の陣に渡されている。義景はやはり、義昭を中立扱いしていないのである。誓紙《せいし》も交換され、十四日に信長の軍が、十五日に朝倉・浅井軍が戦場を引き揚げることによって、志賀の陣はようやく決着した。

だが、この陣における信長のくやしさは、第一に延暦寺へと向けられた。そのくやしさが、翌年九月の比叡山焼き討ちにつながるのである。

第三節　信長包囲網

延暦《えんりやく》寺《じ》焼き討ち

元亀二（一五七一）年の二月十日付けで、朝倉氏の老臣の詫美《たくみ》景徳《かげのり》と鳥居《とりい》景近《かげちか》は、将軍義昭の側近の一色藤長《いっしきふじなが》たちにあてて書状を発している。その書状のなかで、ふたりは信長の約束不履行を詰《なじ》り、義昭が仲介してなんとかしてくれるよう求めている（『朝倉氏五代の発給文書』二二一号）。

これによると、どうやら前年十二月の講和の条件のなかに、横山《よこやま》城を浅井氏に返還すること、および佐和山城の包囲を解《と》くことというのがあったようである。

横山城は、信長の浅井氏攻撃の最前線である。姉川の戦いの勝利の結果、信長方が占領する形になって、木下秀吉が城将として守備している。佐和山城は岐阜と京都を結ぶ東山道に近接した位置にある敵城で、信長としてははなはだ目障《めざわ》りな存在であった。姉川の戦いの直後から丹羽長秀《にわながひで》らの軍勢に包囲させており、戦いはそろそろ大詰《おおづ》めの段階に入っている。

すなわち、横山城の奪取にしろ、佐和山城包囲陣にしろ、姉川の戦いの勝利による成果なのである。これらの成果を捨てる条件で講和を結んだとしたら、志賀の陣が信長にとってたいへんな苦戦だったということが、あらためて確認できると思う。

しかし、一歩下がって冷静に判断した時、このような現実的には無理な信長の提案を、なぜ朝倉・浅井方が疑いもなく受け入れたのかが不思議である。

将軍、関白、最後は天皇まで駆り出した講和ではあったけれど、そんな条件を守って、信長が素直に横山城から軍勢を引き揚げ、佐和山城の包囲を解くと信じたのだろうか。信じたとすれば、朝倉義景にしろ、浅井長政にしろ、戦国の群雄《ぐんゆう》として生き残る資格はなかったと評すべきであろう。

この詫美・鳥居連署《れんしょ》書状が発せられてから幾許《いくばく》もないうちに、佐和山城は開城する。いっぽうの横山方面では、五月、浅井軍が回復を試《こころ》みたものの、木下秀吉の軍の反撃を受けて退却させられた。どちらの地でも、織田軍が戦いの成果をさらに伸展させている。

九月、南近江方面に信長自らが出陣した。約三万という大軍だった。信長軍はまず一揆の拠点である金森《かねがもり》城を攻め、たちまち開城させる。軍はさらに進んで三井寺近辺に布陣した。

ここまでの信長の動きを見て、京都の市民は、このまま西進して入京するものと思ったに違いない。ところが信長は、このあと、彼らが想像もしていなかった行動に出るのである。

九月十二日、早朝より信長軍は坂本に入るや、町に火を放った。坂本は当時、陸上・湖上の交通の基点として繁栄していた都市である。延暦寺の堂舎《どうしゃ》が多数移転していた。信長軍は町の郊外の日吉《ひよし》大社、さらに斜面を上って比叡山頂に攻め込む。根本中堂《こんぽんちゅうどう》・講堂はじめ伝統ある建築物が焼かれ、僧俗《そうぞく》男女一〇〇〇余人が殺されたという。

延暦寺や坂本に軍勢をとどめたまま、信長は十三日に馬廻・小姓衆だけを率いて上洛した。まず将軍御所、次いで禁裏を訪問して、事《こと》の次第を報告した。禁裏に向かう前に、勅使飛鳥井雅教《あすかいまさのり》の訪問を受けた。「(信長は)かしこまりたる由《よし》申す」と『御湯殿上日記《おゆどののうえのにっき》』にある。

王城《おうじょう》の鎮守《ちんじゅ》を焼き払ったのだから、いちおう恐縮の姿勢を見せたのだが、天皇のほうから特に抗議が出たという記録はない。山科言継《やましなときつぐ》など廷臣《ていしん》たちもこれまで通り、信長を訪問して、面談している。

その後、延暦寺・日吉大社の領地は没収され、寺社の存在すら消滅させられた。その復興は、秀吉の時代になるまで許されなかった。

信長包囲網の黒幕は誰か？

信長と将軍義昭の関係は、元亀元年以後どのように変化しただろうか。従来は、五カ条の条書以来、ふたりの関係は険悪になるいっぽうであり、早くも元亀二年頃から、義昭は密かに打倒信長を諸国の大名たちに呼びかけた、と考えられがちであった。

しかし、信長と義昭との間柄は、それほど深刻な関係にはなっていない。けっして仲が良いわけではないが、かといって対立状態というほどでもない。元亀三年前半期に絞《しぼ》り、信長・義昭ふたりがからむ事件を見てみると、対立しているとはとうてい思われない間柄がのぞかれる。次の通りである。

①三月、義昭が幕臣や公家たちに命じて、信長の京都邸を建設しようとしている。
②四月、信長軍と幕府軍が一緒になって、三好義継・松永久秀に攻囲されている交野《かたの》城救援のため出陣している。

これを見ると、内心はわからないが、表面的にはふたりは協調関係にある、と言ってよい。いわゆる「信長包囲網（図表9）」は確実に進んできているのだが、その包囲網に、

図表9　信長包囲網(1570〜1572年頃)

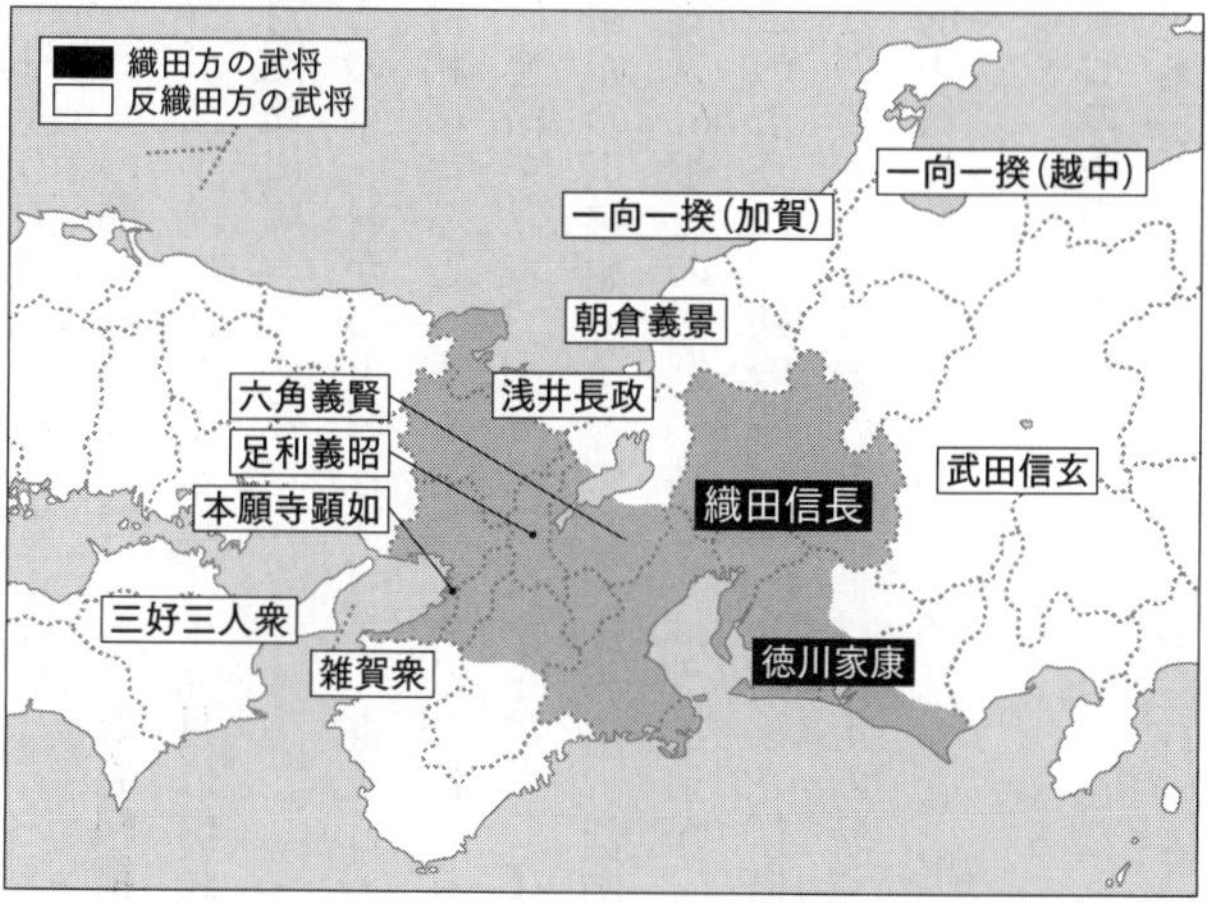

義昭はまだ関係していないと考えるべきであろう。

では、信長包囲網の核《かく》と言うべき人物は誰なのだろうか。のちに武田信玄が軍事的中核になることは周知の事実だが、元亀三年前半の時点では、信長と信玄とはまだ敵対関係になっていない。まずは、この時点で反信長方として動いている畿内・近国の勢力を、次に挙げてみよう。

・本願寺顕如
・朝倉義景・浅井長政
・畿内の守護等――三好義継（河内半国守護）・松永久秀（大和支配者）・池田知正《ともまさ》（摂津三守護のひとり）・伊丹忠親（同前）、その他畿内の国衆たち

・丹波《たんば》の国衆——赤井直正《あかいなおまさ》ほか

これらの顔ぶれのなかで、もっとも組織力のある人物と言えば、やはり本願寺顕如であろう。二年前にあたる元亀元年九月に信長に敵対して以来、一度は和睦したものの、再び敵対関係に戻っている。

この年一月から五月にかけて、北近江の一〇カ寺に指示を与えた本願寺家老下間正秀《しもつませいしゅう》の書状によると、本願寺は、近江一向一揆だけでなく、畿内の勢力や朝倉氏・浅井氏とも常に連絡を保ち、司令塔の役割をはたしているように思われる（『誓願寺文書《せいがんじもんじょ》』）。

顕如の正室如春尼《にょしゅんに》は三条《さんじょう》氏の出、武田信玄正室《せいしつ》の妹である。また、長男の教如《きょうにょ》と朝倉義景の娘との婚姻の話もちょうど進んでいるところである。

このように、姻戚関係からも、まさに信長包囲網のフィクサーたるにふさわしい人物だったのである。こののち、彼は西上の野望に目覚《めざ》めた信玄を焚《た》きつけて、信長包囲網の軍事的中核に位置づけるのである。

十七カ条の異見書《いけんしょ》

元亀三年と思われる、八月十三日付けの、本願寺家老下間頼充《らいじゅう》あて武田信玄書状がある。内容を意訳すると、次の通りである。

「将軍より下《くだ》されたふたりの使者が、あなた方の寺（本願寺）と信長との和睦の仲介をしてほしいという将軍の意思を伝えてきた。それで、まず飛脚《ひきゃく》をもってそれを伝達し、急ぎご回答をうかがいたい」（『本願寺文書』）

この書状によって、義昭が、対立している信長と本願寺を和睦させようと考え、信玄に仲介を依頼していることが知られる。

このような義昭の動きは、いったい何を意図したものだろうか。振り返ってみると、この年の義昭には、しきりに将軍権力を行使しようという行動、いわば「巻き返し」とも言える動きがうかがえるのである。

たとえば、閏一月には、河内守護畠山秋高《あきたか》の老臣遊佐信教《ゆさのぶのり》に知行を安堵したり、五月には側近の光浄院暹慶《こうじょういんせんけい》（山岡景友《やまおかかげとも》）を山城半国の守護に任命したりしている（『相州《そうしゅう》文書』『兼見卿記《かねみきょうき》』）。外交面でも、これまでしきりに呼びかけていた武田氏・上杉氏のほか、西国の毛利氏に対してもさかんに世話を焼いている。

信長包囲網が展開するなか、義昭は信長をも包括した諸大名の上に立った将軍権力の再構築を目指していたのではあるまいか。

そのような義昭の動きをとらえながらも、信長はあくまでも朝倉・浅井との武力対決を第一に考えていた。七月十九日、信長は小谷城攻めのため岐阜を出陣する。この年二度目の北近江出陣である。この時のいくさは、嫡男信忠の初陣《ういじん》ということで、主立った部将のほとんどを動員した、総勢五万と言われる大軍だった。

その大軍で信長は、完璧な包囲網を布いた。予期した通り、北方から朝倉軍が小谷城の後巻きにやってきた。しかし、浅井軍は小谷城から出撃しなかったし、朝倉軍も小谷城の後方の大嶽《おおずく》と呼ばれる高山に登ったきり、動こうとしなかった。結局、信長は北近江で二カ月過ごしたのみで、空《むな》しく軍を収めることになる。

『永禄以来年代記』には「九月」とあるから、北近江から岐阜に戻ってまもなくと思われるが、信長は義昭に十七カ条から成る異見書を提出した。

この異見書の第一条に書かれているのは、義昭の参内が怠慢《たいまん》だということである。義昭の兄の義輝も疎《おろそ》かにしていたようで、それゆえ、あのような悲惨な最期を遂げることになったのだ、と信長は言う。

第二条は、義昭がしきりに諸国の大名たちに馬などを所望していることを取り上げている。欲しい物があったなら、信長に言ってほしい。そうすれば、副状《そえじょう》をしたためて取り寄せると申し上げているのに約束を破っている、と非難している。

第三条以下に書き連ねられていることは、その人格に対する不信を並べたものである。たとえば、家臣に対する態度が不公平だとか、信長に親しい者にわざとつらく当たっているとか、罪のない者の遺産を没収して私物化してしまったとか、御所に蓄《たくわ》えていた兵糧米を売って金銀に替えてしまったとか、義昭という人間が強欲《ごうよく》であり、かつ吝嗇《りんしょく》であって、幕府の人事・待遇も私情によって行なわれている、という具体的な話が連ねられているのである。

そして第十六条には、将軍がこんな有様《ありさま》だから、諸侯たちもいくさに備えた嗜《たしな》みなどなく、金銀を蓄えるのに夢中になっている、と書かれている。

最後の第十七条は、全体のまとめである。諸事について欲深く、道理も見かけもかまわない。土民《どみん》までも「悪《あ》しき御所」と呼んでいる。昔、義教《よしのり》将軍（第六代将軍。恐怖政治を行ない、暗殺される）がそのように呼ばれたということだ。よくよく分別していただきたい。

このように、信長が並べた事柄は、おそらく事実にもとづくものであろう。一方的に非難されるのは不当と思われる件もあるかもしれないが、少なくとも単なる捏造《ねつぞう》ではあるまい。

この異見書における信長の義昭批判は、政策上の対立などという次元にもとづいたものではない。義昭という人物への不信、つまりもっと人間的な尺度から将軍としての品格を問うたものと言えよう。

信長としては、このような人物が将軍として「天下」を支配しようとすることが、どうしても許せないと言いたいようである。

「天下」は何を表わすか？

この異見書には、「天下」の語が三度出てくる。使用例は次の通りである。

A「元亀の年号不吉《ふきつ》に候間《あいだ》、然《しか》るべきの由、天下の沙汰《さた》に付いて申し上げ候」（第十条）

B「（改元について）これは天下の御為《おんため》に候処《ところ》、御油断《ごゆだん》然るべからず存じ候事《こと》」（同条）

C「（かわいがっている若衆への待遇について）或《ある》いは御代官《おだいかん》職仰《おお》せ付《つ》けられ、或いは非《ひ》分《ぶん》の公事《くじ》を申すにつかせられ候事、天下の褒貶《ほうへん》沙汰の限りに候事」（第十五条）

「天下」の語の解釈については、多くの研究が重ねられてきている。特に信長を語る時、「天下人《てんかびと》」「天下統一」という熟語とともに用いられてきた。そして、「天下」という語は、とかく全国という意味に置き換えられがちである。

確かに、「天下」の語は全国というニュアンスを含んで使用されることもある。しかし、信長の時代、特に天正三（一五七五）年以前に限るならば、もっと限定された意味で用いられることが普通であり、全国に広がる空間を意味することはないと言ってよい。

これまでの研究で細かい分析がなされているが、「天下」の語の意味について語源などからいちいち分析するよりも、その用例からアプローチしていくほうが理解しやすいのではなかろうか。当時の用例をやや大雑把《おおざっぱ》にまとめると、次のような意味に分類されると思う。

①京都のこと。あるいは、もうすこし広く、京都を中心とする畿内あたりの空間を意味する。

②京都に置かれた中央政権のこと。幕府を指すこともあるが、その条件としては、将軍が在京して実質上の役割を担っていることである。

③議論の余地があるところだが、漠然と、世間あるいは世の中というほどの意味。そこで興《おこ》る要求、すなわち世論と言うべき大衆の意思は、時には為政者《いせいしゃ》を動かす強い力になる。

では、異見書中にある「天下」には、①〜③のどの意味が当てはまるだろうか。③であることはあきらかであろう。Aの「天下の沙汰」はつまり世間の噂、評判のことだろうし、その噂・評判がB「天下の御為」を望んでいるということだから、Bの「天下」も同様の意味である。C「天下の褒貶」は言うまでもなく世間の誉《ほま》れと非難のことである。

このほか、信長の発給した文書のなかには、「天下の面目」「天下の嘲弄《ちょうろう》」「天下の覚え」などといったフレーズが見られる。信長は、この「天下」を足場にして、将軍義昭を批判しているのである。

もうひとつ、異見書のなかで目立つ語として、「外聞《がいぶん》」が挙げられる。「外聞」は、「天下」の評判を表わす指標として、信長が常に留意《りゅうい》していることである。ところが、義昭は「外聞いかが」「外聞咲止（笑止《しょうし》）」なることが多すぎる、というのである。

先に記したように、ここには将軍義昭の失政をとがめることはほとんど書かれていない。義昭の人間性に対する批判のオンパレードである。ともかく、信長は、世間は人間的に優《すぐ》れた将軍を望んでいるのだ、と言いたいのだろう。

この十七カ条の異見書が出された結果、信長と義昭との間柄はどのように変化したか。

『永禄以来年代記』の元亀三年条には、次のフレーズがある。

「九月、武家（義昭）へ信長より御異見として、十七箇条一書《いっしょ》進上、これより御中《おなか》（仲）悪くなり候」

なんとか、付かず離れずの状態を保っていたふたりの関係も、これを機会に、完全な対立状態へと陥っていくのである。

第四節　武田信玄の西上

信玄との決裂

武田信玄は、反信長の中核である本願寺顕如とは相婿《あいむこ》（姉妹の夫同士）の関係にある。しかも、信玄は当時もっとも信長に対抗できる軍事力を持っていた。そう考えると、信玄は、信長包囲網の中核とされる条件は十分である。しかしながら、信玄が反信長の陣営に与《くみ》しようという気持ちは、元亀三（一五七二）年まではなかったようである。

同年前半、義昭が信長と本願寺の和睦の仲介を信玄に依頼したということは、義昭の実権回復の試みとして先に推測した。

その義昭の依頼を承知したうえ、本願寺の意向を尋ねた信玄の書状の日付けが八月十三日である（『本願寺文書』）。ここまでは信玄に、信長に対する敵意はなかったものと判断できる。

この信玄の気持ちが、その後どのように変化し、十月三日の西方へ向けての出陣に至ったのか、鴨川達夫《かもがわたつお》氏の論考のなかで詳細に検証されている（鴨川氏二〇一一年論文）。

鴨川氏によると、信玄は、八月上旬頃から信長に対する気持ちが揺らぎ始め、九月上旬あたりから、信長に本心を隠すようになった。それでも、彼は遠江方面への侵攻を決意できなかった。越中へ攻め込んだ上杉謙信の背後を衝《つ》いて、越後を攻撃することを目論《もくろ》んでいた。十月三日に甲府を出馬して遠江へ向かったのは、「本当に最後の一瞬」に行き先を変更したものと思われる、とのことである。

そして、鴨川氏は、なぜ信玄が反信長側につくことを決心したのか、という論題に切り込む。鴨川氏が注目しているのは、七月下旬に持ち上がった、信玄の僧正《そうじょう》任官の一件である。信玄が延暦寺の最高責任者、天台座主《てんだいざす》の曼殊院覚恕《まんしゆいんかくじよ》の求めに応じ、行動を起こしたものと解釈している。

鴨川氏の論考は、この前後の信玄の発給文書を中心に、文面に表われた信玄の心理を分析しようとした、実にきめ細かな考察である。しかし、やや距離を置いて当時の客観情勢をながめた時、今ひとつ納得できないことが二点ある。

一点目は、なぜ、この時に信玄が突然、越後へ遠征しようとしたのだろうか、ということである。その必要性はあったのだろうか。

二点目は、動機についての疑問である。礼状の日付けがまさに出陣当日だからといって、関係するとは限らないのではなかろうか。信玄という男が宗教上の粉飾に関心が深かったとしても、そのような件が生命を賭《か》けた選択の引き金になるものだろうか。たとえ、信長討伐の理由として宣伝したとしても、それは単なる謳《うた》い文句にすぎなかったと思う。

ただ、信玄が信長との対決を決意したのは、出陣するそれほど前ではないことは確かであろう。それは、次項で触れるように、信長が信玄の敵対についてまったく気づかず、信玄出陣の二日後に懇切丁寧《こんせつていねい》な書状を送っていることからも推測できる。

三方《みかた》ヶ原《はら》の戦い

武田信玄の甲府出陣は十月三日だった。彼の率いる二万あまりの軍勢はこの後、遠江に入るのだが、そこに至る経路については、信濃経由説と駿河経由説とに分かれており、確定できていない。いずれにしても、信玄はその後徳川領を侵《おか》し、二俣《ふたまた》城に襲いかかる。

出し抜かれたと知った信長の、信玄に対する怒りたるや、すさまじい。次に引用するのは、十一月二十日付けの上杉謙信あての書状の一節である（『歴代古案』）。

「信玄の所行《しょぎょう》、まことに前代未聞の無道と言えり。侍《さむらい》の義理を知らず、ただ今は都鄙《とひ》の嘲弄《ちょうろう》を顧《かえり》みざるの次第《しだい》、是非なき題目《だいもく》にて候」

「永《なが》く儀絶《ぎぜつ》（義絶）たるべき事もちろんに候」

「未来永劫《みらいえいごう》を経《へ》候といえども、再びあい通《つう》じまじく候」

まさに最大級の罵《ののし》りと言えよう。

信長というのは執念《しゅうねん》深い男である。この時の信玄への恨みは、信玄の死後も息子の勝頼に対して引き継がれる。二年半後、長篠の戦いで武田軍を破ったあとも、家臣の長岡藤孝に対して、次のように申し送っている。

「信玄入道表裏《ひょうり》を構《かま》え、旧恩を忘れ、恣《ほしいまま》の働き候いける」（『細川家文書』）

つまり、勝頼が惨敗《ざんぱい》したのも、かつて父の信玄が信長に対して恩知らずの行ないをなした、その報《むく》いなのだ、というわけである。そして、武田氏については最後の最後まで赦《ゆる》さなかった。

さて、話を元亀三年に戻そう。

信玄率いる武田軍は、十一月三十日に二俣城を攻略した。そこから南に進めば、家康の居城浜松城《はままつ》である。浜松城には、信長から派遣された援軍もすでに到着していた。佐久間信盛・平手《ひらて》汎秀《ひろひで》・水野信元の三将の率いる三〇〇〇の援軍である。家康軍八〇〇〇と合わせて、徳川方は約一万一〇〇〇の兵力だったという。

それにしても、この時の信長の援軍がたった三〇〇〇というのは不思議である。佐久間は織田軍の最有力部将、平手は織田家の家老の家柄、水野は尾張から三河にかけて勢力を振るっている水野一族の惣領。その三将の軍勢が合わせて三〇〇〇とは信じられない少なさである。

信長は、彼らの与力《よりき》である尾張の兵を、尾張あるいは美濃の守備に回し、手勢だけをつけて、援軍として派遣したのだろう。家康を監視、場合によっては家康に指示を与えて信玄と戦わせ、できるだけ時間稼ぎをさせる、それが援軍である彼らの任務だったのではあるまいか。

十二月二十二日、武田軍は二俣から南下し、浜松城に迫った。ところが、城まであと六

～七キロメートルほどのところで西に向きを変え、三方ヶ原の台地を上り始めたのである。

これは、信玄の巧みな誘い出し作戦だった。信玄は、信長の援軍が浜松城に来ていることも、その兵力が三〇〇〇ほどであることも掌握していた（『徳川義親《とくがわよしちか》氏所蔵文書』）。恐るべき情報収集力と言える。その情報力から、信長の援軍を受けている以上は、家康は必ず城を出て戦いを挑んでくる、と判断したのであろう。

このの ちに起こる三方ヶ原の戦いの展開について、詳しく書かれた良質の史料は、実はひとつも存在しない。信長が直接加わった戦いではないから、『信長公記』の記述が簡単なのはしかたないが、徳川氏創業史のなかで比較的良質な『松平記』や『三河物語』でさえも、戦闘の様子についての記述はわずかである。

戦いが始まったのは申《さる》の刻（午後四時頃）という。冬の夕暮れは早い。薄暮《はくぼ》のなかでの戦いだったのである。台地を下《お》りずに待ちかまえていた武田軍は、追い迫る徳川軍にまず礫《つぶて》攻撃をかけ、その後、両軍が衝突した。

兵力にこれほどの差があり、しかも動きを読まれてしまっては、徳川方には勝ち目はなかった。たちまちに総軍が崩され、大将家康はほうほうの体で浜松城に逃げ込んだ。まさに、完敗であった。徳川軍では、大勢の将士が戦死した様子である。織田援軍の将のひとり、平手汎秀も、戦場で討ち死にしている。

三方ヶ原で勝利した信玄は、台地の西麓の刑部《おさかべ》に着陣して年を越した。そして、年が明けると三河に入り、野田《のだ》城を囲んだ。順調な進軍のように見えるが、必ずしもそうではない。同盟している朝倉義景は、近江まで出てきたものの、途中で越前に引き返してしまった。信玄は義景に対し、せっかく信長を滅ぼす好機なのになぜか、と厳しい言葉で詰問《きつもん》している(『伊能《いのう》文書』)。しかも、その後、野田城攻めにも思いのほか日にちを要してしまう。

いっぽうの信長の動きについては不思議なほどつかめないが、おそらく尾張・美濃に兵を集結させて、信玄の動きに備えていたものと思われる。

信長と信玄の宣伝合戦

『甲陽軍鑑』巻十二には、武田信玄が甲府を出陣し、三方ヶ原の戦いで徳川・織田の連合軍を破って三河野田まで進むものの、それ以上の進撃はかなわず、結局病死するまでの顚《てん》末《まつ》、つまり信玄の西上の一部始終について記されている。ここで目を引くのは、なかに収録されている、信玄と信長双方がおたがいの悪口を将軍義昭に言いつけた書状である。

まず正月七日、信玄の書状が出される。三方ヶ原での勝利のあと、おそらく刑部の陣営で書かれたものだろう。あて名は義昭の側近の上野秀政《うえのひでまさ》になっているが、これは当時の身分秩序による形式に則《のっと》ったことであり、直接義昭に呼びかけたものと見なしてよい。

この書状で、信玄は五カ条に分けて信長の犯した罪をあげつらう。比叡山の焼き討ちを筆頭に、公家たちを侮《あなど》る罪、京都にいらぬ課役《かえき》をかけた罪、入江《いりえ》氏や今中《いまなか》氏をだまし討ちにした罪などである。そして最後に、信玄は次のように訴《うった》えている。

「このような逆徒をそのままにしておいたならば、大乱の基《もとい》となってしまうでしょう。早く信長とその与党の家康を誅戮《ちゅうりく》すべしという下知状を出していただきたい。そうすれば、私はただちに彼ら凶徒を滅ぼし、晒《さら》し首《くび》にしてやりましょう。私、武田信玄は正義を尽くし、天下静謐の功《こう》を致す覚悟でございます」

信長の書状は二〇日遅れ、すなわち正月二十七日付けである。やはり上野秀政あて、こちらは七カ条にわたる中傷である。「序」でも触れたが、再掲しよう。

八〇歳にもなる父親（信虎）を無慈悲にも追放したこと、罪もない長男（義信）を毒殺してしまったこと、それればかりでなく家臣たち大勢を焼き殺し、甥である今川氏真の国を乗っ取り、舅である諏訪頼重をだまし討ちにした。俗人《ぞくじん》のくせに大僧正を号して、他人の国を侵し、民に被害を与え、破戒の業《ごう》を重ねている。比叡山の坊主どもも、同様に近年腐敗しきっていたため、天道の処罰を受けることになった。信長の仕業ではない。

そして、信長は最後に次のように締めくくる。

「これほどの悪逆を仏神も憎みたまうゆえか、信玄は一〇カ国も知行できないままなのです。それにひきかえ、信長は禁中を重んじ、公方を奉り、民を哀れむなど天道にかなった行ないを通しているから、天下を仕置きし、国家興隆、子孫繁栄が約束されております。これも仏神の御心にかなっているからであります。どうか佞人を用いたりせず、讒臣の言うことなどお聞きにならないでください」

文書の発給人が戦国時代の代表的英雄ふたり。しかも、そのふたりが相手を中傷すると同時に自分を正当化して将軍に訴えたものであり、これ以上ないほどの興味深い史料と言える。

しかし、ここには大きな問題がある。それは、これらの文書の出典が『甲陽軍鑑』であることである。

『甲陽軍鑑』は、その記事は偽りが多いとされ、長い間史料として低い評価しか与えられなかった。ところが一九九〇年代、国語学者の酒井憲二《さかいけんじ》氏が『甲陽軍鑑大成《たいせい》』という大著を著わし、まぎれもなく戦国時代に成立したという見解を発表してから、かなり見直されるようになった。それでもなお、問題が残されていることはまちがいない。

そのような書物に収録された文書ではあるが、それゆえ、著者が捏造した文書である、と即断するのは早すぎよう。これら両文書については、山室恭子《やまむろきようこ》氏・橋本政宣氏・黒田《くろだ》日出男《ひでお》氏・鴨川達夫氏・柴辻俊六《しばつじしゆんろく》氏それぞれによる考証があり（山室氏一九九五年著書、橋本氏二〇〇四年論文、黒田氏二〇〇八年論文、鴨川氏二〇一一年論文、柴辻氏二〇一三年論文）、拙著においても見解を述べたことがある（二〇一四年『信長と将軍義昭』）。これらの論考のいずれにおいても、両文書の信憑性について、肯定的な見解が述べられている。

信玄の信長弾劾状《だんがいじよう》、それに対抗する信長の信玄弾劾状、どちらも原形は存在したのであろう。しかも、それぞれの文書がさまざまな場所で写し取られているという事実を鑑みた時、信長と信玄が自分の正義を世間に向かって訴えた、一種の宣伝合戦が展開されたのではないかと思われる。

第五節　将軍義昭の追放

足利義昭を扇動《せんどう》したのは誰か？

三方ヶ原の戦いが武田軍の勝利に終わり、信玄率いる軍が三河に進んできても、義昭はまだ、反信長の立場を鮮明にはしなかった。

義昭が、はっきりと反信長の旗幟《きし》を掲げて朝倉・浅井方に通じたのは、元亀四（一五七三）年二月十三日のこととされる。それは、二月二十六日付けで越中勝興寺《しょうこうじ》にあてた浅井長政書状に「将《まさ》にまた当月十三日、公方様御色《おいろ》を立てられ、義景・拙身《せつしん》へ御内書を成し下《くだ》され候」とあることから、確認される。

この直後に義昭は、信長を打倒すべしとの御内書を松永久秀はじめとする畿内の諸大名、そして東方に着陣している武田信玄にも発給したのである。

義昭の取った反信長の行動は、外交作戦だけではない。側近の光浄院暹慶を大将に幕府軍を組織し、今堅田《いまかたた》・石山《いしやま》の砦に籠らせた。洛中《らくちゅう》・洛外《らくがい》はだいたい将軍である義昭が掌握している。のみならず、畿内の国人たちのほとんどは信長から離れている。ここで朝倉・浅井と連動しつつ、信玄の西上を待つ。義昭の作戦は、このようなものだったのであろう。

相手が将軍といえども、これほどのあからさまな敵対行動に対しては、信長のほうも黙っているわけにはいかない。柴田勝家・明智光秀・丹羽長秀・蜂屋頼隆《はちやよりたか》の四将を派遣して、これらの砦を攻撃させた。石山砦も今堅田砦もたちまちに落ちた。これによって、早くも義昭のプランは崩れた。そして東方では、義昭の期待していた信玄の進撃は三河野田で止まってしまったのである。

石山・今堅田砦を攻撃させるいっぽうで、信長は義昭のもとに松井友閑《まついゆうかん》と島田秀満《しまだひでみつ》を派遣し、義昭との折衝《せっしょう》を行なっている。折衝の内容は、義昭に対しては全面的に譲歩する姿勢である。二月二十六日付けの細川藤孝あて朱印状を見ると、「さてもさても、このごとき躰《てい》たらく、不慮《ふりょ》の次第に候」と、事態がこじれてしまったことを嘆き、これで義昭が承諾なさったならば、「天下再興に候か、毎事《まいじ》（次）御油断あるべからず候」と、ひとえに義昭の気持ちが自分のほうに向かうよう期待している（『細川家文書』）。徹底的に低姿勢である。

それでいて折衝が長引いているのは、義昭の周囲にいる奉公衆に対する信長の不信である。義昭を煽《あお》って反信長の行動を取らせ、今なお信長との和睦に反対している者がいるらしい。信長は彼らから人質を取りたいという意向であり、その人質の件が難航している様子である。三月七日付けの藤孝あて黒印状《こくいんじょう》（黒印を押した文書）には、次のような信長の嘆きの文言が記されている。

「公方様の御所行《ごしょぎょう》、是非に及ばざる次第に候。然《しか》りといえども君臣の間の儀《ぎ》に候条《じょう》、深《しん》重《ちょう》に愁訴《しゅうそ》申し候のところ、聞《き》こしめし直《なお》され候間、実子《じっし》を進上申し候」（『細川家文書』）

信長が、ここで義昭と自分の関係を「君臣《くんしん》の間《あいだ》」と表現していることは注目すべきである。「将軍」の地位には超えがたい権威があり、その影響力は、信長をもってしても力ずくで押し切れなかった、ということである。これほど信長が謙虚さを通したかに見える講和交渉だが、結局は破談となってしまう。

なぜ、義昭が講和を断わってしまったか、イエズス会宣教師ルイス・フロイスの書簡によると、信長を妬《ねた》む者が義昭の側におり、その者たちが義昭を扇動したからだという（『イエズス会日本年報』）。

では、義昭を扇動して講和を破棄させた人物とは、どんな者たちなのだろうか。それは、この後の義昭の周辺の人物の動きを見れば、だいたい察しがつく。藤孝あての信長の手紙では「奉公衆」と表現されていたが、側近などではなく、畿内の守護クラスの幕臣であろう。つまり、摂津の池田知正・伊丹忠親、河内の三好義継、大和の松永久秀あたりがそれに該当する。

大乗院尋憲の日記によると、ちょうどこの前後、久秀が義昭と連絡しあっている様子がうかがえる。推測の域《いき》を出ないが、義昭を扇動した人物として第一に指を折るべき者は、松永久秀なのではなかろうか。

将軍御所《ごしょ》への攻撃

畿内の反信長の勢力とは、松永・三好・池田・伊丹といった守護クラス、摂津の塩河《しおかわ》・多田《ただ》などの有力国人である。また、畿内だけでなく、隣接する丹波でも、内藤《ないとう》・宇津《うつ》などの有力国人は義昭に忠誠を誓っている。

このように、京都近辺では、圧倒的に義昭方のほうが多数を占めていた。フロイスの書簡には、次のようにある。

「甲斐の国の国主《こくしゅ》信玄は三、四万の兵とともに信長に迫っており、また越前の国主（朝倉義景）は（信長が）来たならば二万の兵を率いて背後から襲うと断言し、三好（義継）殿と大坂《おおさか》（本願寺）は他方より一万五〇〇〇の兵をかまえていたので、都《みやこ》には信長が当地に来ることが可能であると信じる者はなかった」（『イエズス会日本年報』）

京都にいる者たちから見ると、信長はかなり悲観的状況に立たされていたわけであり、逆に、義昭は自信満々だったのである。

そのような状況にもかかわらず、三月二十五日、信長は京都に向けて岐阜を出陣した。もうこの時には、信玄は信濃まで退陣している。情報キャッチの早い信長である。背後は心配ないと判断したうえで、京都に上る決断をしたのだろう。

二十九日に逢坂《おうさか》まで来たところ、幕府奉公衆の細川藤孝と摂津有力国人の荒木村重《あらきむらしげ》が出迎えてくれた。彼らは、畿内の大名たちのなかでは貴重な味方である。喜んだ信長はふたりを謁見《えつけん》し、褒美として名刀を与えた。信長はその日の正午頃に京都に入り、知恩院《ちおんいん》に本陣を据える。軍勢は京都東部のほうぼうに布陣した。

京都東部の吉田山《よしだやま》には吉田神社がある。神主《かんぬし》の吉田兼和《かねかず》（のちの兼見《かねみ》）は、ふだんから信長やその家臣と懇意な人物である。兼和が四月一日に信長本陣を訪ねた時の、信長とのやりとりが彼の日記『兼見卿記』に記されている。そこに興味をそそられる記事が含まれているので、ここで紹介したい。

兼和に対面するや、信長は次のような質問を発した。

「あなたの父親の兼右卿《かねみぎ》は、文学に達した人だった。まことに惜しい人を亡くしたものだ。卿は生前に南都《なんと》・北嶺《ほくれい》が相果《あいは》てる時、王城にも祟《たた》りがある、と言ったということだが、それは本当なのだろうか」

その質問に対し、兼和は次のように答えた。

「そのように言われておりますが、それを書き留《と》めた文書はありません」

「そうか、安心した。実は今度、洛中に放火することを予定しているのだ」

信長はなぜ、わざわざ兼和を呼んで、このような質問をしたのだろうか。信長は二年前に比叡山を焼き討ちし、滅亡させている。とはいえ、信長たるもの、その行為が都に祟りをもたらすなどと恐れているはずはない。彼が恐れたのは、そのような噂が京都の市民の間に飛《と》び交《か》うことなのである。

あらぬ噂が広まることによって、信長がまるで「天魔《てんま》」のように見られてしまうことを恐れたのである。「天魔」にされてしまうということは、すなわち「天下の面目」「天下の覚え」を失ってしまうことであり、「天下」の支配を目指す信長としては、なんとしても避けなければならないことなのである。

兼和に語った通り、信長は四月二日から三日間にわたって、軍勢に京都の内外を放火させた。特に三日目には、京都の真ん中《まなか》の上京《かみぎよう》の広域を焼き尽くした。将軍御所は二条《にじよう》にあるから、上京と下京《しもぎよう》の中間点である。この放火は、将軍御所の近辺まで焼いて義昭を脅《おど》そうという作戦だった。

この時の信長の作戦で、もうひとつ特筆されることは、京都のなかでの乱暴狼藉に対する取り締まりが、いつになく緩慢《かんまん》だったことである。『永禄以来年代記』には次のようにある。

「京中辺土《きようちゆうへんど》（洛外）にて、乱妨《らんぼう》の取る物《もの》ども、宝の山のごとくなり」

つまり、財物を持って火災から逃れようとした市民が、洛外のあちこちで盗賊に襲われたということである。

永禄十一（一五六八）年に義昭を奉じて上洛した時など、信長軍による京都市内の治安維持は実に厳しかった。しかし、この将軍攻撃の時の信長は、自軍に治安維持の命令を出さなかったようである。それは、「京都の治安維持は将軍の責任」という考えにもとづいた行動であり、義昭の無能力さを市民に知らしめる意味があったものと思われる。

さて、御所の近くまで焼かれた義昭はどうしたか。

信長は、放火しながら和議を打診したのだが、義昭はなかなか応じなかった。業《ごう》を煮《に》やした信長は、ついに天皇を動かして、ようやく和睦に持ち込むのである。関白二条晴良以下三人の勅使が派遣され、四月七日に和睦が成立した。

この日、信長のもとより、和睦の使者として織田信広・佐久間信盛・細川藤孝の三人が遣わされている（『兼見卿記』）。信広は信長の異父兄だから、信長代理の役割。佐久間は織田家重臣。このふたりはわかるが、なぜ三人目として幕府奉公衆の藤孝が選ばれたのか不可解である。信長には、義昭に対して引導《いんどう》を渡す気持ちがあったのかもしれない。

つまり、もはや側近にさえ見放されたことをわからせる、という意味である。そう言えば、義昭は畿内の守護・国人のほとんどを味方にしたはずだったのに、結局、誰も救援に駆けつけなかった。そのような現実を、はたして義昭は深刻にとらえたであろうか。

義昭の頑固《がんこ》さに手を焼いたけれど、最後は天皇を引き出すことによって講和が成立した。信長は四月八日、午前のうちに京都を出発、岐阜に向かった。

槇島《まきしま》城への攻撃

講和が結ばれて信長が京都を立ち退くや否や、義昭は早くも不穏な行動を見せ始めた。

京都では、将軍は御所を出て宇治《うじ》の槙島城に籠るつもりだ、との噂が飛び交ったという(『兼見卿記』)。

五月頃からは諸国の大名たちに呼びかけ、あらためて反信長連合を組織しようとしている。発給された御内書は、本願寺・武田・朝倉から毛利まで届いている。信玄は四月十二日に死去しているのだが、それを知らない義昭は引き続き、信玄の上洛に期待していた様子である。

義昭の不穏な動きは、信長はもちろん察知していた。義昭が再度の挙兵を予測していたから、その時の対応策として、佐和山で大船を造らせていたのである。縦三〇間《けん》(約五四メートル)、横七間(約一三メートル)という巨大な船だった。

七月三日、義昭は京都の将軍御所を離れ、槙島城に移動した。槙島城は、宇治川が流入して造られた巨椋《おぐら》池の中洲《なかす》に築かれた水城《みずじろ》である。義昭はそこを難攻不落と信じて、立て籠もった。

信長は七月七日、できたばかりの大船に乗って一気に湖水《こすい》を渡り、坂本に着岸。そこから京都に入って、将軍御所を取り囲んだ。御所では幕府奉公衆のほかに公家衆も守備していたが、さしたる抵抗もなく信長に降参した。

信長軍は南下し、宇治方面に向かう。槙島城を七万あまりと言われる大軍をもって、取り囲む。七月十九日、義昭は圧倒的な信長軍の攻撃の前に、わずか一日耐えただけで、開城に追い込まれた。人質として前年生まれたばかりの息子義尋《ぎじん》が信長方に渡され、義昭自身はその日のうちに城を追放された。

『信長公記』には、羽柴秀吉が若江城まで丁重に送り届けたことになっているが、邪険《じゃけん》に追い出されたというのが真相のようである。

槙島城を追い出された義昭は南方に向かい、まず枇杷庄《びわのしょう》に入った。次いで河内の津田《つだ》城へ、そして二十一日、妹婿である三好義継の居城若江城に到着した。

槙島から若江まで落ち行く道々で義昭は、「貧乏公方」との嘲《あざけ》りを受けたと『信長公記』に書かれている。すでに、畿内の民衆たちの気持ちも義昭から離れていたことを、著者の太田牛一は強調したかったようである。

信長が追放にとどめた理由

あえなく槙島城を開き、信長に降参した義昭について、『信長公記』では次のように批判している。

「今度させる御不足も御座《ござ》なきのところ、ほどなく御恩《ごおん》を忘れられ、御敵《おんてき》なされ候の間、ここにて御腹《おはら》めされ候わんずれども、(中略)御命《おいのち》を助け流しまいらせられ候て、先々《さきざき》にて、人の褒貶《ほうへん》に乗せ申さるべき由《よし》候て、若公様《わかぎみさま》をば止《と》め置かれ、怨《あだ》をば恩をもって報ぜらるるの由候て」

つまり、恩を仇《あだ》で返すような男なので、主君といえども、切腹を強要して当然である。しかし、信長はそうした義昭への怨《うら》みをこらえて追放にとどめた、と信長の寛大さを強調しているのである。

確かに、それまでの室町将軍のなかには、臣下《しんか》に命を取られた者がふたりいる。六代義教および十三代義輝である。つまり室町将軍というのは、けっして侵すべからざる存在というわけではないのである。

それにもかかわらず、信長がこれほど執拗《しつよう》に逆《さか》らった義昭を殺さなかったのは、ひとえに「外聞」に気を遣ったからである。「天下」の支配を目指す信長にとって、「外聞」を無視することにより、「天下の執《と》り沙汰《ざた》」(世論)を悪化させてしまうことは、なんとしても避けなければならないことなのである。

自分の寛大さを訴えるいっぽうで、信長は追放する義昭を「人の褒貶に乗せ申さるべき由（人々の評価に任せることにする）」と突き放している。信長の心のなかには、義昭はすでに世間から見放された人物という、一種の安心感があったのではなかろうか。

ここまで追い詰めて、さらに命を取ったなら、かえって世論は信長を非難するだろう。しかし、追放にとどめるならば、義昭に同情する声は起こるまい。世論は「追放されて当然」と、とらえるだろう——このような見通しのもとに、信長の将軍追放劇が行なわれたのではあるまいか。

第六節　将軍与党の掃討

朝倉氏・浅井氏の滅亡

将軍義昭を追放した信長は、さっそく改元について奏上した。そして、信長の意向に従い、元亀四年は天正元年にあらためられた。天正元年になって最初の信長の仕事は、三年あまりにわたる朝倉氏・浅井氏との戦いに決着をつけることだった。

八月八日、山本山《やまもとやま》城の阿閉貞征《あつじさだゆき》が味方になるという情報を得るや、信長はすぐさま岐阜を出陣して、北近江に向かった。

十日には、早くも小谷城を囲んでいる。信長軍が布陣を終えてまもなく、朝倉軍が北方よりやってきた。そして、いつも通り余呉《よご》・木之本《きのもと》近辺に着陣した。

八月十二日の夜は大雨だった。その雨のなかで、信長はひとつの作戦に打って出る。大嶽砦の奇襲である。小谷山と峰続きの大嶽に築かれた砦には、前年より朝倉の兵が駐留していた。大雨を突いて、信長は自ら兵を率いて、その大嶽に夜討ちをかけ、たちまち占領してしまう。そして、そこの敵兵をわざと朝倉の本陣へと解き放つのである。

翌十三日、信長は山田山《やまだやま》に着陣している部将たちに指令を出した。朝倉軍は今晩必ず陣《じん》払《ばら》いして越前に退く、その動きを見逃さずにすぐに追撃せよ、と。

この指令は「再往再三《さいおうさいさん》」出されたという。それほど、信長には確信があったのである。彼は、三年前の志賀の陣、前年の小谷対陣を通じて、朝倉義景という男がいかに決断力の欠けた男であるかを知っていた。敵から身を守る安全地帯を奪われたと知ったならば、越前に引き返すしか手はないだろう、と踏んでいたのである。

はたして十三日の夜中、朝倉軍は退却を始めた。しかし、半信半疑だった織田軍部将たちはしばらくの間、敵の動きを見逃してしまった。

この時ぐらい、信長が味方の動きの鈍《にぶ》さに苛立《いらだ》ったことはなかっただろう。我慢の限界に達した信長は、馬廻衆のみを率いて朝倉軍を追う。やっと気づいて追いかけてきた部将たちを前にして、信長は烈火《れっか》のごとき勢いで叱りつけたという。

こうした時間的ロスがあったけれど、信長の軍は刀禰《とね》坂のあたりで、朝倉軍に追いつく。この地での戦いにおいて、朝倉氏一族や名のある部将の大勢が戦死した。信長軍はその勢いを駆って、ついに木ノ芽峠を越えた。

義景は、朝倉氏代々の地一乗谷を捨て、大野《おおの》郡にまで逃れた。ところが、朝倉氏はすでに内部から崩壊していた。義景の従兄弟で家臣のナンバーワン朝倉景鏡《かげあきら》が裏切り、義景に切腹させたのである。こうして守護、また戦国大名として越前を支配してきた朝倉氏は、五代をもって滅亡した。

信長はとりあえず、一乗谷に守護代として朝倉旧臣の前波吉継《まえばよしつぐ》(のちの桂田長俊《かつらだながとし》)を置いて仕置きを任せると、軍勢を北近江に返した。今度は浅井氏との最後の戦いである。

朝倉氏の応援も期待できない浅井氏はもはや、持ちこたえることはできなかった。八月二十七日に浅井久政《ひさまさ》が、九月一日に長政が切腹して、小谷城は陥落する。長政は自決するにあたって、妻お市と三人の娘を信長の陣に逃れさせていた。嫡男の万福丸《まんぷくまる》は密かに脱出させたが、後日捕らえられて殺された。

信長の元亀年間の苦闘は、元亀元年四月の越前遠征の失敗から始まる。その時から数えて実に三年と四カ月。朝倉・浅井との戦いは、ここにようやく決着したのであった。

翌年元旦、岐阜城における年頭の宴席で、信長が朝倉義景および浅井久政・長政三人のどくろを薄濃《はくだみ》（漆塗りして金粉をかける）にして衝重《ついがさね》（膳）に載せ、見せ物にしたというのは、確かに三人に対する恨みが骨髄《こつずい》に達していたことの表われと言えよう。

この逸話は、とかく信長の残虐性《ざんぎゃくせい》を表わすものとして語られがちである。しかしながら、天道思想の持ち主太田牛一の『信長公記』にも、儒学の立場に拠る小瀬甫庵の『甫庵信長記』にも、信長の残虐性を批判する表現がまったく見当たらないことは注目してよかろう。

畿内の討伐

将軍義昭は信長と軍事対決するにあたり、畿内の大名たちの戦力をおおいに期待したはずである。しかし、最初の蜂起の時も、二度目の槙島籠城の時も、駆けつけて信長軍と戦ってくれる者はいなかった。

それでも、将軍側を表明して立ち上がった者は、敵方として討伐せねばならない。畿内衆で最初に攻撃されたのは、石成友通であった。かつての大敵、三好三人衆のひとりである。引き続き淀《よど》城に籠っていたが、信長に降《くだ》った幕府の奉公衆細川藤孝と三淵藤英の軍勢に攻められて討ち取られた。

もっと大物がいた。河内若江城主の三好義継と大和多聞山城主の松永久秀である。義継は、かつて畿内に覇《は》を唱えた三好家の宗家《そうけ》（惣領家）を継いだ人物である。将軍義昭の義弟なので、追放された義昭を若江城に保護していた。もうひとりの久秀は、義昭を煽って反信長の中心に位置づけた張本人と思われる人物であり、畿内でかなりの影響力を持っていたようである。

十一月五日、義昭は若江城を出て堺に移った。それを待っていたかのように、十日に信長は上洛し、さっそく佐久間信盛の軍勢に若江城攻撃を命じた。最後は、老臣たちにも裏切られ、義継は切腹して果《は》てた。

久秀のほうも、若江落城の直後より、佐久間軍の攻撃を受けることになった。しかし、義継に対しては容赦《ようしゃ》しなかった信長だが、久秀の命ははじめから助けるつもりだったらしい。

十一月二十九日付けで、攻撃軍の大将の信盛にあてた朱印状によると、多聞山城を没収して久秀を赦免するように、との指示がなされている（『大阪銀装文明堂文書《おおさかぎんそうぶんめいどうもんじょ》』）。そして、十二月二十六日に多聞山城は開城になった。翌年一月、久秀は岐阜に参上して、信長に赦免の礼を述べている（『尋憲記』）。

なぜ信長は、義継を死に追いやりながらも、久秀の命を助けたのだろうか。

それは第一に、久秀にまだ利用価値があると判断したからであろう。長年の間に培《つちか》った畿内における久秀の影響力は、当時の信長にとって、まだ捨て去るには惜しいものがあったのだろう。

第二に、これは推測にすぎないが次のことも考えられる。久秀の居城多聞山城は、西日本随一と称《たた》えられるほどの豪華な城郭であり、天下の至宝と評判される絵画や茶の湯道具などもたくさん保管されていたという。上洛以来、茶の湯道具など天下の名物に興味を持った信長である。多聞山城とともにこれらの宝物が失われるのを惜しんだ、というのもあながち穿《うが》ちすぎではあるまい。

第四章

「天下人」としての外交

第一節　武田氏との戦い

不倶戴天《ふぐたいてん》の敵

武田信玄は死んだけれど、跡を継いだ勝頼は父と同じく、さかんに西方および南方をうかがっていた。

まず、天正二（一五七四）年一月下旬、武田軍は東美濃に進出してきた。東美濃の岩村城はもともと遠山氏宗家の城だったが、前々年秋より、武田氏が占領するところとなっている。武田軍はそこを拠点として、南西にある織田方の明知《あけち》城を攻撃した。信長は、明知城救援のため岐阜を出陣したが、険《けわ》しい地形と厳しい天候のなかで進みあぐねているうちに、城内で謀反《むほん》が起こって開城してしまった。

五月には、勝頼自ら出陣して、遠江の高天神《たかてんじん》城を囲んだ。高天神城は遠江東部に位置しており、遠江支配の鍵となる要衝であった。小笠原氏助《おがさわらうじすけ》（のちの信興《のぶおき》）が徳川方として固めていた。勝頼の指揮する軍勢は、一説によると二万五〇〇〇もの大軍だったという。武田氏の遠江制圧への意気込みが読み取れよう。

氏助はすぐに浜松に使者を飛ばして、家康の後巻きを要請した。しかし、家康にしても、武田の大軍相手に戦いを挑む自信はない。信長に救援依頼の使者を送る。

信長は上京中だった。それでも、注進はすぐに届いたようで、信長は五月十六日に岐阜に向けて京都を発った。しかし、問題はその後である。なんと信長の岐阜出陣は六月十四日にずれ込むのである。

勝頼は城を攻撃するだけでなく、穴山信君《あなやまのぶきみ》を派遣して、氏助と和睦交渉を展開している。小笠原氏はもともと遠江の地侍《じざむらい》で、徳川氏譜代ではないから、誘降《ゆうこう》戦略に出るのは当然であろう。

しかし、条件が折り合わなかったのか、氏助は簡単には開城しなかった。六月に入っても抵抗を続けた。とはいえ、さすがの要害も大軍を前にして、本丸と二の丸が残るだけになってしまった。二股《ふたまた》をかけた氏助の戦いも、後巻きの軍が来ないのではどうにもならない。六月十七日、とうとう武田氏に降伏、開城してしまうのである。

信長は、同じ六月十七日にようやく南三河の吉田城《よしだ》に入った。そこから今切《いまぎれ》の渡《わた》しまで来たところ、高天神開城の報せが届き、空《むな》しく軍を返すことになる。

ところで、なぜ信長の出陣がこれほど遅れたのだろうか。信長自身が発した書状などから、その理由を探ってみよう。

まず、六月五日付けの佐治左馬允《さまのじょう》あての信長朱印状を見てみよう。この文書で信長は、現在遠江に在陣している者たちへ兵糧を運ぶことを、尾張の商人に申し付けるよう命じている（『慶應義塾図書館所蔵文書』）。遠江在陣の味方というのは、織田軍ではなく徳川軍であろう。つまり、信長は徳川軍の食糧の面倒をも見ているわけである。

今切の渡しを前にして、軍を返した信長は帰陣する際、家康に軍資金として金《きん》をいっぱいに詰めた革袋を二袋贈っている。家康は、遠江はもちろん三河においても、武田氏に領地を侵略されており、よほど経済的に困窮《こんきゅう》していたのだろう。

もう一通の六月七日付けの、尾張国人横井時泰《よこいときやす》あて黒印状には、十四日に遠江出陣の予定であることを語り、じきに敵を撃ち破る自信のほどを披露している（『横井文書』）。

その自信というものは空元気《から》にすぎないが、信長にはどうやら、遠江までの遠征が高天神城の後巻きのため、という意識はなかったようである。ただひたすら武田氏との決戦ばかりが頭にあるようであり、緊急性よりも多数の軍勢を集めることを優先させているように感じられる。

六月二十九日付けで、信長は上杉謙信に朱印状を送っている。それを見ると、謙信より使者が来訪し、この秋に武田を攻める予定なので、信長も信濃・甲斐方面に出兵して共同作戦を張ることを誘われ、信長は承諾している（『上杉家文書』）。

武田勝頼《かつより》の三河《みかわ》進出

奥三河の設楽《しだら》郡は、ほとんどが山地になっている地域だが、そこには「山家三方衆《やまがさんぽうしゅう》」と称される土着勢力がいた。田峰《だみね》の菅沼《すがぬま》氏、作手《つくで》の奥平《おくだいら》氏、それに長篠の菅沼氏である。

彼ら三氏は、今川氏・武田氏・徳川氏による争いの狭間《はざま》にあって、常に揺れ動いていたが、三氏まとまって行動することが多かった。元亀年間、信玄の勢力が徐々に家康を圧迫していくと、揃って家康から離れて武田方になる。信玄が西上した元亀三（一五七二）年冬には、武田の代表的部将山県昌景《やまがたまさかげ》の与力に編入されていた。

ところが、信玄が死んでまもなく、作手の奥平貞能《さだよし》が密かに家康に通じてきたのである。喜んだ家康は、貞能と息子の定昌《さだまさ》（のちの信昌《のぶまさ》）に、所領安堵に加えて新知行をも与えた。

奥平氏投降に気を良くした家康は、すぐに長篠城を囲んだ。もともとは山家三方衆のひとり菅沼氏の城だが、この頃は武田方の在番衆《ざいばんしゅう》（城番《じょうばん》）が守っていた。家康は一カ月あまりの攻城戦の末、長篠城の攻略に成功した。家康は、獲得した長篠城に奥平定昌を入れ置いて、対武田氏の最前線を委ねた。

天正二年は前述の通り、勝頼の巻き返しが遠江・東美濃両方面で見られた時期である。さらに、勝頼率いる武田軍は、三河方面にも侵入してきた。天正三年四月、北方から軍を進めて南三河の吉田近辺まで放火して回った。まるで家康を挑発するかのような軍事行動だったが、一万五〇〇〇もの敵軍を前にして、家康は手も足も出せなかった。

五月一日、勝頼は南三河から軍を返して、今度は長篠城の包囲にとりかかった。勝頼としては、長篠城を占拠することにより、三河進攻の足がかりにしたかったのである。長篠城は、二本の川の合流点に位置する要害だが、守備兵はわずか五〇〇にすぎない。次第に曲輪《くるわ》（城・砦の周囲にめぐらした土塁《どるい》や石垣）を崩されていった。

城将の定昌は二年前に父と一緒に武田氏を裏切って家康に降《くだ》った。その時、武田氏に人質として出していた弟と許婚《いいなずけ》が殺されている。若い定昌にとって、武田は憎んでも憎みきれない仇敵だった。それに今さら降参しても赦《ゆる》されるはずがない、このような意識ががむしゃらな抵抗につながったのかもしれない。

しかし、一万を超す大軍の包囲のなか、いつまでも籠城を続けられるものではない。頼みの綱は家康の後巻き、いやそれでも武田軍には対抗できない。織田軍が救援のため遠征してくることがたったひとつの希望だった。

信長の出陣

『松平記』には、家康から信長への援軍依頼は五月十日発の早馬《はやうま》（急使《きゅうし》の馬、またその馬に乗る急使）だったとある。

しかし、五月十一日付けで信長が、熱田神宮祝師《しゅくし》（祝史）にあてた書状のなかで、「近日三州《さんしゅう》（三河）表《おもて》に至り出張」と言っているから、もうすこし早かったようである（『愛知県史　資料編11』1091号文書）。ことによると、前年の高天神城の苦《にが》い経験を思い出して、早めに準備していたのかもしれない。

信長が岐阜を出陣したのは五月十三日である。嫡男の信忠も一緒だった。途中、岡崎で家康に会って、今後の作戦について打ち合わせる。長篠城を東方に望む極楽寺山《ごくらくじやま》に本陣を据えたのは五月十八日早朝のことだった。

信長の率いた軍勢は、『信長公記』には「三万ばかり」とある。連合する家康の兵はせいぜい五〇〇〇ぐらいだろうか。これに対する武田軍は約一万五〇〇〇と言われるが、連《れん》吾《ご》川両岸の狭隘《きょうあい》な地に合わせて五万の軍勢が集結したと考えるのは難しい。実際には、両軍とも、伝わっている兵力より少なめだったのだろう。しかし、織田軍が武田軍の二倍ほどだったことは確かなようである。

長篠城を攻略する前に後巻き軍が到着したことは、勝頼にとって誤算だったに違いない。敵城を残した状態で敵軍と決戦するべきか否か、新たな課題が突き付けられた形である。『甲陽軍鑑』等に載った記事なので確かとは言えないが、ここで開かれた軍議において一族・重臣のほとんどが帰陣を進言したのに、勝頼が強硬に決戦することを決めたという。

その後、武田軍は長篠城に向けて二〇〇〇ほどの兵を残し、主力は西へ向かって移動した。そして、有海原《あるみはら》から三〇町《ちょう》（約三キロメートル）も進んだところで、南北に布陣したのである。

勝頼が五月二十日付けで、甲斐にいる家臣にあててしたためた書状がある。このなかで彼は次のように述べている。

「しからば長篠の地取《じど》り詰め候のところ、信長・家康後詰《ごづ》めとして出張候といえども、さしたる儀なく対陣に及び候。敵はてだての術《すべ》を失い、一段逼迫《ひっぱく》の躰《てい》の条《じょう》、無二《むに》にかの陣へ乗り懸《か》け、信長・家康両敵共《りょうてきども》、この度《たび》本意に達するべきの儀、案《あん》の内《うち》に候」

戦いを前にして弱気なことを書き連ねる大将はいないだろう。しかし、はるかに劣勢な兵力で、特別な作戦を立てているわけでもないのに、相手を見くびりすぎていないだろうか。

織田・徳川軍の部将は連吾川を前に陣を据えた。織田軍の陣の先頭には鉄砲隊が並べられた。陣の前には土塁が築かれ、さらにその前には馬防柵《ばぼうさく》が立てられた。

城郭研究家のなかには、この時、織田・徳川軍が陣城《じんじろ》(戦闘のために築かれた臨時の城)を築いて立て籠もったという説を唱える者もいるが、わずかの期間に大がかりな土木作業はとても不可能だったたと思う。

二十日、武田軍が西へ動いて南北に陣を張ったのを見て、信長はひとつの作戦を立てた。武田軍主力の背後、つまり長篠城方面でいくさを起こして敵を挑発するというものである。目標としたのは、長篠城の付城の鳶《とび》ヶ巣《す》山砦。そこに奇襲をかけて乗っ取り、長篠城兵と一緒に、敵の主力の背後を突かせようという作戦である。

この作戦が成功するか、信長としても自信がなかったと思う。首尾よく鳶ヶ巣山砦を占領したとしても、その後、武田軍がどのように出てくるかは未知数である。だが、思い通りにいかなかったとしても、味方に致命的《ちめいてき》な被害を及ぼすわけではない。

こうして、徳川軍の酒井忠次《さかいただつぐ》と織田軍の金森長近《かなもりながちか》が指揮する別働隊約四〇〇〇が、夜陰《やいん》にまぎれて長篠城のほうへと向かうのである。決戦を覚悟して信長は、本陣を弾正山《だんじょうやま》に移動した。

長篠《ながしの》の戦いの真実

さて、この後はいよいよ五月二十一日の主力決戦、つまり有名な「長篠の戦い」である。あまりにも有名な戦いであるばかりでなく、これまで戦闘の状況についてさまざまに議論を呼んできている。それらをいちいち話すと数冊の本になってしまうであろう。

本書は、信長の戦争がテーマではないから、戦闘の状況などに深く立ち入ることはしない。しかし、のちに述べる通り、「天下人」信長のいわば端緒《たんしょ》となった重要な戦いだけに、戦いの概略について語り、研究論争についても簡単に触れておくことにしよう。

主力合戦（戦場となった場所の呼び名については、「設楽原《しだらはら》」と「あるみ原」の二説がある）について書かれた史料はたくさんあるが、信頼できるものはやはり『信長公記』だけと言ってよい。以下、『信長公記』に載っている記事から合戦の経過をまとめてみよう。

信長軍が五人の奉行の指揮下に置いた「鉄炮《てつぽう》（砲）千挺《ちょう》ばかり」を前に出してかまえていたところへ、武田軍が攻撃をかけてきた。一番山県昌景隊、二番武田信廉《のぶかど》（信玄の弟）隊、三番小幡《おばた》一党、四番武田信豊《のぶとよ》（信玄の甥）隊と、武田軍は人数を入れ替えながらの攻撃だった。

しかし、鉄砲で次々と撃ち倒されて退いていった。連合軍の大将分はひとりも出撃することなく、足軽の撃つ鉄砲だけであしらっていた。五番目に馬場信房《ばばのぶふさ》隊が攻撃してきたが、同じように軍勢が撃たれて退いた。「日出《ひので》」に始まった戦いは「未 刻迄《ひつじのこくまで》」続いたが、武田軍は戦死者が多いため次第に人数が少なくなり、ついに鳳来寺《ほうらいじ》方面へ敗走していった。

以上の記述から知られることを箇条書きにまとめると、次の通りであろう。

①信長の軍が主力戦場で用いた鉄砲の数は約一〇〇〇挺とされていること。
②鉄砲による砲撃は、陣の先頭からひたすら撃たれたという単純な形であること。

③連合軍の勝因として、あきらかに信長軍の鉄砲攻撃が大きかったと思われること。

④戦いが日の出に始まり、未の刻（午後二時）まで続いたということ。

長篠の戦いと言えば、多くの方は、織田・徳川軍による「三〇〇〇挺の鉄砲による三段撃ち」が武田軍の「騎馬隊攻撃」を粉砕《ふんさい》した戦い、というイメージを持っているかもしれない。そのイメージは、二十世紀はじめに陸軍参謀本部編集の『日本戦史 長篠役《ながしのえき》』によって作られ、年を経るにしたがって小説などによって次第に増幅され、とどのつまり黒澤《くろさわ》明《あきら》監督の映画「影武者」で決定的に植え付けられた。

しかし、ここで紹介した通り、もっとも信頼できる、というよりも唯一の良質書と言ってよい『信長公記』には、まったくそのような記載はない。

結論を言ってしまうと、これは江戸時代になってから書かれた俗書の説を参謀本部が史料批判もせずに採用し、さらにその説を興味本位に膨《ふく》らませた結果、事実からかけ離れた話ができ上がってしまったわけである。

虚説というものは、一度でき上がってしまうとやっかいである。特に、インパクトの強い虚説の場合は、否定することがきわめて難しい。藤本正行《ふじもとまさゆき》氏・鈴木眞哉《すずきまさや》氏が長篠の戦いの「定説」への疑問をはじめて提起したのが一九七五年のこと。しかも、それ以後、両氏とも繰り返して主張してきた。それにもかかわらず、いまだに両氏の説は定説とはなりきれない状態である。

現在も定説ができ上がらない状態だが、長篠の戦いの様相について、研究家諸氏の成果に拠りつつ私なりに整理すると、次の通りである。

①織田・徳川連合軍の鉄砲作戦は、三〇〇〇挺三段撃ちというのは虚構にすぎない。しかし、鉄砲数が一〇〇〇を大幅に上回っていたのは確かであり、また、主力戦において、鉄砲の集団射撃が勝敗に決定的影響を与えたことはまちがいない。

②鉄砲戦術が第一の勝因となった戦いではあったが、『信長公記』によると、戦いは日の出に始まり、未の刻まで続いている。八時間ほども戦ったということは、連合軍の一方的射撃ばかりで終始したわけではない。たとえば、武田軍の一部が馬防柵近辺まで攻め入って白兵戦《はくへいせん》が展開されるなど、混戦の場面もあっただろうと思われる。

③武田軍の「騎馬隊」なるものは虚構であり、この時の主力決戦の時も、騎馬隊によるいっせい攻撃などは行なわれてはいないこと。ただし、良馬の産地木曾をはじめ東国に領地を広げていた武田氏には、騎馬戦法に優れた者が多かったと思われる。

④勝頼の敗因は、劣勢の兵力でありながら、やみくもに正面攻撃を繰り返したことだ

が、問題は、なぜ勝頼をしてこのような無茶な作戦を行なわせたかである。その答えとしては、鳶ヶ巣山砦を落とされて挟撃《きょうげき》の危機にさらされたため、数に勝る敵の主力に正面攻撃をかけるしか選択肢がなくなった、という見解に賛同を表わしたい。

さて、長篠で大勝利を挙げた信長は、次に東美濃から武田氏の勢力を一掃する作戦に出た。まず、信忠の軍勢に岩村城を囲ませたのである。

岩村城は、元亀三年十月の信玄の西上の時から武田方になっていた。遠山氏の宗家、遠山景任はそれ以前に死んでおり、その妻で信長の叔母だった女性は、武田軍の主将秋山虎繁《あきやまとらしげ》と再婚して、引き続き在城していた。岩村城には、跡取りとして、信長の四男お坊丸《ぼうまる》(のちの信房《のぶふさ》)が養子になっていたが、武田方が城を占領することにより、甲斐へと送られていた。つまり、岩村城は三年間もの間、武田方だったのである。

長篠の戦い後、武田氏には美濃方面へと応援軍を向ける余裕はなくなっていた。信忠はじっくりと兵糧攻めを行ない、ついに十一月に開城させた。秋山らは捕らえられて岐阜に送られ、そこで磔《はりつけ》にされて殺された。叔母は信長が手《て》ずから斬り殺したと伝えられる。

第二節　大名から「天下人」へ

信長と官位

岩村城が落ちるわずか前の天正三（一五七五）年十一月四日、信長は権大納言《ごんだいなごん》に任じられた。七日に拝賀《はいが》の礼のため参内したところ、その場で右近衛大将《うこんえのだいしょう》（右大将《うだいしょう》）を兼任するようにとの勅諚《ちょくじょう》（勅命《ちょくめい》）があった。

『公卿補任《くぎょうぶにん》』によれば、前年の天正二年三月十八日に信長は従四位下《じゅしいげ》参議《さんぎ》に任じられ、その日のうちに従三位《じゅさんみ》に叙《じょ》される、ということになっている。つまり、参議→大納言と段階を追って昇進した形である。

しかし、当時の一次史料を見ると、信長が参議に任官していた形跡はたどれない。信長は、天正三年十一月までずっと「弾正忠」で通していたのである。参議任官というのは、いきなり大納言就任という不自然さを隠すために、さかのぼって任官した形を繕《つくろ》ったものにすぎない。

以後、信長は順調に官位を昇進させ、正二位右大臣《しょうにいうだいじん》に至るが、ここでは、この天正三年の権大納言兼右大将任官の意義について考えてみよう。

最初に言っておきたいことは、朝廷が信長を任官させようという動きがこの年の七月からあったことである。

七月三日、信長は禁中における誠仁《さねひと》親王主催の鞠会《まりのえ》に出席するが、その時に官位昇進の勅諚を賜《たまわ》っている。しかし、この時には信長は丁重にこれを辞退し、代わりに老臣たちへの賜姓《しせい》（天皇から姓を賜る）、任官を請《こ》い、勅許《ちょっきょ》された。

松井友閑・武井夕庵らの吏僚、明智光秀・羽柴秀吉らの部将が、この機会に九州の名族の姓を受けたり、西国の受領名《ずりようめい》（諸国司の長官、〇〇守《かみ》）を賜ったりするのだが、その意味についての見解はのちに述べることにする。要するに、この時点で朝廷は、信長を任官させるために積極的に動いているのである。

信長がこの時に辞退したのは、けっして官位に就くのが煩《わずら》わしかったからではない。まだ早めに片づけねばならない仕事が残されていたから、もうすこし猶予《ゆうよ》をいただきたい、ということであろう。

その残された仕事のひとつは東美濃からの武田勢の一掃であり、もうひとつは越前一向一揆の掃討であった。これらの仕事が終わる目途《めど》が立った時、信長は逆に朝廷に働きかけたのではなかろうか。

次に引用するのは、信長の権大納言兼右大将任官記事の直前にある『信長公記』の文章である。

「去《さ》る程《ほど》に大将御拝賀《ごはいが》の政《まつりごと》執行《とりおこ》なわるべきのため、十月はじめより木村次郎左衛門《きむらじろうざえもん》（高重《たかしげ》）御奉行《ごぶぎょう》として、禁中に陣座《じんのざ》御建立。即時に出来訖《しゅったいおわんぬ》」

陣座というのは、公卿が集まって国政や除目《じもく》（大臣以外の官を任じる朝廷の儀式）についての話し合いを行なう、いわば会議場である。このようにして、正式の会議で決められた除目は、天皇の意向を廷臣が手紙で伝えるだけの消息宣下《しょうそくせんげ》などとは重みが違う。そのための会議場を、十月初旬よりわざわざ熟練の奉行木村高重に造らせていたというのである。

さらに、この短い文のなかには、もうひとつ示唆《しさ》的なことが含まれている。それは、あとから受けた右大将のほうが、信長にとって「本命」だったらしい、ということである。というのは、この時点では、まだ信長は足利義昭を意識していたと思われるからである。

義昭は二年前に京都を追放され、若江・堺を経て、当時は紀伊由良《きいゆら》に逗留《とうりゅう》している。とっくに実権を失っているが、形式上は依然として現任の将軍である。これから全国の統一を進める野望に目覚めた信長は、律令制《りつりようせい》の官位においても最低限、義昭と並んでおく必要があると考えたのではなかろうか。

義昭は、永禄十一（一五六八）年に信長の軍事力に支えられて将軍の地位に就いた時、従四位下で参議兼任だった。それがその後の昇進によって、最後は従三位で権大納言兼任となっている。同じ従三位、同じ権大納言、将軍と右大将——ここにおいて、ふたりは官位でまったく並んだと見なしてよい。

官位に対する、その後の信長の態度を見ると、律令制の官位などにさほどの関心を持ったとは思われないが、この天正三年の時だけはかなり積極的だった様子である。

織田家家督と「天下人」の分担

岩村城を攻略した信忠は、天正三（一五七五）年十一月二十四日に岐阜に凱旋した。そこに待っていたものは、今度の戦功天晴《あつぱ》れということで、秋田城介《あきたじようのすけ》に任ずるという宣旨《せんじ》（天皇の命を伝える文書）だった。

秋田城介とは、もともとは秋田城にいて、北方の警備に当たり、統括にもたずさわる官職である。もちろん、戦国時代には実質はなくなっているが、武家の名誉の称号として残されていた。

その名誉の称号を嫡男信忠が受けると、すぐに信長は、かねてから準備していた計画を実行に移した。織田家家督と「天下人」との分担である。

十一月二十八日、信長は信忠に織田家家督を譲る。岐阜城と尾張・美濃両国、それに「星切《ほしきり》の太刀」をはじめとする集め置いた道具など、織田家家督に付随《ふずい》する物はすべて譲渡された。信長自身は「天下人」専任の立場となり、ひとまず茶の湯道具だけを持参して、佐久間信盛の邸宅に居所を移した。

佐久間の邸宅に身を寄せた信長は、すぐに新しい居城の建設計画を始めた。その地は、琵琶《びわ》湖に面した安土である。安土に「天下人」の城を築こうというのである。その普請《ふしん》は、翌年の二月に開始された。

信長の「天下人」への動きは、長篠の戦いに始まり、安土城建設に至る。時期で言うと、天正三年五月から翌年二月までに当たる。天正三年こそ、信長が「天下人」に飛躍した年である、と言ってよかろう。その動きをあらためて追ってみると、次のようになる。

①五月二十一日　長篠の戦いで武田氏に大勝する。

②七月三日　禁中での鞠会の場で、官位昇進の勅諚を受ける。

③十一月四日　従三位権大納言に叙任《じょにん》される。七日、右近衛大将を兼任する。
④十一月二十八日　織田家家督を長男の信忠に譲る。
⑤翌年二月　安土城の普請を開始する。

信長の「天下人」への飛躍を示すものとして、もうひとつ、家臣の信長に対する尊称が変化したことに言及しよう。

それまでは、家臣が発給文書中で信長を呼ぶ場合、いつも「殿様《とのさま》」であった。しかし、天正三年であることが確実な、八月六日付けの立石惣中《たていしそうちゅう》（中世の村落）あて武藤舜秀《むとうきよひで》書状では、文中に「その浦《うら》の儀、上様御陣お懸《か》け成《な》さるべく候間」とある（『立石区《く》有《ゆう》文書』）。この文書を初見として、以後は必ず「上様《うえさま》」の尊称が用いられている。

②と③の間にあたる八・九月には、越前一向一揆の殲滅戦《せんめつせん》がある。この平定戦を「天下人」へ向けた大きな信長の画期とする研究者もいるが、この文書の日付けから考えると、その見解に従うわけにいかない。

そして、②の官位昇進の勅諚という事実をもうすこし見直してもよいと思うのである。この時に信長に提示された官位はなんだったのだろうか。

おそらく十一月と同じ権大納言兼右大将だったものと思う。いずれにしても、足利義昭に並ぶ官位、「天下人」と呼ぶに値する官位だったであろう。この七月三日の時点で、信長は、朝廷に「天下人」として公認されたと考えてよいのではないだろうか。だからこそ、信長は、自身の官位を辞退しながらも、主立った家臣への賜姓・任官を積極的に申し出る態度に出られたのである。

しかも、この時に信長の家臣が賜った姓、任官した受領名が興味深い。任官したのは次の八名、カッコ内は賜った姓ないし官名である。松井友閑（宮内卿法印《くないきょうほういん》）、武井夕庵（二位法印《にいのほういん》）、明智光秀（惟任日向守《これとうひゅうがのかみ》）、簗田広正《やなだひろまさ》（別喜右近《べっきうこん》）、丹羽長秀（惟住《これずみ》）、塙直政《ばんなおまさ》（原田《はらだ》備中守《びっちゅうのかみ》）、羽柴秀吉（筑前守《ちくぜんのかみ》）、村井貞勝（長門守《ながとのかみ》）

これらの顔ぶれに加えて滝川一益は、文書・日記のなかでしばしば「伊予守《いよのかみ》」で登場するようになる。したがって、この機会に任官した可能性が高い。

滝川も入れると、九人のうち五人が受領名を賜っている。明智の日向守、塙の備中守、羽柴の筑前守、村井の長門守、滝川の伊予守である。

これらの受領がなんら実質をともなうものではないし、将来の封地《ふうち》を約束したものでもないことは言うまでもない。しかし、この五カ国がいずれも信長が未征服の西国であることとは偶然であろうか。それに、惟任・惟住・別喜（戸次）・原田は、いずれも九州の名族とされている姓である。

この賜姓・任官は、信長側が提出した名簿にもとづいた結果であろう。言い換えると、あくまでも信長の意思が反映されたものである、と判断できると思う。

すなわち、この七月三日に、信長は全国の支配権を朝廷より公認された形になり、「天下人」としての自信を決定的にしたのだと思う。そして、そのきっかけとなった事件は、言うまでもなく①に記した長篠の戦いである。信長が打倒武田氏をいかに重要視していたかがあらためてわかるだろう。

信長の朝廷利用について

ここで信長の朝廷対策、言い換えれば朝廷をいかに利用したかについて触れたい。上洛後の信長が、朝廷保護政策を行なったことは厳然たる事実と言ってよかろう。その政策の主なものを次に挙げてみる。
①丹波山国庄《やまぐにのしょう》などの禁裏御料所《ごりょうしょ》（皇室所有地）の回復に努めたこと。
②皇居の修理を行なったこと。
③皇太子の元服《げんぷく》の費用を献上したこと。

④米を京都市民に貸し付け、その利息を禁裏の収入とする貸米《かしまい》制度を定めたこと。

これらの政策のおかげで、戦国時代を通じて逼迫していた皇室の財政が救われたことはまちがいない。しかも、信長は将軍義昭に対して、禁裏を大切にするよう何度も諫言している。

幕末から約八〇年もの間、信長＝勤王家《きんのうか》と評価されてきたのは、彼のこのような実績によるものである。しかし、現在はそのようなテーマをまともに議論することすらなくなっている。信長は天皇権威を利用したにすぎない、というのが現在の定説である。

天皇権威の利用と言えば、前述した官位のことからあらためて話すべきであろう。天正三年十一月に従三位権大納言兼右大将に叙任されたあと、信長はどのように昇進していったのか。

同四年十二月二十一日　正三位《しょうさんみ》内大臣《ないだいじん》
同五年十一月十六日　従二位《じゅにい》
同五年十一月二十日　右大臣
同六年一月六日　正二位

ところが、同年四月九日に信長は、突然右大臣と右大将の官職を辞任してしまうのである。その辞状には、次のようなことが書かれている。

「日本の統一事業がまだ終わらないので、官《かん》を辞任したい。統一事業が完了したら、再び登用に応じたい。よって、顕職《けんしょく》を嫡男信忠に譲与したい」(『兼見卿記』)

以後、信長は本能寺で倒れるまで、律令制内の官職に就くことはなかった。

朝廷にしてみれば、日本の政治の実権者信長が官職の埒外《らちがい》にいるのは不気味《ぶきみ》である。形だけにしろ、朝廷の一員として官職内に取り込んでしまいたい。以後、機会を見て、官就任の打診を行なうが、信長の承知するところとならなかったのである。

なぜ、信長は任官を断わり続けたのか。

これは推測以上のものではないが、信長にとって律令制の官位などというものは、名誉栄典として利用する以上のものではなかった、ということだろう。

天正三年十一月の叙任だけは追放した足利義昭への対抗意識があったと思われるが、その後の昇進は、朝廷の主導に乗っただけだったのではなかろうか。拒否する動きがないいっぽう、猟官《りようかん》の動きもまったく見られない。堀新氏は、「信長自身の政治的地位は、官位体系とは別次元に存在していた」と述べている(堀氏一九九九年論文)。まさに、その通りだったのである。

もうひとつ、信長の朝廷利用としてよく取り上げられるのは、勅命講和についてである。危機に陥った時、信長はしばしば正親町天皇を動かして勅命を出させ、講和を結ぶことによって、その場を切り抜けたとされている。

では、勅命講和があったとされているのは、いつのどんな講和の時なのだろうか。

①元亀元（一五七〇）年十二月、朝倉・浅井氏との講和
②同四年四月、足利義昭との講和
③天正六（一五七八）年十一月、本願寺・毛利氏との講和
④同八年閏三月、本願寺との講和

これら四件は、いずれも信長が外交上持て余したケースである。①は、延暦寺だけが承知しなかったため、天皇を動かさざるを得なかった。②については、義昭の和睦拒否に業を煮やした信長が、ついに根負《こんま》けしたケースである。

③は荒木村重の謀反で苦戦に陥り、さすがの信長も勅命に頼って事態を打開しようとした時である。はじめは本願寺だけと勅命講和を企《くわだ》てたところ、本願寺から毛利氏とも和睦することを条件としてきた。

しかたなく、信長は毛利氏あての勅使をも依頼したのだが、その直後、第二次木津川口《きづがわぐち》

の海戦の勝利、高山重友《たかやましげとも》（右近《うこん》）・中川清秀《なかがわきよひで》の投降があって、信長側が一気に勢いを盛り返した。それを見て、信長は朝廷に申し入れていた講和依頼そのものを取り下げてしまった。できれば自力だけで解決したい、という意志の表われと言えよう。

本願寺との最終講和である④については第六章で扱うけれど、講和の条件を有利にするために、信長が仲介者の朝廷を動かしている様子が見られる。

これらを見ると、一般にとらえられているほど天皇権威への依存は強くないと思うが、どうしても必要と考えた場面で利用していることがわかる。

第三節　「天下人」としての自覚・自信

東国外交に利用された小笠原貞慶《おがさわらさだよし》

長篠の戦い、越前一向一揆の殲滅戦、岩村城攻囲戦と立て続けに勝利を挙げた信長は、その戦勝を諸大名に報じるとともに、「天下」の静謐のために戦っていることを訴えている。越前から岐阜城に戻った以後、つまり、天正三（一五七五）年十月以降に、信長自身が諸大名あてに発した文書を抽出すると、次の通りである。
A十月二十五日付け、伊達輝宗《だててるむね》あて書状（『岡本《おかもと》文書』）
B十一月二十六日付け、徳川家康あて朱印状（『古美術品展観目録《こびじゅつひんてんかん》』）
C十一月二十八日付け、小笠原貞慶あて朱印状（『唐津《からつ》小笠原家文書』）
D同月同日付け、小山秀綱《おやまひでつな》あて朱印状（『小林《こばやし》文書』）
E同月同日付け、佐竹義重《さたけよししげ》あて朱印状（『比佐《ひさ》文書』）
F同月同日付け、田村清顕《たむらきよあき》あて朱印状（『歴代古案』）

まず、Aのあて名の伊達輝宗との関係について説明しよう。輝宗は有名な政宗《まさむね》の父親である。当時の伊達氏は出羽米沢《でわよねざわ》城主にとどまっており、まだ奥羽《おうう》でさほど目立った存在ではない。それでも中央志向は旺盛で、信長とは天正元年から親交を結んでいる。その後も贈品することによって関係を保っていたらしく、Aの書状で弟鷹《だい》（メスの鷹）と名馬の贈呈を謝されている。

この書状中で、信長は長篠の戦いで武田氏に大勝したこと、越前一向一揆を退治したことを伝え、畿内はもちろん西国も支配下にある。関東八州も意のままにするつもりである、と威勢の良い宣伝文句を謳い上げている。

家康あてのBは、岩村城の攻略を伝え、近々の会見を申し入れたもので、特にここで取り上げるべきことは書かれていない。

さて、C～Fの朱印状が、いろいろと問題を含んでいる文書である。そして、そのなかに出てくる小笠原右近大夫《うこんのたいふ》（貞慶）という人物にまず注目してほしい。

Cは、直接その貞慶にあてた朱印状である。全体はかなり長文で、長篠の戦い、さらに岩村城攻めの顚末を述べたあと、越前一向一揆の討伐についても触れ、五畿内は平穏であり、本願寺も講和を求めてきた。中国の毛利氏も九州の大友氏も自分に従っている。あとは関東を残すのみと意気軒昂《いきけんこう》である。先に発した伊達あての書状と同じ宣伝である。

ここで、あて名になっている小笠原貞慶という人物について説明しなければならない。天正三年十一月の段階で、よそよそしくこのような手紙を受けていることからわかるように、彼は信長の家臣ではない。近年になって信長に服従した関係である。

小笠原貞慶は、信濃守護・小笠原氏の家系である。貞慶は父長時《ながとき》が武田信玄に敗れたため、父と一緒に故国を離れて畿内へ逃れ、さらに越後に行き、上杉謙信のもとに身を寄せる。天正三年二月頃より信長と通信を始めた様子である（『笠系大成附録《りゅうけいたいせいふろく》』所収文書）。

貞慶にとっては、飛ぶ鳥を落とす勢いの信長を頼ることで信濃に復帰することが、切なる願いだったようである。頼られる立場の信長としても、東国に知己《ちき》の多い小笠原一族は利用価値がありそう、と見込んだのだと思う。

ただし、この朱印状の書き出しによると、信長と貞慶とはまだ会っておらず、手紙だけの関係であることがわかる。おそらく貞慶は、まだ上杉のもとにいたのではないだろうか。ところが、Cと同日に発せられたD～Fの朱印状で、早くも貞慶の名が、信長に利用されているのである。

これら三通のあて名になっている者、小山は下野《しもつけ》、佐竹は常陸《ひたち》、田村は陸奥《むつ》最南部を統治する大名である。どの朱印状も「未《いま》だ申し通さずといえども」の文言から始まっているから、信長にとってははじめての通信なのはまちがいない。いずれも比較的短文で、五月に長篠の戦いで武田氏に大勝したことを報告するにとどまっている。そして最後には、「委《い》曲《きょく》、小笠原右近大夫伝達《でんたつ》あるべきに候」で結ばれている。

この後もずっと、小笠原貞慶は信長の東国外交にたずさわることになる。武田氏が倒れたあとに信濃の地に返り咲くことに期待を寄せながら。

「天下」の用例の変化

伊達輝宗への書状（A）、小笠原貞慶あて朱印状（C）、小山秀綱あて朱印状（D）、佐竹義重あて朱印状（E）、田村清顕あて朱印状（F）――これら五通のすべてに「天下」の語が用いられている。信長は、彼ら東国大名に対して、「天下」という語をどのような含みを持って用いているのであろうか。

まず、Aの伊達に対する書状から引用する。越前一向一揆の平定を知らせた記事に続く文言である。

「（越前の一揆は）天下に対し、その禍《わざわい》を成すの間、退治せずにおいては、際限《さいげん》あるべからずの条、討《う》ち果《は》たし候」

次にCの貞慶あての朱印状の用例。五畿内は安定し、本願寺も和睦を請うてきた。中国の毛利氏、九州の大友氏も幕下に属している形だと豪語したあとの文言である。

「諸国かくのごとくの躰《てい》、これ有《あ》るべからずに候わば、隠れ候関東のおのおの入魂《じっこん》においては、天下の安治歴然に候」

そして、D～Fは、ほぼ同文である。

「この砌《みぎり》、信長に一味《いちみ》し、天下のため自他のため、もっともに候か」

では、信長は発給文書のなかで「天下」という語を、これまでどのような意味で用いてきたのであろうか。それについては、第三章第三節のなかで述べたが、まとめると、次の通りである。

①京都。あるいは、京都を中心とする畿内あたりの空間。

②京都に置かれた中央政権。あるいは、将軍が在京し、役割をはたしている幕府。

③世間あるいは世の中。または、世論。

ところが、天正三年に発給された五通の文書のなかに見られる「天下」は、やや異なった意味合いで用いられていることが読み取れるのではないだろうか。

すでに言及した通り、天正三年は、信長にとって大きな節目の年であった。この節目以後は、信長の「天下」観が変化してきたように考えられるのである。

では、信長はその後の発給文書のなかで、「天下」の語をどのような意味に用いているだろうか。それを分析するにあたって、天正三年十一月二十八日付けのC～F文書以後、天正十年に本能寺の変で倒れるまでの信長文書の用例からいくつか例示してみよう。

G（天正七年）二月二日付け、中川清秀あて朱印状（『信長文書811号文書』）

「（長い摂津在陣を労《ねぎら》う）荒木の事、我々ひとりにあらず、天下の為に無道《むどう》の族《やから》に候」

H（天正七年）九月二十二日付け、北畠信雄あて書状（『信長公記』所収文書）
「（伊賀《いが》出勢《しゅっせい》の失敗をとがめる）この地への出勢は、第一天下の為、父への奉公、兄城介《じょうのすけ》大切」

I（天正八年）八月十二日付け、島津義久《しまづよしひさ》あて書状（『島津家文書』）
「（来年に毛利攻めの予定）その刻《きざみ》別して御入魂、天下に対して大忠《たいちゅう》たるべく候」

J（天正八年）九月十三日付け、大友義統《よしむね》・宗麟《そうりん》あて黒印（朱印カ）状（『大友家文書録』）
「（対毛利氏の作戦について指示する）この刻御馳走《ごちそう》をもって静謐《せいひつ》に及ばば、天下に対し御忠節《ごちゅうせつ》たるべき旨」

K（天正十年）四月八日付け、太田道誉《おおたどうよ》（資正《すけまさ》）・梶原政景《かじわらまさかげ》あて朱印状（『太田文書』）
「（関東統括の滝川一益と相談するよう）別して粉骨《ふんこつ》、併《あわ》せて天下に対し大忠たるべし」

では、Aの文書以降の信長の「天下」が意味することを箇条書きにまとめてみよう。

①かつて「天下」は、京都ないし京都を中心とする畿内あたりという限定された空間の意味で用いられていた。しかし、A・Cの用例を見ると、畿内近辺という狭い範囲にとどまっていないことがあきらかである。

②自分やその他の者、つまり個人的なものと対比すべき公共的なものという意味で用いられていると思われるのが、D～Hの用例である。
③もともと中央政権という意味で用いられていたが、わざわざ地方政権と対比することによって、地方政権より優越する存在として位置づけられている。I～Kを見ると、それがあきらかに読み取れる。

信長は、いつ頃から、独自の政権を打ち立てようという覚悟を持ったのだろうか。最近唱えられているように、足利義昭を奉じて上洛した時点では、ただ室町幕府の再興が目標だった、とするのは正しい見方かもしれない。また、五年後の義昭追放のあとも、全国統一を目標に掲げたと断言することはできない。

しかし、その二年後である天正三年の後期には、信長の心中にあきらかに全国統一のプランが芽生えていた、と思われるのである。

徳川家康《とくがわいえやす》との関係の変化

では、信長の「天下人」の自信を示す例として、徳川家康との関係の変化について述べておこう。信長の政権が、地方政権の上に立つ存在に変化していくひとつの例でもある。

家康との同盟、すなわち「清須同盟」は、はじめは今川氏に対する防衛策だったが、その後は斎藤氏・武田氏といった周囲の大名への対抗のなかで生かされてきた。信長も家康も同盟のおかげで行動が取りやすくなっている、いわば理想的な同盟だったと言える。

その後も、この同盟は継続され、信長の上洛、姉川の戦い、長篠の戦いを経て、いよいよ堅固になったかに見えた。だが、中央で軍事的に政権を支えている信長と東海の一大名にすぎない家康とでは、力関係に次第に差がついてきたのは当然である。

そして、先に見た通り、長篠の戦い後、信長は「天下人」としての意識を露わにさせる。信長と家康とはもはや対等の立場ではありえなくなってきたのである。

ふたりの関係の変化をテーマにした論文として、平野明夫氏の「徳川氏と織田氏」（二〇〇六年）がある。この論文で平野氏は、信長と家康ふたりの間で交わされた書簡の形式に注目し、ふたりの間が次第に主従関係に近くなっていくことを描き出している。そして、最後の家康の立場は「一門に準ずる織田政権下の一大名」であった、と結論している。

家康が信長の意向に逆らえなかった例としてよく語られるのは、天正七（一五七九）年に起こった「信康事件」である。大きな誤解があるので、ここで真相に触れておきたい。

家康の長男信康と信長の娘五徳の婚姻は、いわば「清須同盟」の証《あかし》であった。信康は逞《たくま》しく成長して岡崎城を譲られ、家康軍の一端を担うまでになった。しかし、天正七年九月、切腹を命じられて、若い命を散らせることになる。

信康が死に追いやられた原因については、ふだんから素行《そこう》上の問題があったという説、武田氏に通じて父や信長に背こうとしていたという説、信長の嫡男信忠より器量が勝っていたので信長の妬みを買ったという説などさまざまあるが、どれも、信長が家康に命令して信康を殺させたという筋書《すじが》きである。

しかし、その後、作家の典厩《てんきゅう》五郎《ごろう》氏は、『家康、封印された過去』を著わし、この事件の原因を家康派家臣と信康派家臣の対立のなかに追究した。筆者も近年出した『信長と家康――清須同盟の実体』のなかで、原因は家康と信康の父子対立にあることを論じている。

つまり、信康事件はあくまでも徳川家内部の問題にその原因があるわけで、信長はなんら干渉していないと思われる。

家康が信長に従属化してきた例としては、天正八年から九年にかけての高天神城攻めの経過を見ると、よく理解できる。

高天神城は、遠江東部に位置する要衝として、徳川氏と武田氏の闘争の場となってきた城郭である。天正二年六月に武田勝頼が開城させて以来、ずっと武田方だったが、同五年頃から家康はしきりに近辺に兵を出していた。そして、同八年から本格的に攻囲戦を行なうようになった。

この経緯から見てわかる通り、高天神城攻めはもともと武田方と家康との戦いだったのである。それがいつのまにか、武田方と信長との戦いになってしまう。

同八年十二月、徳川軍の包囲陣に信長は、馬廻衆四人を検使として遣わした。検使は三日ほど陣営で観察を行なったあとに帰国したが、家康は丁重に送り迎えしている（『家忠《いえただ》日記』）。

年が明けるや、検使の報告に応じる形で、信長は尾張の信忠軍団のなかから援軍を高天神方面に派遣させた。

その後まもなく、その援軍あてに城方から矢文《やぶみ》（弓矢に結び、届けられる手紙）があった。それには、城兵を助命するならば、高天神だけでなく、近辺の武田方の城二カ所を開城する、という申し出がしたためられていたらしい。

ところが、信長は一、二年中に駿河・甲斐に攻め込むつもりである、勝頼が高天神方面に出陣してくるなら手間が省《はぶ》ける、降伏を受け入れないよう家康を説得せよ、と包囲陣にいる水野忠重《ただしげ》に命じている（『水野家文書』）。そこには攻囲戦の総大将である家康の上に信長がいて、戦いの最終的権限を握っているかに見える。

はじめはほぼ対等だった信長と家康の関係も、信長の勢力の拡大とともに、次第に上下関係が生じ、ついには主従関係に近いものに変化していったのである。

第五章

北陸から西国にわたる戦いと外交

第一節　将軍義昭の反信長の動き

追放後の足利義昭

ここで、元亀四（天正元、一五七三）年に信長によって追放された足利義昭のその後の動きについて触れておきたい。

七月十九日に槙島城から放たれた義昭は、枇杷庄《びわのしょう》、津田城を経て、二十一日に河内若江城に入る（図表10）。若江城は、義昭の義弟であり、信長包囲網の一角を担う立場であった三好義継の居城である。

まったく歯が立たないまま、信長の軍門に降《くだ》ったにもかかわらず、義昭はその後もすぐに反信長の動きを始める。若江入城からわずか三日後の七月二十四日、毛利氏に御内書を送り、近況を報告して応援を求めているのである（『柳沢《やなぎさわ》文書』）。

図表10 足利義昭の移動経路

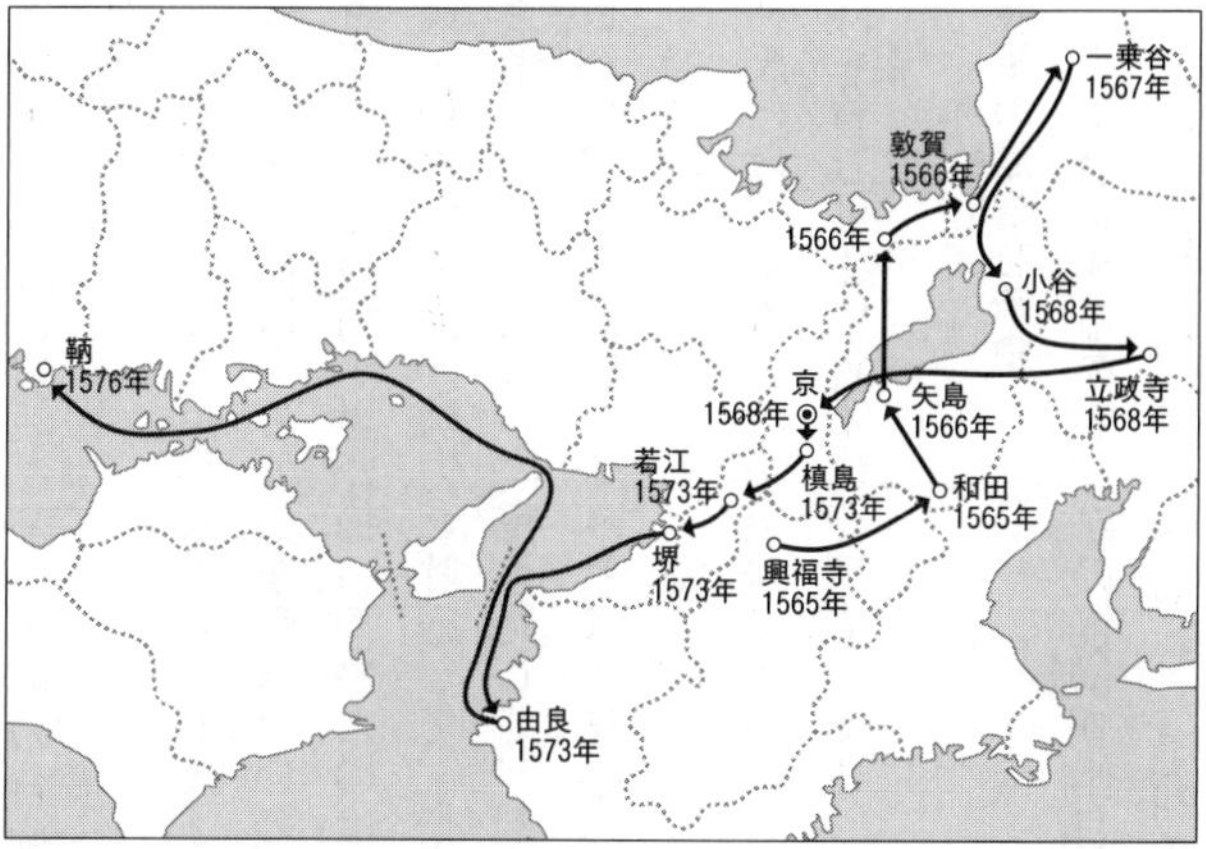

義昭は、さらに八月一日に毛利輝元《てるもと》・吉川元《きっかわもと》春《はる》・小早川隆景それぞれにあてて、信長に対する無念を晴らすため、毛利氏が出勢することを期待している、と申し送っている。くどいことに御内書は、八月三日にも三人にあてて出されている。

そして、これらの手紙には、本願寺・武田信玄・朝倉義景・三好義継のほか、河内の遊佐信教、根来寺《ねごろでら》をも糾合《きゅうごう》している、毛利氏が出勢すれば畿内衆も同調するので、たちまち勝利を挙げることができよう、と書かれている（『柳沢文書』『吉川家文書』『小早川家文書』）。

しかし、これはどうやら義昭の掛《か》け声《ごえ》だけにすぎなかったようである。八月二十日付けの一色藤長あて顕如書状によると、義昭が三好義継や三好康長《やすなが》、遊佐信教などの和解の斡旋《あっせん》を顕如に頼んでいることがわかる（『顕如上人御《しょうにんご》書札案留《しょさつあんとめ》』）。

こんな具合では、反信長連合としてまとまること自体が不可能と言わねばならない。それに、いまだに信玄の死去を知らないのは、彼の情報網の貧弱さを露呈《ろてい》している。

若江にいる義昭が思い描いていたのは、毛利氏が東方へ向かって攻め上り、武田氏・上杉氏・朝倉氏や畿内勢力と呼応して、憎い信長を倒すことである。この作戦の中核となるべき毛利氏に頻繁《ひんぱん》に御内書を発して、その体制を作ろうとしているのである。

しかし、毛利氏にしてみれば、迷惑このうえない。伝え聞くところによれば、武田信玄はすでに他界しているようだし、畿内・近国の反信長勢力はもはや勢いがない。何よりも毛利氏には、京都に攻め上って天下に号令するなどという野心はないのである。いわんや危険を冒《おか》してまで将軍に義理立てするつもりもないわけである。

義昭の帰洛《きらく》を承認

ここで登場するのが、かの怪僧《かいそう》朝山日乗である。義昭追放からほどなく、日乗は毛利氏のもとに赴《おもむ》いている。どうやら、毛利氏に請われて西下したらしいのである。

日乗は、若い頃に毛利氏の庇護《ひご》を受けていたと伝わっており、以後も入魂《じっこん》の関係を続けていた。毛利氏としては、親しい関係にある日乗を通じて信長を説得し、義昭を京都にとどめようとしたのである。

日乗は八月二十五日に京都に戻ってきた。信長は小谷城攻撃のため北近江に出陣中だったが、じきに日乗から報告を受けたものと思われる。信長は、岐阜に帰ったばかりの九月七日付けで、毛利輝元・小早川隆景両人にあてて長文の書状を発している（『乃美文書正《のみもんじょせい》写《しゃ》』）。そこには、日乗の報告に得心《とくしん》したとあるだけで、はっきりした意思表明はなされていないが、同日付けの輝元あて羽柴秀吉書状によると、信長が義昭の帰洛を承認した旨が書かれている（『毛利家文書』）。

信長の本心としては、いまだに反抗的な義昭を京都に呼び戻すことに抵抗があったに違いない。だが、日乗の努力によって信長の了解まで取り付けた以上、一件落着になるはずであった。ところが、当の義昭が素直に従わなかった。

先に紹介した信長文書・秀吉文書と同日付け、すなわち九月七日付けで出された義昭の御内書が二通見られる。一通は聖護院道澄《しょうごいんどうちょう》・竺雲恵心《じくうんえしん》にあてたもの、もう一通は安国寺《あんこくじ》恵瓊《えけい》およびふたりの毛利家家臣にあてたものである。それらを見ると、義昭の気持ちがまったく別方向を向いていることがわかる。義昭が言っていることを要約すると、次の通りである。

――自分は毛利氏に対し、信長への怨みを晴らしてくれることを期待しているのだ。そのために活動しているのに、毛利氏のほうは日乗を介して信長と親しくしようとしている。心外なことである（『乃美文書』『防長風土記《ぼうちょうふどき》』）。

義昭はひたすら京都に復帰して、将軍として京都・畿内を統治することを切望している。しかし、譲れない条件がある。それは「信長のいない」京都に戻りたい、ということなのである。

将軍だからといって、そんな無理なことをねだられても困る、おそらくそれが輝元の本音だっただろう。それでも、輝元はそこをなんとか耐えて説得にかかった。十月二十八日、輝元は、義昭の側近一色藤長に書状を出し、義昭が帰洛できるよう信長に働きかけるのを許してほしい、とあえて頼み込んでいる（『別本《べっぽん》士林証文《しりんしょうもん》』）。

義昭のわがまま

天正元（一五七三）年十一月五日、義昭は若江城を出て、堺に移った（『永禄以来年代記』)。これは、日乗から義昭の帰洛へ向けた話し合いの提案があったためと思われる。信長方からは羽柴秀吉、毛利方からは安国寺恵瓊、仲介役の日乗、そして義昭当人が堺に集合した。交渉の日取りについてはあきらかではないが、義昭が堺に入ってまもなく開かれたものと見られる。

この交渉の様子については、十二月十二日付けで恵瓊が吉川元春の家臣にあてた書状によって、かなり詳細に知ることができる(『吉川家文書』)。以下、その史料によって、会談の様子を語ろう。

毛利氏を代表する恵瓊はもちろん、信長の代理である秀吉も、義昭の帰洛に異存はない。しかし、スムーズに運ぶはずだった交渉がもめにもめた。義昭が、信長に人質を出すよう要求したからである。これほど落ちぶれていながらも、将軍位を保持しているというだけで、いまだに優位に立っていると思っているのである。

秀吉はあきれた。そのような条件を呑むつもりはない。交渉は一日かかっても埒《らち》があかなかった。最後に、秀吉は宣告する。いくら上意とはいえ、そんな難題を認めるとたいへんなことになる。「将軍は行方知れずになったようだ、と信長様に報告しておく。さっさとどこへなりとも行かれるがよろしかろう」と言い捨てて、次の日には大坂に帰ってしまった。

堺に残った恵瓊と日乗は、さらに一日かけて義昭を説得した。「ひととおり御異見申し上げ候えども」と恵瓊が書いているから、手を替え品《しな》を替え説得し尽くしたのだと思う。しかし、最後まで義昭は説得に応じなかったのである。

毛利氏を代表する恵瓊としては、最小限の責務として、義昭の西国下向だけは食い止めなければならない。恵瓊は、今度はそれについて説得した。そして、なんとか義昭の下向の意思だけは止めることができた。

その月の下旬、義昭は二〇人ほどの供《とも》を従え、小船に乗って密かに紀伊へと向かった。着岸した先は宮崎の浦という港だった。その後の義昭は、しばらく日高《ひだか》郡由良《ゆら》にある禅寺興国寺《こうこくじ》に住むことになる。

信長はもちろん、義昭のわがままについて秀吉から報告されていただろうし、紀伊への移動についても聞いていたはずである。しかし、あまり触れてほしくない話題なのであろう。この年十二月二十八日付けの伊達輝宗あての朱印状で、次のように記している。

「(京都を退いたあと)紀州《きしゅう》(紀伊)熊野《くまの》あたりに流落《りゅうらく》の由に候」

熊野あたりに流れ落ちているだろう——。ここには、もう放っておくことにしよう、という冷たく突き放した意識が言外に読み取れる。

鞆《とも》幕府は存在したか？

義昭は、興国寺でおとなしく座って過ごしたわけではない。一刻も早く帰洛をはたす。そのために、なんとしても信長を排除しなくてはならない。このような執念に駆《か》られた生活だったのである。

したがって、由良でしたためた諸国大名たちにあてた御内書は、多数に上る。東は上杉氏・武田氏、西は島津氏に至るまで、全国的規模に広がっている。しかも、信長陣営に属しているはずの徳川家康や水野信元にまで誘いの手を伸ばしているのは、まさに「相手を選ばず」手紙攻勢をかけているとしか言いようがない。

しかし、義昭の由良在住時代に注目すべき現象がある。それは、天正二（一五七四）年四月から備後鞆《とも》に移る同四年二月までの二年弱の間、諸国の大名あての御内書が見られなくなるということである。それまで、あきれるほど筆まめだった義昭を思えば、不思議な現象である。

また、水野嶺《みずのれい》氏により、それと関連した検証がなされている。追放されてから鞆に移るまでの約二年七カ月の期間、義昭による栄典授与がまったく見られないことに触れられているのである（水野氏二〇一三年論文）。

鞆に移ってから再び反信長の執念をたぎらせるのだから、けっして義昭が屈服したわけではないのは確かである。病臥《びょうが》していたのかもしれない。あるいは精神的に落ち込んだ状態が続いたのかもしれない。今のところ有力な手がかりはないが、義昭の将軍としての権限の変化とからめて、今後の検討課題だと言えそうである。

先に述べた通り、義昭が備後鞆に移ったのは、天正四年二月である。二月八日付けで義昭は、吉川元春・小早川隆景および安国寺恵瓊にあてて御内書を送っている。三人にあてた手紙の内容はほぼ同じで、意訳すると次の通りである。

「度々《たびたび》そちらへ下向することを連絡したが、信長と相談してよく考えるという返事だった。しかしながら、信長が輝元に対して敵対していることはまちがいないので、まず備後に下ることにした。細かいことは上野秀政・小林家孝《こばやしいえたか》に申し含めておく。これから意見を述べ、神妙に馳走《ちそう》するように」（『吉川家文書』『小早川家文書』ほか）

この時点では、信長はまだ毛利氏を敵にする姿勢をあきらかにしてはいない。それにもかかわらず、義昭のほうが勝手に理由づけに用いているのである。まさに有無を言わせない押しかけと言うべきであろう。

備後鞆は、古くから瀬戸内海の交通の要衝として開かれた地で、「鞆の浦《ともうら》」あるいは「鞆津《ともづ》」と呼ばれていた。歴史もあり、それなりに発達していた町である。義昭はその後、毛利氏から海岸に近い場所に御所を建設してもらい、そこに住むことになる。

義昭の壮大なプラン

鞆に居所を移した義昭は、心機一転したかのように活発に動き出す。再び御内書を諸大名に出しまくる。内容は以前と同じく、信長を追討して自分を帰洛させてほしい、というものである。

まず三月二十一日、上杉にあてて「天下再興の儀」を頼んでいる。その後、義昭が諸国の大名あてに発した御内書は、またも多数に上るようになる。

毛利氏の世話になっているのだから、毛利輝元・吉川元春・小早川隆景の三人にあてた御内書が多いのは当然だが、毛利氏関係以外では、本願寺・上杉氏・武田氏・北条氏・島津氏といったところである。主立った大名には見境《みさかい》なく誘いの手を伸ばしていることがわかる。

だが、そのなかでも、上杉謙信とその家臣にあてたものがかなりの数になっている。やはり室町将軍にとって、上杉謙信という人物が特別の存在だったようである。

当時発せられた御内書から義昭の構想を推測すると、次のようなプランが浮かび上がる。

①上杉謙信が武田勝頼・北条氏政と講和を結んで、後方の憂慮《ゆうりよ》を消滅させる。

②本願寺や諸国の大名たちで、巨大な信長包囲網を形成させる。

③毛利輝元と上杉謙信が共同作戦を執って、京都に向かって東西より軍を進める。

④それと同時に、本願寺や味方の諸大名が信長を牽制する。

⑤毛利軍・上杉軍が織田軍を撃ち破って信長を滅ぼし、めでたく義昭が京都に復帰する。

主力はあくまでも毛利氏と上杉氏だが、それればかりでなく日本中の戦国大名を動員した、まさに壮大なプランと言えるだろう。しかし、このプランは、現実性という面において、首を傾《かし》げざるを得ないものとも言えよう。

第二節　対毛利氏外交の破綻

毛利氏との関係

第二章第四節に述べた通り、信長と毛利氏との交流は信長が上洛した翌年、つまり永禄十二（一五六九）年から見られる。それ以後、信長と毛利氏との書簡のやり取りはかなり頻繁に見られるから、比較的良好な関係が続いていたと見なしてよかろう。

元亀二（一五七一）年六月の元就没後、毛利家には、若い当主輝元をふたりの叔父吉川元春と小早川隆景が支えるという、いわゆる「両川《りょうせん》」体制が作られる。しかし、信長と毛利氏とのつきあいにはまったく支障がなかった。対信長の窓口になったように思われるのが、小早川隆景である。隆景にあてて信長が直接発給した書状が多く残っており、それらには自分の近況や畿内の様子について、つぶさに報告されている（『小早川家文書』）。

元亀年間の信長と毛利氏との外交はだいたい穏やかに展開しているが、目立った動きと言えば、次の二点が挙げられる。

一点目は、毛利氏と大友氏の和睦の件である。両者はもう十数年、敵対関係が続いている。北九州での戦いは泥沼にはまった形で、いつ終わるとも知れない状態である。将軍義昭は大名間の和睦斡旋に積極的であり、さっそく仲介に乗り出した。だが、仲介の効力を発揮するためには、信長のような実力者の後ろ盾《うしだて》を必要とする。義昭と一緒になって信長は、毛利氏・大友氏の和睦のために一肌《ひとはだ》脱いでいる姿が認められる（『大友文書』『小早川家文書』）。

二点目は、尼子《あまご》氏残党たちに関する件である。尼子氏の嫡流は永禄九年の月山富田城《がっさんとだ》落城によって没落したが、山中鹿介らは傍流の尼子勝久《かつひさ》を擁立し、尼子氏の復興を目指して出雲《いずも》・伯耆《ほうき》・因幡《いなば》方面で執拗に活動していた（図表11）。元亀年間頃はしばしば京都に上って、信長に接触している様子である。信長としては第三者的立場で通しているのだろうが、毛利氏にしてみれば気になるところであろう。

天正元（一五七三）年、信長は将軍義昭を追放し、さらに朝倉・浅井氏を滅ぼして、長年による鬱積《うっせき》を晴らした。同年九月七日付けで輝元・隆景にあてた書状で、信長は詳しくかつ得意げに近況について報じている（『乃美文書正写』）。

また、同日付けで秀吉と武井夕庵が隆景にあてた書状によると、毛利方から信長に但馬に出兵してほしいとの依頼があったようである（『小早川家文書』）。毛利氏は、尼子勝久を

図表11 中国地方の状況(1575～1577年頃)

助けて反毛利の動きをしている山名豊国《とよくに》を、信長に牽制してほしいのである。しかし、もう信長には、播磨・但馬方面で毛利氏に助力する意思はなかったようである。

信長と毛利氏はこの後、将軍義昭の居所をめぐって交渉したりして、表面的には平穏な関係に見える。しかしその実《じつ》、輝元は、信長の西進に強い警戒心を持っていた様子である。

天正元年と思われる九月晦日付けで、叔父の穂田元清《ほいだもときよ》にあてた輝元の自筆書状がある。そこには、なんと信長と戦いになった時の作戦を含めた対信長外交について書かれている（『長府《ちょうふ》毛利家文書』）。

そして、信長が敵になって攻めてきた時には、宇喜多《うきた》直家《なおいえ》を先鋒として防げばなんとかなるだろう、しかし、信長が宇喜多を味方につけるのは簡単である、そのようなことにならないよう、まず我々が信長の敵対を警戒していることを宇喜多に悟られないようにすべきである、と書かれている。

ここに述べられているのは、単に若い当主輝元の杞憂《きゆう》なのかもしれない。しかし、毛利氏が必ずしも信長に気を許してはいなかったことがわかる。

中国地方の情勢

この輝元の書状で判明するのは、宇喜多直家こそが毛利氏の対信長作戦のキーマンである、ということである。いったい直家とはどのような人物なのだろうか。ここで、信長と毛利氏それぞれの勢力の中間に位置する播磨・備前・美作における、複雑な群雄の動きについて、宇喜多直家を中心に見ていきたい。

播磨・備前・美作の三国は、もともとは赤松《あかまつ》氏が守護として支配してきた国々である。しかし、十六世紀中頃には赤松氏の力は衰えており、各国で国人たちが分立して抗争を繰り返している状態だった。

播磨では別所《べっしょ》氏・小寺《こでら》氏、備前では浦上氏・宇喜多氏、美作では後藤《ごとう》氏・三浦《みうら》氏などが挙げられるが、はじめに勢力を振るったのは浦上氏であった。宇喜多直家は、その浦上氏に従属する存在だったが、次第に勢力を広げて、次第に浦上氏を圧迫するようになった。

永禄十一（一五六八）年九月、信長が足利義昭を奉じて上洛をはたし、京都に新しい政権が打ち立てられた。宇喜多氏や浦上氏たち、それに播磨の国人たちも、義昭・信長の政権に協力する姿勢を示した。

宇喜多直家がはじめて信長と接触したのは永禄十三年三月、信長の触状に応じて上洛した時である。畿内の守護や他国の大名たちと一緒に信長に謁見している（『言継卿記』）。

義昭は将軍として、全国の大名間の和平を調停することに熱心である。信長も連合政権の当事者として、そうした義昭の姿勢に協力的である。元亀三（一五七二）年、義昭・信長は、毛利・浦上・宇喜多三氏の和睦調停に乗り出し、十月に和睦を実現させた（『柳沢文書』『萩藩閥閲録《はぎはんばつえつろく》』ほか）。

しかし、それで事《こと》が落ち着いたわけではない。備前を舞台に、宇喜多と浦上の対立は依然として続くのである。

天正元（一五七三）年、信長は将軍義昭を追放して、京都・畿内に単独政権を打ち立てる。直家との争いで形成不利な浦上宗景《むねかげ》は、その信長に泣きついたようである。信長のほうも、宗景を取り込む作戦に出る。宇喜多・浦上の争いのなかで、信長はあからさまに浦上の肩を持った。十一月、播磨・備前・美作三国安堵の朱印状が浦上宗景あてに発せられるのである（『吉川家文書』）。

宇喜多と浦上との間はまたも決裂、翌年三月より戦闘が始まる。信長は当然、浦上支持を表明する。それに対して、直家は毛利氏に援軍を依頼した。信長と毛利氏とは、直接には矛《ほこ》を交えてはいなかったが、ここに織田・浦上ライン対毛利・宇喜多ラインの抗争という形ができることになる。

たとえ信長の支持を受けたにしても、浦上宗景には形勢を挽回《ばんかい》する実力はなかった。天正三年十月と言われるが、直家は浦上氏の本拠地である天神山《てんじんやま》城を攻略して、宗景を備前から逐《お》ってしまう。

浦上との戦いに決着をつけた直家はその後、毛利氏の東方の固め役という役割を担う。しかし、直家という男は、これまで暗殺・毒殺その他、ありとあらゆる謀略によって次々とライバルを葬《ほうむ》り、現在の地位を築いてきた人物である。

毛利輝元が直家に先鋒として多大の期待をかけながらも、反面、裏切って信長方になるのではないかと心配しているのは、その経歴から見て、うなずくことができよう。

毛利輝元《てるもと》の敵対

天正三（一五七五）年十一月、信長は権大納言兼右大将に任官する。小早川隆景は太刀と馬を送って、これを祝した。翌年正月十七日付けで信長は隆景に黒印状を発し、祝儀の贈呈を感謝している（『小早川家文書』）。この文書が信長と毛利氏との最後の交流となる。

この年五月七日付けで、輝元は叔父穂田元清に書状を送り、義昭を奉じて立つ決心を打ち明け、信長と「手切れ」する旨を伝えている（『長府毛利家文書』）。さらにその後、毛利家に従う分国内の諸侍《しょざむらい》に、その決意を通達した（『萩藩閥閲録』）。義昭も、我が意を得たりとばかりに、島津氏・河野《こうの》氏などに毛利氏に協力するよう促している。

なぜ、毛利氏はこの時にあたって信長に敵対しようとしたのだろうか。次のことが考えられよう。

①鞆に移ってきた義昭が毛利氏を扇動した結果。先に述べた通り、義昭の信長包囲網のプランのなかには、毛利軍が東方へ進んで信長と戦うことが含まれている。

②毛利氏と争ってきた尼子の残党を信長が保護していることがあきらかになったことによって、信長に対する不信が毛利氏内部につのった。

③信長の勢力が播磨・丹波にまで及び、毛利氏の領域をも侵す勢いであり、危険を感じ

ざるを得ない状況になった。

これらのうち、どれが正解というわけではないだろう。どの要因もあったはずである。しかし、もっとも大きな要因は、③の国郡境目《さかいめ》闘争であろう。

年々勢力を拡大しつつある信長に毛利氏が対抗するには、よほどの決心が必要であろう。決心を固めるにあたって、毛利氏は和戦《わせん》両方のケースを考えて方策を練《ね》った。その方策を記した文書（輝元のメモカ）が『毛利家文書』のなかにある。意訳して紹介しよう。

「戦わない時のこと

一、宇喜多（直家）を信長方に引き寄せられ、五畿内の者たちはもちろん、こちらに荷担《かたん》している者をも裏切らせて、より強大になってからこちらへ攻めてきたらどう対処しようか。

一、公方様（義昭）のことは頼りにしてもよいのだろうか。

一、こちらに味方している者たちの結束は信じてもよいだろうか。

戦いになった時のこと

一、戦いになった場合、上の者と下の者の結束を心配せずにおられるだろうか。

一、出雲・伯耆・因幡方面を押さえる方策のこと。

一、宇喜多の心を繫《つな》ぎ止めておくことができるだろうか。」

義昭が一ヵ所だけ取り上げられているが、それは、信長との和平策でどのように利用できるか、という論議のなかにおいてである。

それは、義昭を担いで味方を糾合し、信長との戦いを有利に導こうなどという利用のしかたではない。だから、先に挙げた毛利氏の信長に敵対しようとした動機のなかで、①をあまりにも強調しすぎると、事実を歪めてしまう恐れが生じるだろう。

扇動とか勧誘と言えば、義昭の扇動よりも本願寺からの誘いのほうが、毛利氏の決意に大きく影響したと思う。反信長勢力の実質的なフィクサーは、本願寺と考えるべきであろう。

信長と本願寺とは前年十月に二度目の講和が結ばれたものの、その後もおたがい、臨戦態勢を解かない状態が続いていた。そして、この年四月、またも戦闘状態に突入する。しかも、信長は四カ国の軍勢から成る大軍を大坂に派遣し、本格的な攻撃を展開しようとしたのである。本願寺からは各地の門徒衆に指令が飛び、大名たちにも協力依頼が出された。

苦杯続きの信長軍

本願寺は三方から信長軍に包囲されながらも、西方の大坂湾岸には数多くの砦を確保し、雑賀衆《さいかしゅう》・毛利氏との連絡も容易な状態だった。信長は、そのうちの木津に位置する砦の攻略を命じた。

五月三日、包囲軍の将のひとり塙直政の軍が木津の砦に攻撃をかけた。ところが、本願寺の数千挺の鉄砲による反撃に遭《あ》い、主将直政はその場で討ち死《うじ》にして、敗戦となったのである。しかも、本願寺軍は余勢を駆って、織田軍の拠点である天王寺《てんのうじ》砦まで押し寄せてきた。

京都で織田軍敗戦、天王寺砦危機の注進を受けた信長は、急遽《きゅうきょ》軍勢を集めて救援に向かう。そして、自ら先頭に立っての戦いで、本願寺軍を追い払った。信長に、本願寺が侮《あなど》れない戦闘力を持っていることを知らしめた戦いであった。

この戦いのあと、信長はまず天王寺砦を本願寺攻めの本拠地として改修し、代表的老臣の佐久間信盛を入れ置いて、大坂方面軍の陣容を整えた。そして、本願寺の周囲一〇カ所に付城が構築され、住吉《すみよし》の浜には和泉水軍《いずみすいぐん》が停泊して、海上の警固に当たった。

ところが、七月十三日のこと、西方より毛利方の村上《むらかみ》水軍が大坂湾に姿を現わした。八〇〇艘《そう》から成る大船団だった。和泉水軍も三〇〇艘で出撃した。ここに、木津川口を舞台にして、織田と毛利とのはじめての戦いが展開されるのである。

この木津川口の戦いは、船の数だけでなく、装備、操船技術、兵器、すべてにおいて村上水軍のほうが勝っていた。焙烙《ほうろく》火矢《ひや》という火薬を使った兵器によって、和泉水軍は次々と炎上し、大勢の水軍指揮官がそこで戦死した。毛利方の完勝であった。

毛利氏の士気は上がった。この戦いから一〇日あまりたった七月二十七日、吉川元春は、上杉家の重臣直江景綱に海戦の戦果を報じると同時に、早く加賀《かが》一向一揆とも武田氏・北条氏とも和睦して、一緒に義昭に忠義を尽くすよう呼びかけている。さらに八月二日には、直接輝元が謙信に対して、上杉氏と毛利氏とで東西から共同作戦を執ることをすすめている（『上杉家御年譜《ごねんぷ》』）。

第三節　対上杉氏外交の破綻

上杉謙信との関係の変化

信長と謙信との交流が永禄七（一五六四）年頃から見られることは、第二章第一節で述べた。さらに、その外交で、信長が謙信にへりくだった態度を通していることにも触れた。同十一年の信長の上洛以後も、信長と謙信の交流は続けられるが、その関係はどのように変化しただろうか。

謙信にとってみれば、長年の仇敵である武田信玄を牽制するために、信長との友好関係を保っておくことが必須条件だった。いっぽうの信長のほうも、元亀三（一五七二）年に信玄と決裂してからは、謙信との連合を強固にして、武田氏の背後を脅《おびや》かしておくことが大切な課題になった（図表12）。

分国が接していなかったので、両者は衝突することはなく、武田氏を共通の敵として手を結んでいたのである。

そのような良好な関係のなかで、信長は謙信に鷹を無心するようになった。これについ

図表12　北陸地方の状況（1575〜1578年頃）

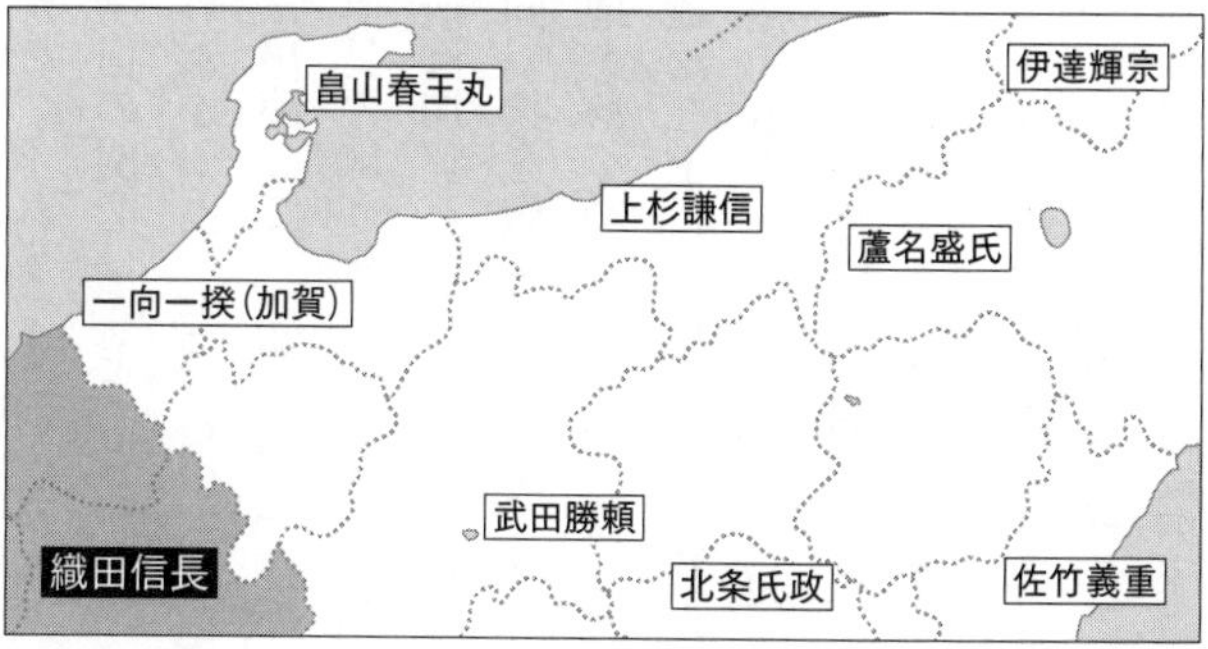

ての史料は多くはないが、対等、あるいは信長のほうがやや格上といった関係に変化しているような印象を受ける。

　謙信から信長への鷹の贈呈は永禄七年に最初のケースが見られるが、まだ信長が下手《したて》に出ている時期なので、「前代未聞、過当至極《かとうしごく》に候。別《べつ》して寵愛《ちょうあい》他に無く候」と最大限の恐縮の気持ちを表現している。その後、信長上洛後の同十二年にも、謙信は「弟鷹《だい》」を贈っている（『伊佐早《いさはや》文書』）。

　謙信の信長への鷹の贈呈は、その後も見られる。元亀二年と思われる、三月二十日付けの謙信あて信長書状には、「よって鷹の儀《ぎ》につきて、度々《たびたび》申し入れるといえども、珍しき鷹これある由《よし》聞き及び候間《あいだ》、重ねて差《さ》し遣《つか》わし候」と書かれている（『上杉家文書』）。珍しい鷹の噂を聞いて無心しているのだが、「度々申し入れる」とあるから、それまでも何度かねだっていることがわかる。

謙信の関心は、どちらかというと関東方面へ向けられており、西方への進出はあまり見られなかった。ところが、元亀年間から天正元（一五七三）年にかけて、謙信は何度も越中に出陣して、加賀一向一揆の軍との戦いを繰り返すようになる。

信長のほうも、天正元年に朝倉氏を滅ぼして、越前にまでその版図《はんと》を広げた。その後、越前は加賀と同じく一向一揆の持ち国になるが、同三年八月、信長は越前に大軍を出して一向一揆を徹底的に殲滅、さらにその勢いを駆って加賀南半国まで侵略した。そして加賀の地をめぐって、一向一揆と一進一退の戦いを繰り返すようになった。

織田と上杉とは、一向一揆が根づいた加賀北部と越中を隔《へだ》てるのみで、ますます領国が近接するようになった。信長と謙信との間柄はたがいに警戒を要するようになったためか、両者の通信は、同三年秋から見られなくなる。

そのような状態の時に、鞆に移った義昭から、さかんに御内書が謙信のもとに届く。早く武田氏・北条氏と和睦して背後の安全を確保し、さらに加賀一向一揆とも講和を結んで、越前へ進出せよ、そのうえで、毛利氏と力を合わせて自分の帰洛を実現させよ、という催促である（『上杉家御家譜』）。

そして、ついに謙信と本願寺との和睦が成った。つまり、上杉と加賀一向一揆との戦いに終止符が打たれたのである。（天正四年）五月十八日付けで加賀門徒と思われる奥政堯《おくまさたか》から謙信あてに返書が送られているから、おそらく四月のうちに和睦が成立したものと思われる（『河田文書』）。

謙信はこの後、義昭の使者を春日山城《かすがやま》に迎え、早く北条氏・武田氏の協力を得て西上の軍を出すように、との催促を受けたという（『上杉家御年譜』）。

謙信との衝突

加賀一向一揆との争いがなくなって、謙信の西方への動きは活発化した。天正四年九月には、越中西部まで軍を進め、諸城を攻略している。

さらに十二月、能登《のと》の七尾城《ななお》を囲んだ。七尾城は、能登守護畠山《はたけやま》氏の居城。しかし、もう畠山氏には実権はなく、老臣たちが争っている状態だった。そこへ謙信が進出しようとしたのである。だが、この時の攻囲戦では、七尾城を開城に追い込むことはできなかった。

同五年閏七月、謙信はまたも、七尾城攻めのため越中に出陣した。七尾城中の親織田派の長《ちょう》氏は、信長に援《たす》けを請うた。

越前一向一揆の掃討戦後の宛行《あてが》いで、北陸には柴田勝家たちの軍団が置かれている。信長はその後、勝家を司令官とする北陸方面軍（図表13）を編成し、加賀の平定戦を委ねた。

謙信が本願寺と講和して能登に進出したのを知り、信長はいよいよ謙信との衝突が近い

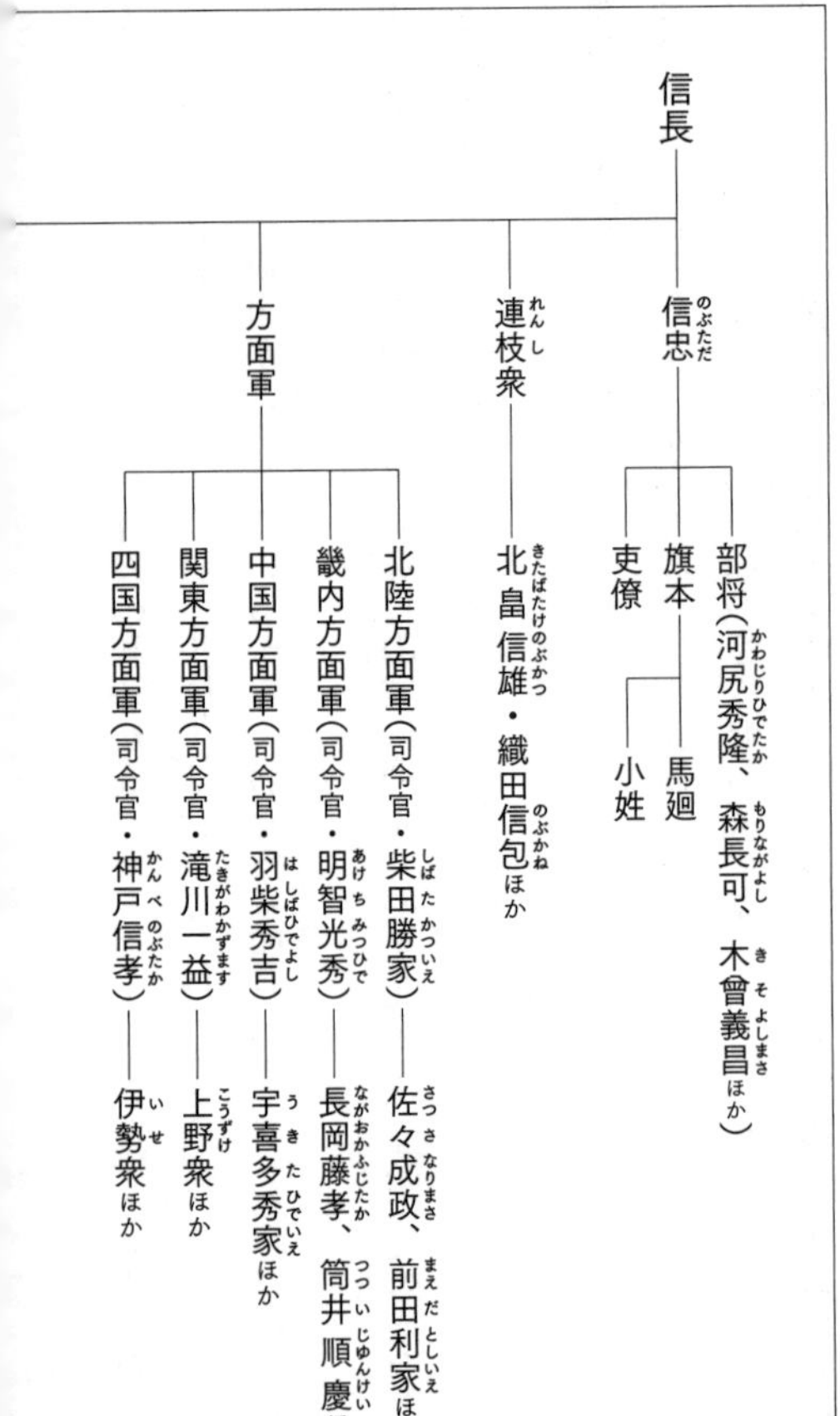

図表13 信長軍の構成

- 遊撃軍
  - 丹羽《にわ》長秀《ながひで》、蜂屋《はちや》頼隆《よりたか》、池田《いけだ》恒興《つねおき》、九鬼《くき》嘉隆《よしたか》ほか
- 旗本
  - 旗本部将（稲葉《いなば》良通《よしみち》、氏家《うじいえ》直通《なおみち》、蒲生《がもう》賢秀《かたひで》ほか）
  - 馬廻《うままわり》（菅屋《すがや》長頼《ながより》、堀《ほり》秀政《ひでまさ》、福富《ふくずみ》秀勝《ひでかつ》、長谷川《はせがわ》秀一《ひでかず》ほか）
  - 小姓《こしょう》（森《もり》成利《なりとし》ほか）
  - 弓《ゆみ》衆（平井《ひらい》長康《ながやす》、中野《なかの》一安《かずやす》ほか）
  - 鉄砲衆
- 吏僚《りりょう》
  - 京都所司代（村井《むらい》貞勝《さだかつ》）
  - 堺《さかい》代官（松井《まつい》友閑《ゆうかん》）
  - その他の代官
  - 奉行衆
  - 右筆《ゆうひつ》
  - 同朋《どうぼう》衆
- 外様《とざま》衆
  - 細川《ほそかわ》信良《のぶよし》、三木《みつぎ》自綱《よりつな》ほか

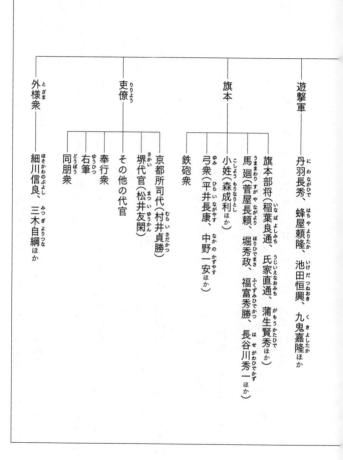

ことを覚悟した。謙信との戦いには、北陸方面軍の兵力だけでは不安である。信長は、滝川一益・羽柴秀吉・丹羽長秀といった有力部将、さらに美濃・若狭の兵をも加えて、北陸へ派遣するのである。

勝家を主将としたこの増強北陸方面軍は、加賀に入ったものの、まもなく足並みが乱れてしまう。付属された部将のひとりである秀吉と主将の勝家の意見が合わず、秀吉が無断で引き揚げてしまうのである。

秀吉の欠けた織田軍はそれでも松任《まつとう》近くまで軍を進めるが、それ以上は敵状もわからぬ、いわば手探り状態になってしまった。それは、加賀の農民たちがことごとく上杉の味方になっているからである。

九月十五日、七尾城内でクーデターが起こり、長氏一族が皆殺しにされた。そして、城は謙信に渡された。謙信は七尾にとどまらず、そこから一気に加賀を南下した。いっぽう、勝家率いる織田軍は、情報不足の不利を悟って退却を始めた。

二十三日、手取《てどり》川の手前で、上杉軍は織田軍をとらえた。川を渡って引き揚げようとする織田軍に上杉軍が襲いかかる。これが、織田と上杉が一度だけ矛《ほこ》を交えた手取川の戦いである。

この手取川の戦いについては、『信長公記』に記載がなく、他の信憑性の高い典拠史料と言えば、謙信が国元の家臣にあてた書状一点のみである。それには、織田軍を攻撃して一〇〇〇人あまりを討ち取り、残った者を川へと追い込んだところ、折《おり》しも川が洪水《こうずい》だったので大勢の人馬が流された、と上杉軍の圧倒的な勝利が誇らしげに述べられている（『歴代古案』）。

だが、上杉氏関係の記録にも記されていないところから考えると、これはさほど目立った戦いではなかったのではないだろうか。謙信のほうも追撃をやめて、じきに七尾に兵を収めている。

伊達輝宗《だててるむね》との連携

信長と上杉謙信との関係はこのようにして破綻を来《きた》したのだが、信長が北陸方面へと勢力を伸ばしている以上、ふたりの衝突は必然的だったと言ってよい。北陸へ進出するにあたって、信長は謙信との衝突に備えた外交的方策を考えていたのだろうか。

信長が謙信への対抗策として考えたのは、出羽米沢の伊達氏と結ぶことであった。伊達氏の当主は輝宗。奥羽のなかでは有力な戦国大名ではあったが、まだ出羽の南部に領地を保っているにすぎない。

その伊達輝宗が信長に音信を通じたのは、天正元年の十月下旬だったと思われる。この年十二月二十八日付けの輝宗あての信長朱印状があり、その文面によると、十月下旬に輝宗からはじめて鷹などの贈品があった様子である（『伊達家文書』）。それ以後、信長と輝宗との間には一年間に一往復程度の交流があったようである。

ところが、天正三年十月には、輝宗の使者がわざわざ名馬と鷹を持参して上京してくる。信長は、その使者を清水寺でもてなしている（『信長公記』）。この時期、信長と謙信との間柄が微妙になってきていることを思えば、伊達氏との関係を深めようという信長の意図があったのかもしれない。

同五年閏七月、謙信が越中に出陣し、信長との衝突があきらかになった。信長は北陸出兵の準備をするいっぽう、輝宗に対しても次の通り協力を要請している。

「謙信の悪逆に就《つ》きて、急度《きっと》追伐を加えるべく候。本庄雨順斎《ほんじょううじゅんさい》と相談《あいだん》じ、別して粉骨専《ふんこつせん》一《いつ》に候」（『伊達家文書』）

本庄雨順斎とは、上杉家の家臣の本庄繁長《しげなが》。以前武田氏に通じて謙信に逆らったことがあり、上杉家に服しきっていない人物である。その本庄と相談して越後を攻めるよう促しているのである。遠交近攻策に併せて、敵の内部を分裂させようという策謀である。

この伊達氏および本庄抱き込み作戦は、成功したとは言えない。上杉氏を牽制するには、当時の伊達氏はまだ力不足だったためであろう。

第四節　西部戦線の苦戦

西部戦線における明智光秀《あけちみつひで》と羽柴秀吉《はしばひでよし》

天正三（一五七五）年という年が信長の「天下人」への躍動の年であることは、第四章で詳しく述べた。そして、「天下人」としての信長の居城が、琵琶湖のほとりに築いた安土城である。

安土城は、「天下人」の象徴としての豪壮さだけでなく、その位置に大きな意味がある。水陸交通の要衝という意味ではない。それ以前に、岐阜に比べて西に位置することである。信長が西方地域の平定を今後の予定に置き、西方をにらんだ結果であるということも頭にとどめておくべきではなかろうか。

これ以後の信長の敵は、まず大坂の本願寺、それを軍事的に支える雑賀衆、さらに京都から近い丹波も信長に服従しきっていない地域である（図表14）。これらのうち、本願寺とはこの年十月に一時的に和睦を結んでいる。

丹波の国衆は、信長が義昭を奉じて上洛して以来、ほとんどが服従するようになった。しかし、その後、国衆に分立の動きがさかんになり、信長の命令が届かなくなっていた。それで、信長は越前の始末が終わった天正三年九月、明智光秀の軍を丹波へと派遣した。丹波の国衆のほとんどはすぐに降参し、敵は奥三郡を支配する赤井氏に絞り込まれていた。光秀の軍はたちまち赤井氏の居城黒井《くろい》城を囲み、丹波平定はスムーズに完了するかに見えた。

ところが翌年一月、事態は一変する。南丹波の有力者波多野《はたの》氏が光秀に背いたのである。敗戦した光秀はいったん京都に退陣し、以後、丹波攻めは長期戦の様相に変化した。

同年四月から五月にかけての本願寺攻めにも、光秀は従軍する。この時は、塙直政が戦死するなど、織田軍が苦戦を強《し》いられた戦いだった。そのうえ、七月には、敵になった毛利氏のため、木津川口の海戦で手痛い敗戦を経験している。

同五年二月、信長は、本願寺を軍事面で支えている雑賀衆を討伐するため、一〇万あまりと言われる大軍を紀伊に出した。この戦いでも、信長の軍はかなり手こずるけれど、三月に一応、雑賀衆の降参の形で和睦が成立する。光秀は戦いに従軍したのみならず、和睦後、監視のため和泉佐野《さの》砦に残し置かれている。

この年八月、北陸では上杉謙信が能登に進攻、柴田勝家を主将とする軍勢が加賀へ派遣された。この軍勢が最後に手取川の戦いで上杉軍に敗れることについては先に触れたが、上杉軍進出に合わせて、大和では松永久秀が信貴山《しぎさん》城に籠って謀反を起こすのである。

図表14 近畿地方の状況（1574～1578年頃）

それに対して、信長は長男信忠を総大将とする軍を大和に送り、久秀を追い詰めて自殺させた。この戦いにも、光秀は従軍している。この通り、光秀は丹波攻めの担当とはいっても、畿内・近国での戦いのほとんどに動員されているのである。

松永討伐戦を終えてまもなく、光秀は再び、丹波に出陣する。これ以後の「第二次丹波平定戦」については、のちにあらためて述べよう。

さて、西国で明智光秀と並んで活躍するのは、羽柴秀吉である。秀吉と言えば、天正五年八月に増強された北陸方面軍から無断で引き揚げ、信長の怒りを買った部将である。ところが、信長は怒りを解いたあと、すぐに秀吉を播磨方面の作戦に用いている。もともと、毛利氏との外交担当は秀吉である。播磨方面が毛利氏との衝突の場になりそうな情勢にあたって、そこに秀吉を派遣するのがもっとも適当な人事と言えるだろう。

十月二十三日、秀吉は播磨に向けて京都を出陣した。播磨に入った彼は、すぐに行動を開始する。国中を駆け回って、国人たちから人質を徴集、たちまちに西端部分を除く播磨全域を押さえてしまった。その勢いでさらに但馬へと出張、だいたいの地域を平定した。

この通り、すさまじい勢いを示した秀吉の播磨・但馬平定戦だったが、丹波での光秀と同様、大きな落とし穴が待っていた。

別所長治《べっしょながはる》の離反

別所氏は、播磨最大の国人である。その領域は東播磨の大部分に及んでおり、国人と言うより戦国大名として扱ってもよいほどである。

別所氏の当主は、長治。まだ二四歳の青年武将である。幼時に家督を継いだ時から、ふたりの叔父、吉親《よしちか》と重棟《しげむね》が後見《こうけん》となり、長治の成人後も引き続き実権を握っていた。重棟のほうはいち早く秀吉に取り入り、信頼を受けたのに対し、吉親のほうははじめから信長・秀吉への不信をつのらせていたという。

天正六年二月頃と思われるが、長治は吉親の強いすすめによって信長を見限り、毛利氏に通じた。別所氏の離反によって、秀吉は、西と東の両面作戦を強《し》いられる形になってしまった。西方の毛利氏が動く前に、秀吉は東へと軍を進めた。目標は別所氏の居城三木《みき》城である。

三木城は、川と高地に囲まれた要害である。そのうえ、周囲には多くの支城があって、主城の三木城を守っていた。

秀吉が支城を攻撃している時、もっとも憂慮すべき事態が起こった。毛利軍が西播磨に進出し、上月《こうづき》城を囲んだのである。上月城には、客将の尼子勝久・山中鹿介が入れ置かれていた。秀吉は今度は西へ動き、上月城の後巻きに向かった。摂津の支配者荒木村重も同陣した。

秀吉と村重の軍は、毛利軍としばらく対陣していたものの、ただ日にちを送るばかりで思い切った行動に出られなかった。それを見て信長は、長男信忠を主将とする応援軍を播磨に派遣してくれた。従軍する部将は佐久間・滝川・丹羽・明智など錚々《そうそう》たる顔ぶれ、数万もの大軍である。だが、彼らは西播磨へは進まなかった。東播磨にとどまり、別所の支城を攻撃したのである。

毛利軍と決戦して上月城を救いたい秀吉は、わざわざ京都まで出向いて、直接信長に要請した。だが、信長の返答は次の通りであった。

「策《さく》もなく上月城の後巻きをしても致《いた》し方《かた》あるまい。荒木ともども軍を引いて、他の者と一緒に三木方面の攻撃を行なえ」

冷ややかではあるが、現実的な作戦と言えよう。上月城はこうして見捨てられ、尼子勝久と山中鹿介は、無念の最期を遂げることになる。

信忠を総大将とする大軍団は、三カ月近くも東播磨にとどまって、別所氏の有力支城二カ所を落とした。だが、主城の三木城は残したまま引き揚げてしまった。その後の播磨の戦線は、秀吉の軍団が単独で担わざるを得なくなった。

秀吉は、三木城に対して兵糧攻めの作戦を採った。支城のうちの主なものはすでにない。毛利軍が東播磨まで出張してこない限り、後巻きされることはない。秀吉は、各部隊を分けて包囲態勢を固めたのである。

荒木村重《あらきむらしげ》の謀反《むほん》

荒木村重はもともと摂津の地侍出身で、摂津守護のひとり池田氏に仕える身であった。それが、池田家のなかで力を伸ばし、家中を牛耳《ぎゆうじ》るまでになった。

信長と将軍義昭の対立のなかで、主君の池田氏は義昭方について没落していったが、村重は信長に味方することによって摂津のほぼ全域の支配を任されるまでになった。その居城は摂津一の城、有岡城《ありおか》（元・伊丹《いたみ》城）であり、柴田勝家・佐久間信盛たち譜代衆と比べても遜色ない待遇だったと言えよう。その村重が謀反を起こすのである。

村重の謀反の噂が信長の耳に届いたのは、『信長公記』によれば、天正六年十月二十一日だった。「そんなばかな、なんの不足があるというのか」、信長はなかなか信じなかったという。すぐに糾問使《きゆうもんし》を遣わして村重に問《と》い質《ただ》すと、村重は事実無根である旨、弁明した。

すこし下って書かれた覚書《おぼえがき》の『立入宗継記《たてりむねつぐき》』によると、まったくの噂にすぎなかったのだが、弁明のために安土に向かう途中に立ち寄った茨木《いばらき》城で、中川清秀から「信長に一度疑われたら赦《ゆる》されることはない」と説得されて有岡城に戻り、謀反に踏み切ったと言われている。

しかし、この説は誤りである。なぜかというと、信長が噂を耳にする以前に、村重が本願寺と通信している証拠があるからである。

それは、天正六年十月十七日付けで村重・村次《むらつぐ》父子にあてた、顕如の起請《きしょうもん》文である。全三カ条より成るが、その第一条で、村重よりの通信を感謝したあと、信長滅亡後も友好は変わらないことを誓い、第二、三条で、村重の知行地を尊重することなどを誓約している(『古文書集』)。この日付けより少なくとも数日は早く、村重方から本願寺へ通信があったことはまちがいなかろう。

さらに次のような史料も見られる。同年五月晦日付け、上月城攻囲中の吉川元長《もとなが》(元春の子)が国元のなじみの僧にあてた書状に載せた狂歌である(『吉川家文書』)。

「あらき(荒木)弓、はりま(播磨)のかたへおしよせて、いるもいられず引《ひく》もひかれず」

この時、村重は羽柴秀吉とともに上月城の後巻きとして吉川軍と対峙していた。その様子を見た元長が、織田・毛利の二股《ふたまた》をかけている村重を皮肉《ひにく》った歌である、と解釈するのは読みすぎであろうか。

村重の謀反の意思が固いと知った信長は、素早く行動を起こす。十一月三日に安土城を出発して京都に入り、すぐに村井貞勝を禁裏に遣わして、一時的に本願寺と講和を結ぼうとしたのである。丹波攻めは膠着《こうちゃく》状態、播磨では別所氏が離反、それに加えて摂津で村重が謀反ということになれば、さすがの信長も自力の打開策が見つからなかったのだろう。ひとまず天皇の権威を借りて、足元だけでも安全にしようという作戦である。

勅使を迎えた顕如はこう答えた。「本願寺はこれまで毛利氏と一緒になって信長と戦ってきました。自分だけ講和に応じるわけには参りません。毛利氏も講和に応じるというならば、勅命に応じましょう」

情勢が好転しているだけに、本願寺のほうが主導権を握っているのである。信長は、しかたなく毛利氏あての勅使をも依頼した。

ところが十一月六日、情勢が変化する。この日、毛利方の軍船《いくさぶね》が大坂湾に姿を現わした。堺に停泊していた織田水軍がそれを迎え撃つべく出航した。二年前から信長が九鬼嘉《くきよし》隆《たか》に命じて建造させていた、鉄張《てつば》りの大船による船団であった。大鉄砲《おおでっぽう》と呼ばれた大砲をも装備していた。

水軍同士の戦いはしばらく一進一退の展開だったが、最後、大鉄砲が威力を発揮することによって、九鬼水軍の勝利に帰した。これが、第二次木津川口の海戦である。

木津川口の海戦の勝報《しょうほう》を聞いて、信長は九日に京都を出陣、南方に向かった。目標は有岡の支城である高山重友の高槻《たかつき》城、中川清秀の茨木城である。

十六日に高山、二十四日に中川が信長本陣を訪れ、降参の意思を表わした。もう勝利は見えた、信長はそう判断して、朝廷に使者を遣わし、毛利氏への勅使派遣の依頼を取り下げるのである（『立入宗継記』）。信長の真意は、できるだけ朝廷の世話にならずに戦いを終結させることだった。

第五節　北陸方面の戦いと外交

謙信の死と上杉家の内紛

天正五（一五七七）年九月、手取川の戦いで織田軍を撃ち破った上杉謙信だったが、深追いはせずに越後へと引き揚げていった。九月下旬という季節を考えれば、北陸を本拠とする謙信は長く出張するわけにいかなかったのだろう。

十二月二十三日、謙信は自らの筆で当時自分に従っている武士たちの名簿を作成している。『上杉家文書』に収められた「上杉家中《かちゅう》名字《みょうじ》尽《づくし》」がそれである。そこには、越後・越中・能登・加賀の武士の名が大勢連なっている。領土的野心が乏《とぼ》しいと評されることの多い謙信だが、この頃は西方へ向かってさかんに領国の拡大に努めている。

しかし、謙信の西方への動きはここで終わった。謙信は翌年三月十三日、居城春日山城において病死してしまうのである。その死は急に訪れたものであり、死因は脳溢血《のういっけつ》という説が有力である。

生涯独身を貫いた謙信には、実子がいない。そのため、養子であるふたり、景勝《かげかつ》と景虎《かげとら》が家督をめぐって戦い続けるという事態になる（御館《おたて》の乱《らん》）。しかも、その争いが一年近くも続くのである。

謙信の死と上杉家の内紛は、信長にとってまさに僥倖《ぎょうこう》であった。このチャンスをとらえて、上杉氏の勢力範囲に取り込まれていた北陸地域へ進出を企《くわだ》てるのである。信長が進出しようとした北陸の国々とは、加賀・能登・越中の三国である。信長は、どのような作戦のもとに進出を企てたのだろうか。

北陸平定戦

加賀に関しては、柴田勝家を司令官とする北陸方面軍が加賀一向一揆と戦闘中である。一時は謙信のためにせっかくの征服戦が頓挫《とんざ》しそうになったが、それでも加賀南部は確保して、一揆との戦いを繰り返していた。謙信という邪魔者がいなくなったからには、そのまま一揆との戦いを続行させるべきである。

越中に関しては、利用できそうな人材が信長の懐《ふところ》にいた。神保長住《ながすみ》という男である。越中の守護は、十五世紀初頭から畠山氏が務めている。しかし、戦国時代を経て、もう畠山氏の統率力はなくなっており、守護代の神保氏と椎名《しいな》氏が並立して国人たちを率いるという形だった。

しかし、その後、上杉謙信が越中に進出し、国人の大部分を支配下に置くようになった。実質上、越中は上杉氏の支配下にあり、松倉《まつくら》城に入れ置かれた上杉の部将河田長親《かわだながちか》が越中を統括するという体制がとられていた。

神保長住は、越中守護代神保氏の嫡流である。ところが、彼は父の長職《ながもと》と対立して、国元を追い出されてしまった。その後、京都あたりを浪々《ろうろう》した末、信長のもとに身を寄せていたのである。彼は父が死んだことを知り、越中への帰還を切望していたのであった。

天正六年四月七日というから、信長が謙信死去の情報を得てまもなくだろう。長住は信長に呼ばれて軍資金を渡され、越中に入ることを命じられる。長住は勇躍《ゆうやく》越中に帰還し、旧来の縁をたどって活動を開始した。越中国衆を信長方へと誘降することに努めたのである。そして、何人かの有力な国人を上杉氏から引き離すことに成功する。

しかし、神保の力だけではそれが限界であった。ここで信長は、さらに軍事的な作戦に出た。信忠軍団に属する斎藤利治《としはる》たち美濃衆を、越中に派遣するのである。利治は、斎藤道三の息子と言われる。信長の美濃平定前から信長に仕えており、加治田城主として美濃中部の有力者であった。

利治たち美濃衆の軍は、飛驒《ひだ》を経由して越中に入った。そこで神保と合流すると、上杉軍の根拠地の今泉《いまいずみ》城を攻撃した。そして十月四日、巧みに上杉軍を月岡野《つきおかの》の地まで誘い込むと、さんざんに撃ち破ったのである。この勝利によって、織田軍は越中に足がかりを作ることができた。

能登でも、地元出身の武士が敢闘する。謙信の七尾城攻めの時、城内で皆殺しにされた長氏一族の生き残り孝恩寺《こうおんじ》宗顓《そうせん》である。宗顓は、信長への救援依頼の使者に立てられていたため、難を逃れたのであった。彼は一族を殲滅された恨みを胸に秘めつつ、還俗《げんぞく》(出家して僧侶になった者が俗人《ぞくじん》に戻ること）して長好連《ちようよしつら》（のちに連龍《つらたつ》）とあらため、七尾城奪回の機会をうかがっていたのである。

謙信の死を聞いて、好連は活動を開始する。旧家臣たちを糾合して、能登に拠点を作ろうとしたのである。しかし、敵に囲まれている状態では、旧領回復も困難を極めた。

好連の頼みの綱は信長である。しきりに通信して、来援を要請している。信長はきちんと返書して、近いうちの援軍を約束し、能登で苦労している味方の心を繋ぎ止めることに努めているけれど、なかなか約束通りに援けることができない。それでも、好連は天正八年に北陸方面軍の勢力が能登に届くようになるまで、執念で持ちこたえた。

こうして、越中および能登では、地元出身の国人が信長のために大きな役割をはたすのである。東国政策における小笠原貞慶と同様、旧族とのつながりが役に立ったケースと言える。

外交による上杉氏攻撃

西方から上杉氏の領土を侵略するいっぽう、信長は外交政策も併用して、上杉氏を追い詰めようとしている。まず、伊達氏との連携をより強めようとした。

信長は北陸方面軍司令官の柴田勝家を、あらためて対伊達氏の外交担当にした。（天正六年）五月三日付けで、勝家は伊達氏の老臣遠藤基信《えんどうもとのぶ》に書状を送り、挨拶方々《かたがた》北陸の平定の様子について報告している（『建勲神社文書』）。

その後、十月十五日付けの信長側近大津長昌《おおつながまさ》からの遠藤あて書状によると、伊達氏が越後との国境に出兵して上杉氏を脅かした様子である（『斎藤報恩会博物館所蔵文書』）。上杉家では、家臣たちも景勝派と景虎派の真《ま》っ二《ぷた》つに割れている時期であり、とても領国の東端にまで対応できなかったであろう。

信長の謀略は、謙信の死と上杉家の内紛に付け込む形で、上杉氏の家臣の取り込みにまで及んだ。しかも、誘った相手は、重臣で越中の最高責任者河田長親なのである。

謙信の死からわずか一カ月半しかたっていない四月晦日、信長家臣で古くから上杉外交を担当していた佐々長穐《ながあき》は、越中国人の若林助左衛門尉《わかばやしすけざえもんのじょう》に書状を送り、河田ともども信長に味方するよう勧誘している（『上杉古文書』）。

河田はその誘いを蹴《け》り、若林とともにあらためて景勝に忠誠を誓ったという（『上杉家御家譜』）。河田は、謙信に見出されて仕えるようになった家臣であり、代々仕えてきた古い家柄ではない。信長はそこに付け込もうしたのだろうが、成功はしなかった。

第六節　西部戦線の進展と外交

丹波《たんば》・丹後《たんご》の平定

天正五（一五七七）年十月、大和の松永久秀の討伐を終えたあと、光秀は再び丹波に向かった。第二次丹波攻めの開始である。今度の主敵は、赤井氏に加えて波多野氏。ただし、赤井氏は重鎮だった赤井直正が病死してから、力を失っていた。光秀は丹波の国人たちをどんどんと降参させて、波多野氏の本拠八上《やかみ》城を囲んだ。

八上城が開城したのは、同七年六月一日である。城内では大勢が餓死しながらも、城主波多野秀治《ひではる》は降参しなかった。光秀は、城兵に対して働きかけた。その「調略」が功を奏して城内で謀反が起こり、城主とその弟ふたりが捕らえられ、差し出されたのである。このような戦法は、攻囲戦の最後の場面でよく用いられる。敵の破れかぶれの防衛戦で被害をこうむることを防ぐ意味があるわけである。

捕らえられた波多野兄弟三人は、まず京都に送られて洛中を引き回され、最後は安土に護送されて磔にかけられた。波多野の場合、反抗の場所が京都に近いことと、長期にわたって反抗を続けたことが、信長としては特別に赦せなかったのだろう。世間にその罰をしっかりと訴える必要があったのである。

同年八月には、赤井忠家《ただいえ》も城を捨てて逃亡することによって黒井城も落ちた。光秀は、丹波の残る小敵を従わせることに並行して、長岡（細川）藤孝と一緒に丹後の平定も進めた。

そうした仕事を終えて、十月二十四日、安土まで行って信長に丹波・丹後両国の平定を報告するのである。思えば、丹波攻めが開始されてから四年が経過している。その間、光秀は遊撃軍として摂津・播磨の陣にも派遣された。まさに苦闘の末の成果であった。

有岡《ありおか》城と三木《みき》城の開城

摂津有岡（伊丹）と播磨三木とは、四〇キロメートルと離れていない。その二カ所で包囲戦が続いている。また、有岡と大坂との距離もわずか十数キロメートルである。信長は、この三カ所の攻囲戦を連動させる作戦を採った。

とはいっても、重点を置いたのはあくまでも有岡城攻囲戦であり、そこには信忠を主将として大勢の部将が動員されていた。それに対して、三木城を常時囲んでいるのは羽柴秀吉の軍団だけ、大坂の本願寺攻めは大軍団とはいえ佐久間信盛の軍団単独の仕事である。ただ、本願寺が完全に守勢に徹しているので、佐久間軍団は余裕がある。時々、有岡攻囲軍や佐久間軍が播磨まで動いて、三木方面の作戦を手伝うこともあった。

摂津と東播磨の戦線は、天正七年前半期は膠着したままだった。九月早々に有岡のほうに動きがあった。荒木村重がわずかの供《とも》のみを連れて有岡城を忍び出、息子の村次が守る尼崎城《あまがさき》に移ったのである。

尼崎城には、毛利氏の部将桂元将《かつらもとまさ》が援軍を率いて入っている。村重は、桂を通じて毛利氏の来援を請願するつもりだったに違いない。毛利氏が後巻きしてくれなければ、絶対に勝てない戦いなのである。しかし、村重の身を捨てた（結果的には一族や城兵を捨てることになった）行動も、毛利氏を動かすことはできなかった。

有岡城救援には現われなかった毛利軍だが、三木城のほうにはやってきた。同じ九月、毛利軍に本願寺軍も加わった一隊が、三木攻囲軍の一角を襲ったのである。結局、秀吉の軍が駆けつけてこれを追い返し、ますます攻囲を強めて本格的な兵糧攻めに入った。

城主のいなくなった有岡城のほうでは、攻囲軍による調略が行なわれた。織田軍の部将のひとり滝川一益が、城内の足軽大将四人を裏切らせたのである。攻囲軍は惣構えのなかに攻め込み、町に火を放って本城へと迫った。荒木の老臣たちはもう抵抗をあきらめ、開城をめぐって信長との交渉に入った。その結果、村重自身の出頭と支城の尼崎・花隈《はなくま》を明け渡す代わりに城兵およびその妻子を助命する、ということで開城が決まった。

十一月十九日、有岡城は開城された。老臣たちは妻子を人質として城に残し、尼崎に向かった。そして、村重にその条件を伝えた。ところが、村重は信長に降伏することを拒否したのである。

その後の荒木一族郎党の凄惨《せいさん》な処刑については、詳しくは語るまい。家臣とその妻子一二二人は磔、軽輩《けいはい》たちとその家族五一二人は家に閉じ込められたまま焼き殺された。最後には、村重の妻をはじめとする親族一六人は、京都六条河原で斬首《ざんしゅ》されるのである。信長はこのような裏切り行為に対しては苛酷《かこく》さを発揮する。そして、とかくそうした一面だけが、信長という人物の性格とされてしまいがちである。

さて、三木城のほうも終局が近づいた。年があらたまって正月早々、秀吉軍が城内まで攻め込んだ。長い兵糧攻めのため、戦う体力もなくなった城兵はほとんど抵抗もできず、次々と郭《くるわ》が占領されていった。本丸ひとつに閉じ込められた城主別所長治は、秀吉に降伏を申し出た。自分と弟、叔父の三人の切腹を条件に城兵の命を助けてほしいという要望だった。秀吉はそれを承知した。

正月十七日、長治たち三人は切腹、約束通り城兵たちは解放された。三木城攻めは二年間近くもかかったが、最後は城主の決断によって悲惨な結末を見ずに終わったわけである。

宇喜多直家《うきたなおいえ》の投降による情勢の変化

播磨における別所の離反、摂津の荒木の謀反が長引《ながび》き、天正六年から七年、信長の苦戦が続いた。なかでも、播磨にあって中国方面の軍事を担当していた羽柴秀吉にとっては、東西両面に敵を控えた絶体絶命の時期だった。そうした状態を救ったのは、宇喜多直家であった。天正七年に彼が投降したからこそ、信長の対毛利氏の戦いが一気に優勢に転じたと言ってよかろう。

先に見た通り、直家は毛利・宇喜多ラインを形成して、織田・浦上ラインと対立する存在であった。天正四年に信長と毛利氏との戦いが本格的に開始されても、直家は毛利方から離れなかった。それは、浦上・別所・小寺・赤松などの播磨衆、但馬守護の山名韶熙《あきひろ》といった直家の敵対者たちがみな、この時期信長に服従していたからであろう（『信長公記』

『吉川家文書』）。

直家は、毛利氏の先鋒として西播磨において確実に実績を挙げていったが、同五年十月に羽柴秀吉が播磨に派遣されてきてから、いささか情勢が変わった。西播磨でいくつかの城を落とされて、守勢に回ってしまったのである。それでも同六年の上月城攻めの時には、毛利方として攻囲戦に参加している。

しかし、その頃から直家の態度に変化が表われたという。そして、毛利方の陣には加わらなくなった。秀吉の何度にもわたる説得の結果なのだろうが、投降後も信長の赦免がなかなか下《お》りなかったのを見ると、信長の意思と関係ないところで秀吉が勝手に動いた策略だったようである。

直家が毛利氏を離れて信長方につくという姿勢を明確にしたのは、翌年三月のことであった。毛利方である美作の後藤元政《もとまさ》の居城三星《みつぼし》城を攻撃した。そして、五月に攻略する。

まだ三木城攻囲戦が片づかない秀吉にとって、宇喜多の投降はまさに救いであった。九月四日、安土に赴いて信長に直家赦免の朱印状を請うた。ところが、信長はその秀吉の独断を叱りつけ、追い返してしまうのである。信長は、宇喜多直家という人物をいまだに信用しきれなかったのである。

十月になって信長は、ようやく直家の降《こう》を受け入れた。直家は十月三十日、有岡の陣にいる信忠に甥の基家《もといえ》を遣わして、帰参の礼を行なっている。

これ以後、直家は逆に織田方の先鋒として、備前・備中・美作で毛利軍と戦う形になる。特に美作では、秀吉の軍の応援も受けず、単独で毛利方と互角の戦いを展開する。大敵を相手にして、賞賛に値する戦闘力と言えるだろう。

第六章

全国統一の進展と外交

第一節　本願寺《ほんがんじ》との最終的講和

本願寺の開城

第五章で述べた通り、本願寺や毛利氏と通じて信長に反抗していた者たちが次々と鎮められてしまった。大坂湾の制海権も織田方の水軍が押さえている。本願寺が次第に追い詰められていることは、誰の目にもあきらかだった。この形勢になって、天正七（一五七九）年の十二月頃から、和談の話が出てくるようになる。

最初に動いたのはどこだったのだろうか。本願寺ではない。本願寺はかなり追い込まれてはいたけれど、まだ寺内には顕如の長男教如をはじめとする抗戦派が大勢いて、城内の意向が一本化されていない。そう考えると、やはり信長のほうだろうか。

信長が朝廷に働きかけ、すぐに朝廷が仲介役として動き出したということだろう。信長としては、本願寺を教団ごと潰《つぶ》してしまおうなどという考えはない。この際、力攻めにして犠牲を払うよりも、和談によって解決できれば、それに越したことはないのである。軍事的には圧倒している状態なのだから、和睦の条件もかなり無理押しが利《き》くだろう。力攻めを考えるのは、それからでよいのである。

翌年三月、信長から和睦の条件が示された。その条件をまとめると、次の通りである

①教団の維持を認め、末寺《まつじ》の地位も保障する。
②その代わり、七月の盆《ぼん》(この年は十四日)までに大坂の地を信長に引き渡す。
③退城以降、落ち度がなければ、南加賀二郡(江沼《えぬま》・能見《のみ》郡)を本願寺に返還する。
(『本願寺文書』)。

勅使として近衛前久《このえさきひさ》・勧修寺晴豊《かじゆうじはれとよ》・庭田重保《にわたしげやす》が大坂へ派遣され、閏三月五日、和睦が成立した。まる一〇年間に及ぶ信長対本願寺の戦い(石山合戦《いしやまがっせん》)の終結であった。

しかし、この段に至っても、教如はまだ和睦に反対を貫いており、雑賀衆もそれに同調していた。教如は、信長がはたして約束を守って教団の存続を許してくれるのか疑問だったのである。彼は、父の意向を無視して諸国の門徒に檄文を飛ばし、籠城する覚悟を伝えている。

顕如は息子と雑賀衆を説得できないまま、四月九日、約定《やくじょう》に従って大坂の本願寺を出て、紀伊鷺森《さぎのもり》に移った。信長は大坂への通路の封鎖を解き、地方で本願寺の末寺や一向一揆と戦っている部将たちに、停戦するよう命令を下した（『南行雑録《なんこうざつろく》』）。

佐久間信盛《さくまのぶもり》の追放

信長と本願寺が交わした和睦条件では、大坂の地の引き渡し期限は七月十四日となっている。しかし、七月に入っても、教如はまだ籠城を続けた。はじめは静観《せいかん》していた信長も、その強硬ぶりを見て、ついに一戦を交えることを考えた。

まさに期限当日に当たる七月十四日、信長は上洛した。そして、兵を奈良に派遣した。大和の筒井順慶《つついじゆんけい》に動員を命じ、そのほか伊勢にも軍勢を大和に集結させるよう命令を下している（『和田信夫《わだのぶお》氏所蔵文書』『多聞院日記』）。

このように臨戦態勢を整えながら、教如との交渉が続行された。その結果、本願寺の明け渡しの日にちは八月十日まで延期され、あらためて信長と教如との間に和睦の条件が取り交わされた。

七月十七日付けの教如あての信長の発した条々《じょうじょう》（箇条書きにされた文書）と起請文があ

るが、信長のほうから人質を出したり、末寺の安全、城下の町人の居住を保障したり、何よりも「大坂退城以後、如在《じよさい》なきにおいては（落ち度がなければ）」という条件つきながらも、加賀の還付を約束されていることが目を引く（『本願寺文書』）。

反抗的な態度を継続してきた教如を相手にして、信長のあまりにも寛大な態度に驚かざるを得ない。信長としては、ともかくこの際、戦いになることは避ける方向で交渉を進めたかった。軍勢は用意したものの、攻撃命令を出すことはぎりぎりまで控えたのである。

八月二日、ようやく教如は本願寺を退出した。籠城していた雑賀衆たちも、陸上・海上を蜘蛛《くも》の子《こ》を散らすように逃れ去った。

ところが、彼らが退出した直後、本願寺は炎に包まれた。退去後に火災が起きるようしかけておいたらしい、とは多聞院英俊《えいしゆん》の推測である。彼の言う通り、強硬派のせめてもの腹いせだったのかもしれない。だが、この行為は、おそらく「退城以降、落ち度がなければ、加賀二郡を返還する」という約束を反故にする口実となったであろう。加賀は結局、本願寺に返還されなかったのである。

八月十五日、信長は大坂に下って、無残に焼け落ちた本願寺の跡を検分する。そしてその地で、佐久間信盛と息子の信栄《のぶひで》にあてた折檻状《せつかんじよう》をしたため、追放してしまうのである。

佐久間父子折檻状は、信長の自筆であるといい、なんと十九カ条から成る長文の文書である。そこには、父子の過失がいろいろと取り上げられているが、もっとも重大な罪とされているのは本願寺攻めの怠慢であった。

「戦うこともせず、かといって調略の方法を執るわけでもなく、ただ砦をかまえて何年も囲んでいれば、相手は坊主だから、そのうち信長の威光によって降参すると考えて、手を抜いていたのだろう」

確かに佐久間の率いる大坂方面軍は、本願寺を包囲するだけで、まったく戦わなかった。しかし、佐久間を追放する本当の理由は、もっと深いところにあったようである。

天正《てんしょう》八年という画期《かっき》

本願寺との一〇年にわたる戦いに終止符を打った天正八（一五八〇）年は、信長の統一戦の歴史のなかでは、ひとつの画期となる年である。

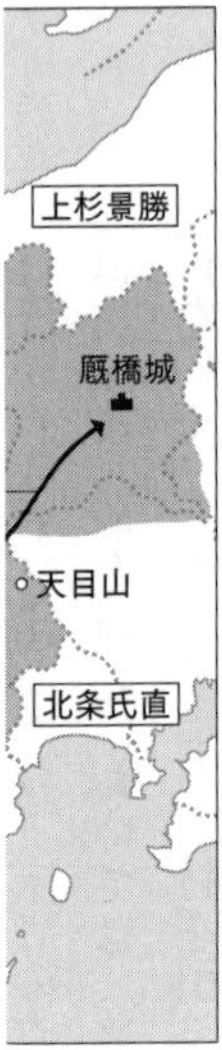

惨劇を展開した長島・越前の一向一揆、朝倉・浅井氏との執拗な戦い、武田信玄との対決、将軍義昭との戦い、

図表15 全国統一の進展(1580〜1582年頃)

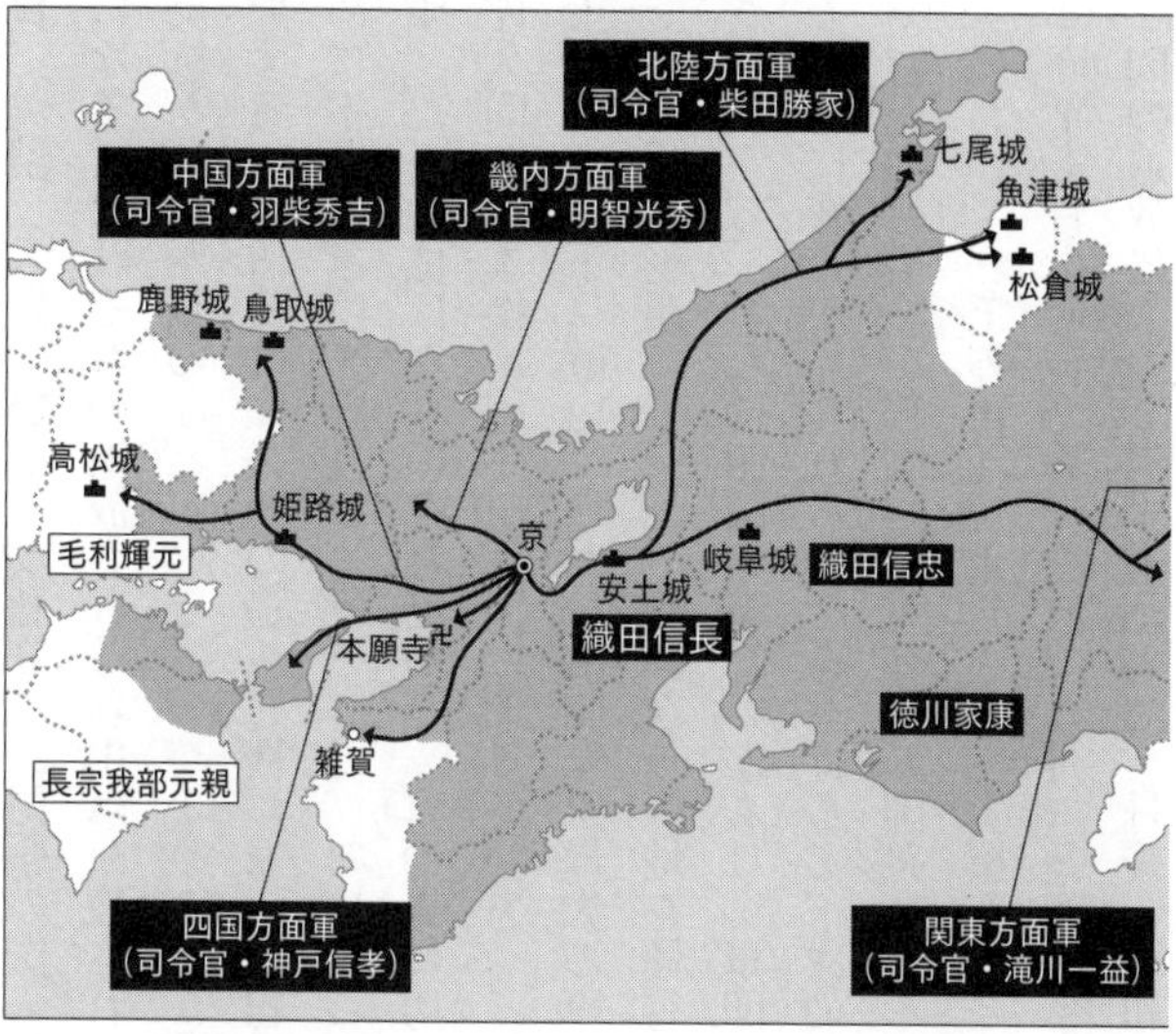

雑賀攻め、北陸平定戦、毛利氏との対決——どの戦いをとっても本願寺が関係していた。長い間、反信長のフィクサーを務めてきたのは、本願寺顕如にほかならない。その組織力は、将軍の肩書きのみにすがっている足利義昭などとは比較にならなかったであろう。

そのような大敵を降《くだ》したという意味で、天正八年という年は信長にとってひとつの画期である。しかしもうひとつ、信長の家臣団が大きく組織替えをした年でもあると言える(図表15)。

教如が退去したあとに信長が追放した家臣は、佐久間父子だけではない。長い間織田家の家老職を務めていた林秀貞、美濃三人衆のひとり安藤守就《もりなり》、尾張の国人丹羽氏勝《うじかつ》も同様に追放の憂《う》き目《め》を見ることになる。それぞれの追放される理由は公表されているが、なかには林のように二四年前の反抗がけしからんなどという言いがかりとしか思われないのもある。

要するに、信長は佐久間の追放を機に家臣団組織を編成替えしようと思い立った、そのために不要の家臣を整理しようとした、ということだろう。林などはもう老齢で役にも立たず、ただ地位ばかりの存在だから、真《ま》っ先《さき》に切られたわけである。

佐久間は、本拠地尾張・三河に領地を持ち、そのほか近江・大和・河内・和泉・紀伊の武士たちを麾下《きか》に置いていた。織田家臣最大の軍団長だったと言ってよい。林と丹羽は尾張で、安藤は美濃で、それぞれかなりの地を領有する勢力家であった。彼らが同時に消滅したことから、新たに領国の宛行いがあり、軍団の組み直しも行なわれた。

この時に変化が見られることを挙げると、次の通りである。

①信忠は、早くから尾張と東美濃の国衆による軍団を統率していたが、尾張・美濃両国において、その軍団がより大きく発展したこと。

②同年七月に明智光秀に丹波、八月に長岡藤孝に丹後の領有が認められていたが、佐久間の追放によって、光秀が丹波・丹後・大和の軍団を指揮する「畿内方面軍」と呼ぶ

べき大軍団の統率者に昇格したこと。

③同年八月中に、羽柴秀吉に播磨一国が正式に宛行われ、「中国方面軍」と呼ぶべき大軍団が発足したと思われること。

こうして、この天正八年後期に、信長家臣団が変化を遂げたわけである。

第二節　武田氏討伐と関東・奥羽《おうう》との外交

高天神《たかてんじん》城攻め

遠江の高天神城は天正二（一五七四）年以後、武田方になっていたが、武田氏の衰えにともない、徳川軍がその近辺へ進出するようになった。そして、同八年頃より、家康の高天神城包囲戦は本格化した。徳川軍がしっかりと包囲して兵糧攻めにかかったのに対し、武田軍は後巻きする余力もなくなっている。

高天神城が落城したのは、翌年の三月二十二日だった。夜になって城方のほうが打って出たが、結局は城将岡部元信《おかべもとのぶ》以下ことごとく討ち取られてしまったのである。

この高天神城攻防戦は、徳川氏と武田氏の戦いである。かれこれ七年ほども両者は戦い続けてきた。最後の戦いも、徳川氏の攻撃軍対武田氏の守備隊との戦いだった。ところが、この包囲戦の最後の段階で、信長がはっきりと姿を現わすようになるのである。

包囲戦も大詰めの段階に入った天正八年十二月二十日、信長から陣中見舞いの使者がやってきた。猪子高就《いのこたかなり》・福富秀勝《ふくずみひでかつ》・長谷川秀一《はせがわひでかず》・西尾義次《にしおよしつぐ》の四人である。いずれも、信長の馬廻で側近であった。家康は、三河衆を連れて小笠《おがさ》まで出迎えた。使者たちは翌々日に帰国する。家康は、老臣酒井忠次をともなって浜松まで送っている（『家忠日記』）。

使者の報告に応じて、信長は年が明けるや高天神城攻めの陣に援軍を派遣した。尾張に本拠地を置く水野忠重・水野守隆《もりたか》・大野衆《おおのしゅう》、いずれも信忠軍団に所属する者たちである。

高天神城攻めについての信長の意思は、正月二十五日付けの水野忠重あての朱印状のなかで明確に示されている。これによると、城方から矢文で、城兵を助命するならば高天神城だけでなく近接する小山《こやま》城・滝堺《たきさかい》城も開城する、という申し出があったらしい。それに対して、信長は次のように水野に命じている。

「自分は一、二年中に駿河・甲斐に攻め込むつもりである。もし高天神方面に勝頼が出陣してくるならば、手間が省ける。また、勝頼が高天神城をこのまま見捨てたならば、国元の信頼がますます落ち込むことだろう。いずれにしても、ここで高天神城の降伏を受け入れないよう家康を説得せよ」(『水野家文書』)。

水野たちを高天神の陣へ送ったのは、援軍というよりも家康の目付《めつけ》を務めさせるためだったようである。

武田勝頼の信長への和睦呼びかけ

家康の戦いである高天神城攻めにおいて、信長は家康の上に立った形で戦いを自分の意思通りに決着しようとしている。それは、武田氏を徹底的に打ちのめすことである。

しかし、この一年ほど前、信長と武田勝頼との間に和睦の動きがあったことも知られるのである。(天正八年)閏三月二十三日付けで柴田勝家が小笠原貞慶にあてた書状のなかに、「甲州(武田氏)より御侘《おわ》び言《ごと》の使者、御馬《おうま》・太刀、去年よりあい詰めるといえども御許容《ごきょよう》なきに候」と書かれている。つまり、前年から勝頼が講和のための使者を遣わしているのに、信長が対面すら許さないということである(『書簡并証文集《しょかんならびにしょうもんしゅう》』)。ことの経緯は、いったいどういうことなのだろうか。それを知るには、上杉家の内紛から語らねばならない。

上杉謙信の死後、ふたりの養子景勝と景虎の跡目《あとめ》争い、つまり御館《おたて》の乱《らん》が起こったことについては前述した。景虎は北条氏政の実弟である。当然、北条氏は景虎を支持した。勝頼は最初、景虎を支援していたものの、途中から景勝支援に切り替えて、北条氏を敵に回してしまった。

北条氏は信長と結び付いたため、武田氏は東西から挟撃される形になった。勝頼の支援した上杉景勝は最後に勝利したけれど、一年近くも続いた内紛のせいで勢力を著しく疲弊させていた。勝頼の払った代償は大きかったのである。

ここで勝頼が考えたのは、思い切って信長に和睦を働きかけようという策であった。北条氏と対立状態にあった常陸の佐竹氏に仲介を頼み、信長に打診してもらったのである。天正七年の終わり頃と思われる。このような経緯で、信長のもとへの使者派遣となったわけだが、信長は一応佐竹の顔を立てただけで、武田との和睦交渉は取り合わなかった。

勝頼は最後の切り札として、御坊丸を信長に送り返すことを決めた。御坊丸とは信長の四男である。元亀年間に岩村遠山氏の養子にされたが、岩村開城によって甲斐の武田氏のもとに移されていた。それから七年あまり、すでに元服して「源三郎《げんざぶろう》信房」と名乗っていた。

武田氏の研究家平山優《ひらやまゆう》氏の研究によると、信房が父信長のもとに送還されたのは、天正八年のことだった。しかし、信長はしばらく我が子に会おうとせず、父子の対面が実現したのは、送還されてから一年半以上たったと思われる同九年十一月のことだったという。平山氏は、それまで信房は武田氏との和睦交渉の窓口役を担っていた、と推測している（平山氏二〇〇五年論文）。

高天神城攻めに見られる信長の心情から推して、武田氏との和睦など考えにくい。もしそうだとしたら、信房は実現性の薄い仕事を委ねられたということになるだろう。

武田氏の滅亡

天正十年二月一日、信濃木曾を領している木曾義昌が信長に内通してきた。信長はこれを受けて、一気に武田氏を葬り去る決意を固めるのである。

まず二月三日、先発隊として信忠軍団に属する森長可《もりながよし》と団忠正《だんただまさ》の隊が岐阜を出陣した。続いて十二日、先鋒の大将信忠が出陣した。岩村で、河尻秀隆《かわじりひでたか》ら信忠軍団の諸将や遊撃軍団を率いる滝川一益と合流し、大軍を編成し直してから信濃に攻め込んだ。

南信濃の国人たちの心は、すでに武田氏を離れていた。あっさりと織田軍に降参する者、あるいは城を捨てて逃げてしまう者が相次いだ。そのため、森・団の先発隊は小勢にもかかわらず、やすやすと信濃南部を突き進んだ。

穴山信君（梅雪《ばいせつ》）と言えば、信玄の甥で婿でもある武田家中ナンバーワンの重臣である。この時、駿河江尻《えじり》城主として遠江方面の徳川軍に対する抑え役を務めていたが、彼までもここで裏切るのである。

勝頼は諏訪まで出陣していたが、穴山の裏切りの報に新府《しんぷ》城に戻った。七、八〇〇〇ほどいた兵の大半が、退却の途中で逃亡してしまい、新府城に到着した時には一〇〇〇もいなかったという。

信濃に入った信忠の軍勢は、それこそ無人の野を行くかのように北上していった。それに対して、信長自身の出陣は他の用件のためどんどん遅れてしまった。それでも、信長は自らの手で武田氏の息の根を止めたいと願っていたらしい。信忠の快進撃を見てかえってあせったらしく、補佐役の滝川や河尻にあてて、次のような指令を送っている。

「信忠のこと、自分が出陣するまで先を越さないよう、説得することが大切だ」

「勝頼のところには、自分がその地に出陣して、大軍で追い詰めるつもりだ。それまでは違反のないよう行動を見合わせておくように」（『増訂織田信長文書の研究』）

何度もうるさく言われて、信忠はいったん進撃を止めたものの、勝頼が諏訪から新府に戻ったと聞いて、再び北上を開始した。次の目標は、武田氏の信濃の要衝高遠城《たかとお》である。

高遠城は、勝頼の弟仁科盛信《にしなもりのぶ》が守備していた。三月一日から信忠の軍勢が襲いかかり、ここではじめて戦いらしい戦いが行なわれた。しかし、翌日城は陥落した。

高遠城落城の報は、その日のうちに新府城にいた勝頼に届いた。翌三日早朝、勝頼は側近たちを連れて新府城を出発した。目指すは一族の小山田信茂《おやまだのぶしげ》の居城岩殿山《いわどのやま》城である。

七日、信忠は甲府に入った。そして、そこに潜《ひそ》んでいた武田一族の者たちを探し出して、ことごとく殺害した。いっぽう、岩殿山城を目指した勝頼一行には、冷たい仕打ちが待っていた。小山田までが裏切って、受け入れを拒否してきたのである。進退きわまった勝頼は、天目山《てんもくざん》を望む田野《たの》に陣屋を造り、そこにとどまった。勝頼のまわりには四一人の者しか残っていなかったという。

十一日、勝頼主従は滝川の軍に見つけ出された。四〇人あまりでは、もういくさにならない。勝頼は観念して切腹した。嫡男信勝《のぶかつ》、勝頼の後室《こうしつ》（北条氏政の妹）もともに死んだ。武田氏の最期であった。

信長の安土出陣は結局、三月五日になった。武田氏の滅びた十一日には、まだ美濃岩村にており、信濃に足を踏み入れていない。したがって、この武田攻めは最後まで信忠の指揮のもとに行なわれた戦いだったと言える。

旧武田領の分配

武田氏を討った第一の功績は、信忠の軍団の者たちである。また、信忠軍団と一緒に攻め入り、最後に勝頼の首を挙げた滝川一益の手柄も大きい。そのほか、駿河方面から攻撃してきた徳川家康、西方に兵を出した北条氏もこの戦いに協力している。特に、家康は武田の家臣ナンバーワンである穴山信君の降参を仲介するという功績を挙げている。

信長は、遅ればせながら信濃まで出張してきて諏訪に着陣し、ここで占領地の知行割《ちぎようわり》を行なうなど、新しい東国の支配体制を編成した。

信長は、最初に滝川一益を呼んで彼に上野《こうずけ》一国と信濃二郡を与え、「関東八州の御警固《おけいご》」および「東国の儀御取次《おとりつぎ》」を申し付けた。後世の書物には「関東管領《かんとうかんれい》」と書かれている役職である。そのほかの武田氏の旧領は、次のように分け与えられた。

駿河一国　徳川家康
甲斐一国　河尻秀隆・穴山信君

信濃四郡　森長可、同二郡　木曾義昌、同一郡　毛利長秀《ながひで》、同一郡　河尻秀隆

河尻には甲斐一国宛行いということなのだが、穴山の本領を安堵したので、その替地《かえち》として信濃諏訪郡を与える、とある。したがって、穴山の本領は、諏訪一郡にほぼ匹敵するということだろう。

この知行割に関しては、注目すべきことが何点もある。第一には、滝川の役職の権限が論題となるであろうが、それはあとに回すとして、そのほかの点を箇条書きにまとめてみよう。

①信長家臣で宛行いを受けた者は、滝川と外様《とざま》の木曾を除いては、信忠軍団に所属する者ばかりであること。この宛行いにより、信忠軍団は尾張・美濃に加えて信濃・甲斐を包括するまでに膨らんでいる。

②徳川家康は信長の家臣ではなく同盟者なのだが、家臣と同列の形で宛行いを受けている。徳川幕府の関係者の手に成ると思われる『当代記《とうだいき》』には「駿河国家康へ下さる」とあるし、徳川氏創業史のひとつである『三河物語』でさえも「駿河をば家康へ遣わされて」という表現を用いている。この頃には、家康は実質上信長の家臣化してしまったと見なしてよかろう。

③同じく同盟者ながら、北条氏とは家康に対するほどの上下関係にはなかったと思われるが、この戦いにおいて、北条氏は東方から武田領国に出兵するなど、信長の武田討伐に協力している。それにもかかわらず、北条氏への「分《わ》け前《まえ》」はまったくない。それどころか、せっかく占領していた上野の地も、全域滝川に与えられることになった。

④東国の大名との外交などにさんざん利用された小笠原貞慶には、故国信濃の地の宛行いは行なわれなかった。

そのほか、細かい点ではいろいろとあるが、あまりにも煩雑になるので省略しよう。

東国における支配体制

武田氏を滅ぼして、信長の領国はいよいよ、東は上野・甲斐にまで至ったわけだが、それだけでなく、この時点で東国全域が信長の支配下に属していた。言い換えると、信長の統一事業は東国においては完成していた、とする見方も可能であることについて、ここで触れておきたい。

東国支配の核となる存在は、「関東八州の御警固」「東国の儀御取次」の役を委ねられて上野に置かれた滝川一益である。四月に新領国の上野に入った一益は、はじめは箕輪《みのわ》城に本拠をかまえたが、じきに交通の便のよい厩橋《まやばし》城に移った。厩橋城の一益のもとには、上野の国衆だけでなく、西下野・北武蔵の者たちも大勢出仕《しゅっし》したという(『滝川一益事書《ことがき》』)。

北条氏はこの時には出仕していないが、信長とは同盟関係とは言いながらも従属的な関係であり、一益の関東支配を通じて、より従属性を強めることが予想されていた。では、信長と北条氏とのこれまでの接触について、簡単に触れておこう。

信長が北関東の大名たちと交流を始めたのは、天正三年十一月のことであった。常陸の佐竹、下野の小山にあてた朱印状が見られるが、もっと多くの大名と通信したものと思われる。ところが、関東一の大大名である北条氏とは、その後しばらくたっても接触していない。それは、当時北条氏が武田氏と同盟していたので、信長が敵視していたからである。

天正七年九月、北条氏は家康と結んで武田氏に敵対するようになる。そして、信長にも鷹を贈呈することによって、誼《よしみ》を結ぼうとした。以後、信長と北条氏(当主は氏直《うじなお》だが、父の氏政が実権を握っている)との交際が活発になる。

北条氏の取次役は滝川一益が務めている。北条氏としては、信長と姻戚関係を結びたいと希望しており、「関東八州（信長の）御分国《ごぶんこく》に参る」という意思だったという。
関東八州つまり北条氏分国全体を信長に捧げるというのは『信長公記』の表現であり、その通りに解釈するわけにはいくまい。しかし、当時の一次史料にも、信長が北条氏分国のみならず東国全域を支配下に収めたかのような表現がなされているのである。それらを例示してみよう。

A（天正十年）四月三日付け、万里小路充房《までのこうじあつふさ》あて、織田信忠書状
「これにより北条はじめ関東諸侍《しょざむらい》残らず出頭せしめ候。かくのごとく東国の儀、島々の外まで（信長の）下知《げち》に属し候」（『立入文書』）

B（天正十年）五月二十九日付け、滝川一益あて、金上盛満《かながみもりみつ》（蘆名《あしな》氏家老）書状
「しからば、今度東国御一統《ごいっとう》の儀、吾《われ》の戈式《ほこしき》においても満足、この時に候」（『坂田《さかた》文書』）

C（天正十年）十月二十八日付け、水谷勝俊《みずのやかつとし》あて、徳川家康書状
「信長御在世《ございせ》の時の節のごとく、惣無事《そうぶじ》もっともに候由」（『古文書』）

それぞれ表現は異なるが、信長の権力が関東さらに奥羽まで支配したことが、これらの史料に示されていると思う。

Aは、身内の手紙なので割り引く必要がありそうだが、BおよびCは、客観的な見地からの表現である。権力の性格については不明にしろ、本能寺の変の直前に、信長が東国の大名たち全体を従属させる権力を築き上げていたことは確かなようである。

第三節　北陸平定戦

加賀《かが》一向一揆《いっこういっき》への最終勝利

天正八（一五八〇）年閏三月、ついに信長と本願寺の間に最終的講和が成立するが、それにともなって、加賀における北陸方面軍対一向一揆の戦いは鎮まったのだろうか。実は、まったく逆の現象が加賀において見られるのである。

同じ閏三月、柴田勝家の指揮する北陸方面軍は手取川を渡って北上、敵勢を駆逐《くちく》しながら越中・能登の境界まで攻め込んだ。この時に、北陸の一向一揆の司令塔である金沢《かなざわ》御坊《ごぼう》は壊滅したものと思われる。

信長は本願寺と和睦をすると同時に、陸上・海上の封鎖を解くよう命じ、地方で本願寺の与党と戦っている部将に休戦を指令しているはずである（『南行雑録』）。しかし、信長は勝家に対して、別な指令も送っている。この月三十日に、勝家と一緒に戦っている長連龍あての黒印状には、次の文言が見られる。

「今度勝家には、加賀の奥郡（石川《いしかわ》・河北《かほく》郡）を攻めるよう申し付けた。さっそく協力したこと、けっこうなことだ。加賀の一揆を大部分討ちはたしたというが、これまたけっこうなことだ」（『長家《ちょうけ》文書』）

つまり、表《おもて》では「和睦だ、加賀を返還する」などと言っておきながら、裏では加賀の戦いを煽《あお》っているのである。

信長にも、言い分はあるだろう。本願寺へ出した約束には、「如在なきにおいては」という条件が書かれている。その時点での本願寺は、宗主《そうしゅ》顕如と年寄《としより》たちは従順だったけれど、教如や雑賀衆は反抗をやめていなかった。加賀では、金沢御坊もまだ好戦的だった。「如在」はいくらでも挙げられるのである。

勝家をはじめとする北陸方面軍にしても、もし占領のすんだ加賀南部まで本願寺に渡すのなら、いったい四年間の苦労はなんだったかと考えてしまう。

信長にしても、勝家たち北陸方面軍にしても、加賀返還の意思ははじめからなかったと言ってよかろう。本願寺との講和＝加賀一向一揆との休戦へ向けた動きが、かえって柴田たちの戦意を駆り立てる結果になったかもしれない。

十一月、勝家の軍は、加賀に残っている一揆の本拠を一掃し、首魁《しゆかい》たちの首を安土に送った。彼らの首は安土の町中に晒《さら》されたという。守護富樫《とがし》氏を討ってから実に九二年、一揆持ちの国・加賀は消滅した。

能登《のと》・越中《えつちゆう》における粛清

天正八年の後半、北陸方面軍の活動がようやく加賀を越して能登・越中まで届くようになった。それまで、能登において長連龍、越中において神保長住、それぞれの国人出身の武将が信長方として孤軍奮闘《こぐんふんとう》してきた。

彼らの活躍のおかげで、能登では羽咋《はくい》・鹿島《かしま》郡あたりが織田方になり、天正八年七月には、とうとう七尾城も北陸方面軍に開城した。越中では、大勢の国人たちが上杉氏を離れて織田方になった。神保は富山《とやま》城を占領し、北陸方面軍の佐々成政の軍を越中に導いた。天正九年のうちに越中は佐々、能登は前田利家に与えられ、北陸の支配体制が作られる。

信長は体制作りとともに、能登・越中の国人の粛清にも乗り出す。その命令によって送り込まれたのが、信長の代表的側近である菅屋長頼《すがやながより》であった。同九年三月、菅屋は七尾城に乗り込んで、能登・越中の不穏分子《ふおんぶんし》の掃討に乗り出した。

まず、遊佐《ゆさ》・温井《ぬくい》・三宅《みやけ》など能登の国人で、かつて上杉方として活動していた者がねらわれた。遊佐一族は皆殺しにされ、温井・三宅はかろうじて越後の上杉のもとへ逃亡した。

越中においても、国人粛清の嵐が吹き荒れた。寺崎《てらさき》・石黒《いしぐろ》などの有力国人が、近江に呼び出されて殺害された。信長に降《くだ》ったとはいっても、しばらくは上杉氏と二股《ふたまた》をかけていた者が多い。たとえば新川《にいかわ》郡の二宮長恒《にのみやながつね》などは、天正六年五月に織田方の神保長住の安堵を受けているのに、翌年には上杉景勝から安堵状をもらっている(『志賀槙太郎氏所蔵文書』)。

また、弓庄《ゆみのしょう》城の土肥政繁《どひまさしげ》は同八年に信長に降ったはずなのに、翌年には佐々に居城を攻撃されている。

信長は、上杉氏との争いのなかで降参してきた能登・越中の国人たちを信用していなかった。国人たちもまた、信長を信じきれなかった。このようなおたがいの不信のなかから、数々の悲劇が生み出されたのである。

追い詰められた上杉氏

越中を突破されたら、あとは越後国内に攻め込まれるしかない。上杉景勝は、なんとか越中東部で織田軍を抑えることに必死である。

天正九年二月、柴田勝家をはじめとする北陸方面軍の大部分の者が、馬揃えに参加するため上京した。その隙を突いて、景勝が越中に出陣してきた。越中方面をひとりで守っていた佐久間盛政《もりまさ》が奮闘するところに、柴田・佐々の軍が駆けつけ、なんとか上杉軍を追い返すことができた。

上杉氏は、越中の地侍の工作も行なってきた。同十年三月、上杉氏の扇動に乗って国人の小島職鎮《こじまもとしげ》たちが蜂起し、神保長住が留守居していた富山城を奪ってしまったのである。柴田たちは戦線を後退させ、富山城の奪還に成功したものの、背水《はいすい》の陣《じん》を布いた上杉氏を前にして、やや持て余した形になった。

一時停滞したかに見えた越中の戦局だったが、南方で武田氏が滅亡したことにより、大きく打開される形になる。武田氏の分国だった信濃・上野が織田領になり、北信濃に森長可、上野に滝川一益が配置されたからである。特に、森はしきりに信濃から越後へと向かおうとする動きを見せた。景勝はそのため、越中に軍を集中できなくなったのである。

勝家を主将とする北陸方面軍は、三月に魚津城《うおづ》を囲んだ。ここを突破すれば、越後は目の前である。景勝も、中条景泰《なかじょうかげやす》を筆頭とする一三人の部将を送り込んで、必死の防戦を試みた。しかし、包囲軍は一万を超す大軍である。景勝に後巻きを要請することになる。ところが、越後国内で新発田《しばた》や五十公野《いじみの》の反乱があり、加えて信濃北部から織田軍が越後をうかがっている状態では、景勝はなかなか春日山城を空《あ》けることができない。そうしているうちに魚津城は二の丸が占領されてしまう。ここに至って、ついに景勝は腰を上げた。五月十五日、魚津の東方の天神山城まで出陣してきたのである。

しかし、魚津城兵が喜んだのも一〇日ほどにすぎなかった。景勝は五月下旬に、また越後に戻ってしまう。信濃から森長可が攻めてくる、という情報が入ったからである。こうして、魚津城は再び孤立無援《こりつむえん》の状態になった。

織田軍の最後の攻撃が行なわれたのは、六月三日のことであった。京都ではその前日に本能寺の変が起こっていたが、越中の戦場では知りようがない。

本丸まで攻め込んだ織田軍の将たちは、そこに自決の道を選んだ一二人の城将（城将のひとり長与次《よじ》は途中より不在）の姿を見た。それぞれの屍《しかばね》の耳には札が鉄線で留められており、札には自分の名が記されてあったという。捨て石とされた戦いのなかで、せめて名だけでも残そうとしたのである。

第四節　中国戦線

鳥取城の攻防戦

天正八（一五八〇）年一月、別所長治たちの切腹によって三木城包囲戦は終結した。備前・美作における毛利軍との戦いでは、宇喜多直家がほぼ互角に渡り合っている。但馬では、この四月に秀吉の弟長秀《ながひで》（のちの秀長《ひでなが》）がだいたい平定を終えていた。

ところが、因幡では鳥取城主の山名豊国が、織田と毛利との接点に位置して、去就が揺れ動いていたのである。秀吉は、因幡を取り込む作戦を立て、五月下旬に軍勢を率いて鳥取城を包囲した。

この時の戦いについての記録は、まったく伝わっていない。おそらく、山名豊国はあっさりと秀吉に降参して、信長への忠誠を誓ったのだろう。秀吉のいくさへ向ける経済理念のひとつは、よけいな犠牲を払わないことである。この時、豊国に鳥取城主の地位を安堵して、そのまま軍を返したものと思われる。

ところが、鳥取城内の山名家臣の大多数は毛利氏に心を寄せていた。豊国は城内で孤立してしまったのである。信長に人質を出していたため、再び毛利方に戻るという決断もできない。窮地に立たされた豊国は、九月二十一日の夜、わずかな供《とも》だけを連れて鳥取城を忍び出、秀吉を頼るのである。

こうして、鳥取城は毛利方に戻ってしまう。だが、城主不在では城内の統制が取れない。それで、城兵たちは吉川元春に連絡し、城将としてふさわしい人物を派遣するよう願い出た。元春はそれに応じて、吉川家の支流である吉川経家《つねいえ》を送り込むのである。

鳥取城攻めを予定しながらも、秀吉はあせらずに時期を待っていた。三木城と同じく、鳥取城も兵糧攻めにしよう。そのためには、米の収穫期以前に包囲を始める。そしてできれば降雪前に決着をつける——このように考えて秀吉は、出陣を七月と決めていたのである。しかも兵糧攻めの準備として、鳥取近辺の米の買い占めさえも行なわせていたと言われる。

秀吉が鳥取表《おもて》に到着したのは、天正九年七月十二日であった。城のある久松山《きゅうしょうざん》の周囲を二万あまりの軍勢で取り囲んだ。麓《ふもと》を流れる千代川《せんだい》の河口には砦が築かれ、海上には警備の船が配置された。このようにして、包囲をしっかりと固めると、あとはひたすら城内の兵糧が尽きるのを待ったのである。

毛利氏も、一度は兵糧補給を試みた。しかし、千代川河口に待ち受けていた敵の警備船に追い散らされ、不首尾に終わってしまった。こうして、秀吉の兵糧攻め作戦は完璧に功を奏したのである。のちに秀吉自身が、「鳥取のかつや（飢）かしごろし……太刀も刀もいらず」と自慢するほどの見事な展開だった。

鳥取城の食糧は、九月いっぱいで底を突いてしまったらしい。ぼつぼつと餓死者が出始めた。雑草も木の葉も、生えているものはなんでも食べた。城にいる馬や牛も殺して食糧とした。それのみか、鉄砲に当たって倒れた味方の者に飛びつき、争って肉に食らいついたという。まさに、この世の地獄絵が現出したのである。

ここに至って、城将吉川経家は決断した。開城と自分の切腹を条件に、城兵の命を助けるよう、秀吉に申し入れたのである。

経家が切腹したのは十月二十五日だった。城兵すべてを助命する、と書かれた秀吉の誓書を待ち、それを確認してから腹を切ったという。

鳥取城の開城によって、信長の支配圏は因幡まで伸びた。鳥取城より西に位置する鹿野《しかの》城もすでに攻略しており、さらに西方の伯耆南條《なんじょう》氏も信長に通じている。信長は、羽柴秀吉の働きを通じて、山陰方面でも着々と毛利氏を圧迫していったのである。

信長と九州の大名

さて、信長と毛利氏との戦いについて、しばらく述べてきた。毛利氏は、結果的に功を奏したとは言えないものの、信長の背後に位置する武田氏や上杉氏と連絡して、信長挟撃の態勢を作ろうとしていた。それに対して、信長のほうは、九州の大名への働きかけはなかったのだろうか。ここでは、信長と九州の大友氏・島津氏の外交について触れておくことにする。

毛利氏と大友氏とは、永禄年間から戦いを繰り返してきた間柄である。信長のおかげで将軍位に就いた足利義昭は、さっそく両者の仲裁に乗り出しており、信長も副状を出すなどして同調している。義昭の追放後も、信長と大友宗麟との交際は続いており、ふたりの関係はかなり良好な様子である。

その後、信長と毛利氏との戦いが始まり、いっぽうの大友氏も新興勢力島津氏との争いが起こったが、そうした状況の変化のなかで、両者の交際はしばらく途絶えている。

再び信長と大友氏のつきあいが開始されるのは、天正七年十一月である。大友氏はすでに義統《よしむね》（宗麟の子）が当主になっている。信長はすでに畿内・播磨での戦いを終わらせる目途が立った段階である。それに対して、大友氏は前年十一月に耳川《みみかわ》の戦いで島津氏に惨敗を喫したのをきっかけに、家運は急速に衰退に向かっている。

おそらく、大友氏のほうから接近してきたのであろう。信長としても、わざわざやってくる者を拒否する理由はない。まだしばらく続くと思われる毛利氏との戦いに利用しようと考えた。

信長がこの時、大友義統を抱き込むために使った手段はふたつである。ひとつは朝廷に奏上して従五位下左衛門督《じゅごいげさえもんのかみ》に叙任させたこと、もうひとつは周防《すおう》・長門《ながと》の知行を約束したことである（『歴名土代《れきめいどだい》』『大友文書』）。周防・長門は毛利氏の領国であり、正式の宛行いのような効力はない。つまり、叙任、宛行いともに実効性のないものと言えよう。それでも、義統は銀子《ぎんす》（銀貨）を贈って感謝の意を示している（『大友家文書録』）。

大友氏を毛利氏牽制に利用するためには、解決せねばならない課題があった。言うまでもなく、大友氏と島津氏とを和睦させることである。

本願寺との講和が片づいた天正八年八月から、大友・島津の和睦交渉が始まった。信長自身も、一度は双方に朱印状を発給して説得しているが、その後、大友・島津間で仲裁に努めているのは、太政大臣《だじょうだいじん》近衛前久である（『大友文書』『島津家文書』『大友家文書録』）。

前久はかつて薩摩《さつま》に滞在したことがあって、島津氏とはなじみの間柄だから、確かに適役と言える。前久の努力の甲斐もあってか、翌年六月までに大友・島津間の和睦は成立した様子で、六月二十八日付けで、島津義久は信長の上使伊勢貞知《さだとも》あてに礼状を発している（『後編旧記雑録《こうへんきゆうきざつろく》』）。信長の西方作戦の遠交近攻策は、これで固まったと言える。

ところで、この時の外交は、単に毛利氏に対する作戦というだけでなく、九州制圧という重要な意味合いも含んでいた様子なのである。大友氏関係の文書、島津氏関係の文書の両方に、それを暗示する文言が見られる。まずは、それらを抜き出してみよう。

A（天正八年）九月十三日付け、大友義統・大友宗麟あて、信長黒印（朱印カ）状（『大友家文書録』）

「今度両国（豊後《ぶんご》・薩摩）へ御朱印を成され候。私の違《い》（遺）恨《こん》をもって異儀《いぎ》に及ぶ国の儀は、御敵《おんてき》たるの間、その上をもって御調儀《ごちょうぎ》仰せ付けらるべき事」

B（天正九年）六月二十八日付け、伊勢貞知あて、島津義久書状（『後編旧記雑録』）

「今度上様より御朱印ことごとく拝領せしめ候」

「私の遺恨」によって争いを起こすことを禁ずるというAの規定は、まさしく「惣無事」の論理である。信長は、天正八年九月の時点で、大友氏と島津氏に対して朱印状によって「惣無事」の命令を発しているのである。

そして翌年六月、大友氏との和睦が成った島津氏は、信長に対して「上様」の敬称を用いている（B）。戦国大名の上位権力としての信長権力が、九州にまで及んできた証《あかし》と見て差《さ》し支《つか》えあるまい。

羽柴秀吉軍の備中《びっちゅう》進出

鳥取城の落城によって、山陰における織田方の支配権は因幡全域、さらに南條氏の支配権である伯耆西部まで広がったことになる。それに対して、山陽・瀬戸内方面ではどのような情勢だったのだろうか。

天正九年十一月、秀吉軍の向かったのは淡路《あわじ》だった。摂津の池田元助《もとすけ》も同陣した。淡路は安宅《あたけ》氏などの国人が蟠踞《ばんきょ》して、常に織田氏・毛利氏の間で揺れ動いていた地だが、羽柴・池田軍はたちまち全域を占領してしまった（『古文書纂《こもんじょさん》』『信長公記』）。しかし、新たな支配者を定めないまま軍を引いたため、その後、また国人たちの勝手な動きが再発する。
一時的とはいえ淡路は織田方に属したが、美作・備前方面では天正九年頃に毛利方の巻き返しが見られる。同年二月、麦飯山《むぎいさん》の戦いで、毛利軍は宇喜多軍を破り、備前児島《こじま》一帯を回復した。さらに、その後、毛利・宇喜多が一進一退の戦いを続けていた美作から備前西端における戦闘でも、毛利氏の勝利が重なった。

秀吉が姫路《ひめじ》城を出陣して西方へ向かったのは、天正十年の三月十七日であった。この時の兵力については、秀吉自身が「二、三万」と言っている（『浅野家文書』）。東方では武田氏はすでに滅び、信長の本隊が戦いの終息した信濃の地を進んでいる時である。

羽柴軍備中へ向かうとの報に、毛利氏も備前・備中境に位置する境目《さかいめ》七城《ななじろ》（宮路山《みやじやま》城、冠山《かんむりやま》城、高松《たかまつ》城、加茂《かも》城、日幡《ひばた》城、庭瀬《にわせ》城、松島《まつしま》城）を固めて、防御の姿勢を取った。四月中旬、秀吉軍はまず冠山城と宮路山城を攻め、開城させた。

そして五月七日、高松城を囲んだ。高松城の城主は清水宗治《しみずむねはる》である。備中の土豪《どごう》からのし上がった人物で、毛利氏に属してまだ数年しかたっていない外様である。与《くみ》しやすしと見て、秀吉はまず誘降にかかったが、宗治はそれに応じなかった。

ここから、有名な秀吉による高松城水攻めが始まる。近くの農民を金銭で雇《やと》い上げ、一二日間ほどの土木工事の末、城の東南に約四キロメートルの堤防を築いたと言われるが、堤防は案外と小規模だったとする研究もある。いずれにしても、足守川《あしもり》の水が注《そそ》ぎ込まれることにより、城を浮《う》き島《しま》にした湖が出現したのである。そして、その湖を挟んで、秀吉率いる織田軍と吉川元春・小早川隆景の引率する毛利軍が対峙する形になる。

毛利方は、総大将毛利輝元自らが軍勢を率いて、高松の西方約二〇キロメートルの猿掛《さるかけ》城まで来ていた。それに対して、織田方は明智光秀・池田恒興《つねおき》らの応援隊に備中出陣を命じるだけでなく、信長自身も出陣の意思を固めており、五月二十九日に上京している。京都を発って西へと向かうのは六月四日の予定だったという。

第五節　四国戦線

四国地方の情勢

信長が足利義昭を奉じて上洛を遂げた永禄十一(一五六八)年頃、四国の情勢はどのようなものだったのであろうか。

阿波三好氏の当主として四国の三好一族を統率し、かつ兄三好長慶《ながよし》の畿内政権を支えてきたのが、三好義賢《よしかた》（実休《じっきゅう》）である。しかし、彼は永禄五年三月、畠山・六角軍と和泉久《く》米田《めだ》に戦って討ち死にしてしまう。

義賢の死後、阿波三好氏の家督はその子長治《ながはる》が継ぐが、実権を握ったのは老臣篠原長房《しのはらながふさ》である。長房は武勇だけでなく、三好氏の分国法「新加制式《しんかせいしき》」を編纂するなど、行政面でも優れた人物だった。阿波にとどまらず、四国全体の三好氏を動かして、時には畿内方面や毛利氏領国へも進攻している。上洛後の信長に戦いを挑んだ三好氏は、この長房が主導した軍勢である。

ところが、元亀三（一五七二）年のこと、長房は、主君長治の嫌疑を受けて滅ぼされてしまう。長房の死をきっかけに、四国三好氏は急速にその力を失っていく。そして、天正五（一五七七）年には、長治も国人連合のため命を失うことになるのである。

このように、三好氏が急速に衰えていくかたわらで勢力を伸ばしていったのが、土佐《とさ》を本拠地にする長宗我部《ちょうそかべ》氏である。長宗我部氏はもともと土佐中部長岡《ながおか》郡の一国人にすぎなかったが、国親《くにちか》の時に力を伸ばした。その子元親《もとちか》の代になって、土佐を支配していた一《いち》条《じょう》氏を押しのけ、天正三年頃に土佐一国を平定する。さらに、元親は四国全体の制圧を視野に置いて、引き続き軍事活動を行なうことになる。

四国東部の阿波・讃岐両国は長い間三好氏の勢力範囲だった。しかし、先に述べた経緯によって、三好氏の勢力はすでに衰えていた。元親は河野《こうの》氏たち大勢の国人が割拠する伊予《いよ》方面よりも阿波方面に力点を置いて、四国の統一を目指していく。

長宗我部《ちょうそかべ》氏との親交

元親の正室は、第十三代将軍足利義輝に仕えていた石谷光政《いしがいみつまさ》の娘である。光政には男子がないため、美濃の斎藤利賢《としかた》の長子を養嗣子としていた。これが石谷頼辰《よりとき》で、養父と同じく義輝の側近として仕えていた（『永禄六年諸役人附《しょやくにんつけ》』）。利賢の二男が明智光秀の老臣斎藤利三《としみつ》である。石谷家を中心にして、長宗我部家・斎藤家、そして明智家とは、このような関係で結び付いていたわけである。

元親の伝記である『元親記』によると、元親と信長とのつきあいは、明智光秀を奏者《そうじゃ》として、信長上洛以前からあったという。しかし、上洛以前に信長が光秀を召《め》し出《だ》していたという証拠がない以上、それを裏づける手立てはない。まだ土佐国内でうごめいているにすぎない長宗我部の利用価値など、信長が顧みなかった可能性が高いだろう。

信長と長宗我部氏とのつながりを示す一次史料はごく少ない。『信長公記』にしてもたった一カ所、天正八年にあたる巻十三の六月二十六日条に、元親が信長に鷹と砂糖を進上してきたという記事があるのみである。そのような少ない史料のなかに、十月二十六日付けで信長が長宗我部弥三郎《やさぶろう》にあてた書状が存在する（『土佐国蠹簡集《とかんしゅう》』）。

長宗我部弥三郎は元親の長男、信親《のぶちか》のことである。信親の諱《いみな》の「信」は信長から一字拝領したものだが、まさに「信」の字を与えて「信親」を許したのがこの書状である。

問題はこの書状の年代なのだが、『土佐国蠹簡集』の編者は天正三年に比定している。おそらく、その根拠は文中に「よって阿州《あしゅう》（阿波）面に在陣もっともに候」とあるので、土佐統一が完了して阿波に出陣した時と考えたようである。

しかし、ごく最近発見された『石谷家文書』のなかにある、十二月十六日付けの石谷頼辰あて元親書状にも、弥三郎が信長より一字拝領して「信親」になったことが記されているのである。そして、この書状の発せられた年は、書かれている記事から推して天正六年であることはまちがいない。

したがって、一字拝領は天正六年のことと訂正されねばならない。そして、信長と長宗我部氏との交際がさかんになったのは、これまで考えられていたよりもいくらか遅い時期としたほうがよさそうである。ただ、『土佐国蠹簡集』の信長書状や『信長公記』の記事に奏者として明智光秀の名があり、『元親記』にある通り、光秀が仲介役を務めたことは確かめられる。

天正八年と思われる、十一月二十四日付けの羽柴秀吉あて長宗我部元親書状がある。八カ条から成る長文の手紙だが、その第五条で元親は、「阿《あ》（阿波）・讃《さん》（讃岐）平均《へいきん》（平定）においては、不肖の身上たるといえども西国表御手遣《おてづか》いの節は、随分相当《ずいぶんそうとう》の御馳走《ごちそう》致し、粉骨を詢《はか》るべき念願ばかりに候」と、信長の西方作戦の先兵として尽くす覚悟を披露している（『吉田文書』）。

この元親の言葉から推測される通り、信長と元親の関係は、とても対等と言えるものではなかった。畿内を中心に着々と全国統一を進めている信長と、四国随一とは言いながら僻地《へきち》の大名にすぎない元親とでは、まず軍事力をはじめとする国力の差が大きすぎる。

さすがに、元親は「井《い》の中の蛙《かわず》」ではない。『元親記』には、信親が一字拝領した時、「四国の儀は元親手柄次第《てがらしだい》に切取《きりと》り候えと御朱印頂戴したり」とある。この信長の約束事については、最近否定する見解が多い。確かに一次史料では裏づけられないが、信長と元親ふたりの立場と関係を顧みると、〝ありそうなこと〟ではある。

長宗我部氏との断交

対等ではないながらも、平穏な状態で交流を重ねてきた信長と元親だが、最終的には、断交して戦争という事態に至る。その原因は、信長の四国政策の転換にあった、とされている。事《こと》の展開を『元親記』などの編纂史料にもとづいて追ってみると、次の通りである。

阿波はもちろん、伊予・讃岐への進攻も進み、元親の四国制覇は間近《まぢか》になっていた。ところが、信長はすでに信長に降《くだ》っていた三好康長を阿波に派遣し、今後は三好氏に肩入れして四国を従属させるという方針を打ち出した。

三好氏を用いて四国平定を行なうなら、三好氏に四国の領国を確保してやらねばならない。それで、信長は元親に「本国の土佐と阿波南半国だけを安堵するが、その他の地は認めない」と通達した。

この通達に対して、元親は憤慨《ふんがい》した。「四国の地については自分が戦って切り従えたものである、信長から給与されたものではない」と言って、信長の命令を聞かなかったという。そして、ついに天正十年五月の信孝による四国攻めになる、というストーリーである。

五月七日付けで信孝あてに発せられた朱印状には、讃岐は信孝に、阿波は三好康長に与える、他の二カ国は信長が淡路に出陣した時に決めると通告されている（『寺尾菊子《てらおきくこ》氏所蔵文書』）。

概略はこの通りの展開とされているのだが、その展開に付随する件については、見解がさまざまに分かれている。その論点の主なものを整理すると次の通りになる。

①藤田達生《ふじたたつお》氏は、長宗我部氏と三好氏との抗争の陰に、織田家中における羽柴秀吉と明智光秀の勢力争いがあると見ており、信長の四国政策の転換を、明智―長宗我部ラインに対する羽柴―三好ラインの勝利と判定している。はたして、それは正しいのか（藤田氏二〇〇六年論文、二〇一〇年著書）。

②信長と元親の断交の時期については、藤田氏は天正九年六月以前としているのに対し、平井上総《ひらいかずさ》氏は同年十一月にはふたりはまだ友好関係にあるとしている。いったい、同十年五月までの間のいつ断交したのだろうか（藤田氏二〇〇六年論文、平井氏二〇一〇年論文）。

③これまで、天正九年に秀吉による阿波出兵があり、それが織田・長宗我部関係に影響を与えたとされてきたが、尾下成敏《おしたしげとし》氏は、それを同十年の出来事である、という新説

を唱えた。そのいっぽう天野忠幸《あまのただゆき》氏は、逆に一年早めた同八年説を披露して反論している（尾下氏二〇〇九年論文、天野氏二〇一二年論文）。

これらの論点をいちいち取り上げて考察を加えるには、紙幅が限られている。友好関係から断交に至るまでの展開について、筆者なりの推測を披露するだけで許していただきたい。

まず、前項で挙げた（天正八年）十一月二十四日付けの秀吉あて元親書状によると、秀吉と元親とは頻繁に連絡し合うほどの親密な関係にあったことがわかる。長宗我部氏との織田側の窓口は光秀だが、秀吉もけっして元親と疎遠なわけではない。それに、のちに豊臣秀次《ひでつぐ》となる秀吉の甥が三好康長の養子になったのは、本能寺の変後と思われるので、①に紹介した藤田説は成り立たないのではないだろうか。

信長と元親が天正九年十一月までは、少なくとも表面上は親密だったことは、平井氏の考察通りである。だから、六月十二日付け香宗我部親泰《こうそかべちかやす》（元親の弟）あて信長朱印状や、六月十四日付けの三好康慶《やすよし》（康長）副状の発給年代は、天正九年ではない。天正八年がもっとも有力だろう。また、その内容については、三好氏に長宗我部氏支援を命じたものであって、けっして長宗我部氏を排除しようとしたものではないと思う。

『信長公記』によると、天正十年二月に三好康長は、信長から四国攻めの命令を受けているが、敵が長宗我部氏かどうかは明記されていない。しかし、のちに述べる通り、『石谷家文書』によると、天正十年一月までに信長より元親へ占領地を放棄すべしとの命令があったようである。この時は、頼辰が下って元親を説得した様子だが、元親の気持ちが信長から離れてしまったことは確かなようである。

また、③に挙げた秀吉の阿波出兵は、尾下氏の考証通り天正十年の出来事としたほうがよさそうである。したがって、信長と元親の断交とは関係ない事件、と判断したい。

では、ずっと良好な関係を続けていた両者が、急に断交に至った原因はなんだろうか。

まず言えることは、同盟の認識について、はじめから両者に「ずれ」があったと思われることである。同盟したといっても、織田氏と長宗我部氏が対等の関係でないことは、信長も元親も心得ている。しかし、信長が長宗我部氏を織田政権下の一大名にすぎないという認識だったのに対し、元親のほうは信長を上位者として立てながらも独立性を保とうとする。どうしても、この認識の相違は消えなかった。

さらに、この二、三年間におけるおたがいの不信が増幅する。先に紹介した秀吉あて元親書状の第四条中で元親は「阿波で敵対している紀州の者たちが信長の認可を受けていると吹聴している」と信長への疑いの目を向けている。逆に、藤田氏・天野氏の説に従うと、元親は裏で毛利氏と同盟を結んでいた様子である。両者間の不信は、次第に繕《つくろ》い難くなっていくのである。

そして、直接信長と元親が袂《たもと》を分《わ》かつ動機となったことは、やはり『元親記』にあるように占領地放棄の命令だったようである。これについては、最近公開された『石谷家文書』にからめて、次項で説明したい。

最近公開された『石谷家文書《いしがいけもんじょ》』について

岡山県岡山市にある林原《はやしばら》美術館の所蔵する『石谷家文書』が、二〇一四年六月に公開された。全四七点にすぎない家蔵文書だが、そのなかには、長宗我部元親と信長の交際から決裂までの様子を展望させるものが含まれており、一部からは本能寺の変の原因に結び付けた形で注目されている。

詳しい調査はこれから専門家の方々の手により深まっていくであろうが、研究はまだ緒《しょ》に就《つ》いたばかりと言ってよい。この貴重な文書史料に対して、筆者は翻刻《ほんこく》の一部に接しているにすぎないが、研究者の何人かは論稿を上梓している。

ここでは、一般向け文献としてわかりやすくまとめられた桐野作人氏の文献「再検証信長の対四国戦略」(『歴史群像』二〇一四年十月号)を参考にしながら、信長と元親の決裂について語りたい。
『石谷家文書』のなかで、信長と元親との交際を示している文書は、次の三点である。
A(天正六年)十二月十六日付け、石谷頼辰あて、元親書状
B(天正十年)一月十一日付け、石谷空然《くうねん》(光政)あて、斎藤利三書状
C(天正十年)五月二十一日付け、利三あて、元親書状
これらの三書状は、年記載はないけれど、その内容から()内に記した年のものにまちがいない。Aについては、前々項(信親の一字拝領)で紹介している。本能寺の変に結び付けて検討されているのは、BおよびCである。
Bに書かれた内容は、次の通りである。
このたび元親が懇請された件について、信長公が朱印状を遣わされた。それで、再び頼辰たちが土佐に下った。これから信長様とうまくいくように、万事《ばんじ》元親に意見していただきたい。さらに尚々書《なおなおがき》(本文に添えられるもの。追伸)には、朱印状の趣旨は元親のためになることだ。今後も光秀は元親を疎略にしないと申されている。これからも静穏にいるべ

きだと思う、と書かれている。

この書状に出てくる信長の朱印状そのものは、発見されていない。だが、『元親記』の記事にある「土佐と南阿波半国」のみを安堵したものということになろう。利三とその主君光秀は、「元親のためになること」として頼辰・空然を通じて元親を説得するつもりだが、元親当人は、信長と断交を決意するほど不満だったのである。

この時に信長が元親に安堵した範囲について、桐野氏は、土佐一国にすぎなかったと述べている。確かにCに書かれた元親の言葉を詳細に分析した氏の見解には、うなずかせるものがある。

しかし、利三の言葉、「元親のためになること」というのが気になる。一月以前に発せられた信長朱印状の段階では、「半国」と限定されないまでも阿波はまだ流動的であり、元親が領有する可能性を残していたのではなかろうか。

Cは、五カ条から成る比較的長文の書状である。

その第二条には、一宮《いちのみや》城をはじめとする阿波東部の諸城を放棄する覚悟が表明され、信長へ披露するよう依頼している。ただし、第三条には、南端にある海部《かいふ》城と西北端の大《おお》西《にし》城だけは土佐の守備のために確保したいと懇請している。そして、「ここに御成敗《ごせいばい》候えばとて了簡（了見）無く候」（それでも御成敗というのでしたら、もうしかたありません）と言っているのは、開き直りであろう。

この書状は、五月七日付けの信孝あての朱印状、つまり讃岐・阿波全域を長宗我部氏から切り離し、四国を軍事的に平定するという命令を知ったうえで書かれたものと推測する。切羽詰まった状態に追い込まれながらも、元親は、なおも外交的解決手段を探るしたたかさを見せている。

ただ、桐野氏も言っていることだが、この元親書状がはたして利三のもとに届いたかどうかは不明である。土佐と京都近辺の距離を考えた場合、難しいと判断したほうがよいのではなかろうか。しかし、この文書は、元親の信長に対する最後の覚悟を後世に知らせる役割だけははたしたと言える。

※林原美術館蔵『石谷家文書』については、『石谷家文書　将軍側近のみた戦国乱世』が二〇一五年六月に吉川弘文館より刊行された。しかし、本稿の脱稿後であったため、参考文献として生かせなかったことをおことわりしておく。

終章

信長外交の評価

第一節　本能寺《ほんのうじ》の変

朝廷の三職《さんしょく》推任と信長の回答

天正十（一五八二）年四月二十一日、信長は安土に凱旋した。甲斐・駿河でゆっくりと富士山を眺め、上る途中で徳川家康などから手厚いもてなしを受けながらの優雅な旅であった。

五月四日のこと、信長は安土に勅使の訪問を受けた。戦捷《せんしょう》参賀の勅使は一〇日ほど前に受けている。今度の勅使の用件は、信長を太政大臣か関白か征夷大将軍か、要するに最高の三つの官職のどれかに任じたいというのである。

信長は、四年前の四月に右大臣と右大将の官職を辞任して以来、無官を通している。前年の馬揃えののちに左大臣に推任されたが、それも断わってしまった。

全国制覇を目前にして、今や比べる者もない権力者である信長が無官でいることは、朝廷にとって不気味である。なんとか形だけでも官位体制のなかに組み込んでおきたい、そうした願望がこの推任になったのであろう。

さて、安土に勅使を迎えた信長は、かなり面食《めんく》らった様子である。すぐには勅使と面会しなかった。二日後に会うことは会ったが、すぐに船に乗せて京都へ帰してしまう。どのような返事をしたかあきらかではないが、じきに三職のどれかに就くことは断わったということは確かであろう。

なぜ、信長はこのように官職就任を断わり続けたのだろうか。

朝廷を超える存在になろうとしたとか、中国（明《みん》）を征服して中華皇帝になろうとしたとか、信長の野望をかなり大きくとらえた説も唱えられている。しかし、そこまで論を飛躍させる必要があるだろうか。要するに、信長は律令制以来の官職に対してなんらの執着心《しゅうちゃくしん》を持たなかった、ということであろう。

天皇という古代以来の権威の大きさには、彼は気づいていた。だから、必要な時にはそれを利用した。そして、簡単には乗り越えられないものであることを、聡明な彼は知っていたはずである。

四年前に右大臣と右大将を辞した時、その辞状のなかで信長は、次のように言っている。

「しからば顕職をもって嫡男信忠に譲与せしむべきの由、よろしく奏達《そうたつ》に預かり候なり」(『兼見卿記』)

信長は、自らは官職に就く気はないながらも、朝廷との親密な関係を継続し、嫡男信忠が朝廷の権威を背景に天下の支配者に育っていくことを切に願っていた。全国制覇が現実のものになった時、信忠をそれなりの官職に就かせる。信長自身はその父として、しばらくの間は実権を握り続ける。そうした構想があったのではないだろうか。

最後の上洛

同年五月中旬に、安土にまた来客があった。徳川家康と武田の旧臣穴山信君である。今度の武田氏討伐後、家康は新たに駿河一国を与えられたし、穴山は甲斐の領地を安堵されている。その謝礼の挨拶のために安土を訪れたのである。

五月十五日から二十日まで、安土城内で饗応のための催しがあった。これを見ると、家康の立場は、家臣同然とはいっても、その一歩手前で踏みとどまっていたのだろう。安土で手厚いもてなしを受けたあと、二十一日に家康と穴山は上洛する。信忠も数百人の馬廻を連れて、一緒に京都に入った。

信長が上洛したのは二十九日だった。前年に修理がなされている本能寺に入る。同行したのは小姓衆わずか二、三〇人だったと『信長公記』に書かれているが、先んじて本能寺に入っていた者もかなりいたであろう。家康たちは入れ替わりに大坂に向かったが、信忠は父と過ごすということで、京都にとどまった。

翌六月一日は、勅使をはじめ大勢の公家衆が本能寺を訪れ、まるで御所が一時的に移ったような賑《にぎ》わいになった。並みいる公家衆を前にして、信長は武田攻めの顛末について語った。さらに来たる四日に西国へ向けて出陣する予定であることを告げ、さほどの苦労もなく西国の平定は終了するであろう、と自信のほどを披瀝した（『言経卿記』『日々記《にちにちき》』）。なかなか上機嫌だったようである。

夜になってから、信忠、それに京都所司代として京都に常駐している村井貞勝や馬廻たちが訪ねてきた。信忠は一キロメートルと離れていない妙覚寺《みょうかくじ》に宿泊している。馬廻たちは京都市内に分宿していた。身内だけの気楽な場で、信長もくつろいだひと時が過ごせたようである。

信忠や家臣たちがおのおのの宿所に戻ったあと、信長はようやく寝所に入った。夜もかなり更けてからだったと思われる。

本能寺襲撃と二条《にじょう》御所の戦い

本能寺が襲われたのは六月二日の払暁《ふつぎょう》だった。信長は、はじめは宿所の外で喧嘩でも起こったのかと思っていたらしいが、そのうち鬨《とき》の声が上がり、鉄砲が撃ち込まれた。

「これは謀反か、いかなる者の企《くわだ》てぞ」

「明智が者《もの》と見え申し候」

「是非に及ばず」

信長と森乱《もりらん》（蘭）丸《まる》の有名な問答である。

明智軍の本能寺攻撃の様子については、斎藤利三隊に所属して本能寺に一番乗りしたという本城惣右衛門《ほんじょうそうえもん》という武士が残した覚書がある。それによると、寺内《じない》は無人に近い有様で静まり返っていたという。これが本当だったのではなかろうか。

本能寺にいた信長の近習はおそらく一〇〇人足らず。それに対して、明智軍は数千はいたはずである。人数が違いすぎ、合戦の形にはならなかったと思う。

したがって、『信長公記』などにあるように、信長自身が武器を取って敵と切り結んだという劇的な場面はどれほどの時間、可能だっただろうか。じきに、信長は奥に入って切腹したものと思われる。明智軍が本能寺内に攻め込んでから火が寺を包むまで、おそらく一時間もかからなかったであろう。

光秀は謀反を起こすにあたって、信長の宿所本能寺と信忠の宿所妙覚寺を同時に襲う計画だったはずである。しかし、なんらかの手違いで妙覚寺攻撃は遅れた。そのため、信忠は駆けつけた村井貞勝の口から父の受難を聞くことができた。村井は言う。「ここよりも隣の二条御所のほうが堅固で、敵を防ぎやすいから、そちらに移って戦うのがよろしい」と。

二条御所は、皇太子誠仁《さねひと》親王の住居である。もともとは信長が京都の住まいとして建てたものを、二年半前に皇太子に献納した屋敷だから、堀がめぐらされ、城郭に近い造りであった。

信忠が二条御所に移ってまもなく、明智軍がそこを取り囲んだ。信忠のほうも、京都のあちこちに散っていた馬廻の者たちが次々と集まり、なんとか一〇〇〇人ほどの軍勢となっていた。とはいっても、明智軍の十分の一程度、軍装も満足に用意ができていない状態である。

戦いの前にやるべきことがある。皇太子一家を二条御所から立ち退かせることである。両軍の了解のもとに、皇太子一家と公家たちは軍勢の見守るなか、御所から立ち退いていった。

皇太子たちが立ち退くやいなや、明智軍の攻撃が始まった。圧倒的に劣勢の状態なのに、信忠方はよく戦い、三度も御所の外に明智軍を押し戻したという。

しかし、明智軍は、御所に隣接する近衛邸に踏み込んで、そこの屋根に上ると、鉄砲と弓で信忠たちをねらい撃ちにしてきた。戦いもここまでだった。結局、信忠は観念して切腹、父のあとを追うことになった。時に、午前九時頃。京都市内はすっかり目覚めていた。

第二節　信長外交の総合的評価

信長にしか見られない外交スタイル

信長の外交について語ってきたが、そもそも、信長は、他の戦国大名と違って全国統一へと突き進んだ「天下人」である。信長は、「天下人」の後継者である秀吉・家康と比べても異なった条件のもとで戦い、そして外交を行なっている。いわば、信長にしか見られない外交の形がある。その信長に限られた特徴的なことを次に抜き出してみよう。

①一《いち》戦国大名から全国の大部分を従属させた、いわゆる「天下人」にまで勢力を拡大させただけに、時期によってその外交姿勢に大きな変化が見られること。

②足利義昭を奉じて上洛し、しばらく連合政権を維持、その後、対立するなど、将軍との外交については、一般の戦国大名とは違った条件下にいたこと。

③「天下人」として朝廷と特別のつながりを持つため、朝廷との外交についても、随所に触れておく必要があること。

信長と他の大名との外交について、まずその特徴を探ることから分析を進め、次に①の時期的変化について触れていくが、②の将軍との関係、③の朝廷との関係についても取り上げることにしたい。

対大名の外交

信長の、他の戦国大名との外交については、本書の主要テーマである。そこに現われた多くのケースから、信長外交の特質を抽出すると次の通りである。

①ずっと、遠交近攻策を貫いている。

②縁組政策を多用している。

③基本的に、相手を信じず、権謀術数《けんぼうじゅつすう》を用いることが多い。

④利用できると判断した者を要所に用いている。

まず、①の遠交近攻策について話そう。

尾張で近親や清須勢力と争っていた頃の信長は、美濃の斎藤道三と同盟を結んでいる。しかも、攻守同盟と思われる強固なつながりだったらしい。

美濃の攻略を進めている時、徳川家康とはすでに同盟していたが、まだ今川氏に対する脅威《きょうい》が残っていた。信長は武田氏とのつながりを強めると同時に、上杉氏にも交流を申し入れている。信玄・謙信がまだ戦い続けている時期なのである。

信玄とは最後、衝突する形になる。しかし、信長はそれに応じて上杉謙信との関係を深めようとする。謙信との間に危機が訪れると、さらに遠方の伊達氏に働きかけている。いっぽう、西方では次第に毛利氏との関係がこじれて、ついに衝突に至るが、これに対しては九州の大友氏と結んで対処しようとしている。

遠交近攻策を採るのは信長ばかりではないが、信長の場合はその領域が広域にわたり、奥羽から九州まで広がる壮大な作戦を展開しているのである。信長が同盟した大名のなかで遠交近攻策から外れるのは、徳川氏および上洛前に同盟した浅井氏ぐらいであろう。

次に、②の縁組作戦について述べよう。

信長は兄弟姉妹が二〇人以上いた。また、確かなところだけでも、息子十一人、娘一〇人の子沢山《こだくさん》であった。そして、その兄弟姉妹や息子・娘をふんだんに利用した兄であり、父だったのである。

有名なケースは、妹お市と浅井長政、娘五徳と徳川家康の長男竹千代（信康）の政略結婚を成立させたケースである。どちらの婚姻も、悲劇的な結末を迎えることになる。

縁組作戦がもっとも功を奏したのは、伊勢平定戦であろう。上洛前に平定した伊勢中部では、長野氏に弟信良（信包）を、神戸氏に三男信孝を養嗣子とした。南伊勢の名門北畠氏にも、二男の信雄を婿養子として入れるのに成功した。のちに北畠家を乗っ取り、さらに滅ぼしてしまうだけに、この縁組作戦の意味は大きかった。

③の権謀術数について、この戦国の世、基本的に相手を信じなかったのは、信長ばかりではない。しかし、信長ほど猜疑心《さいぎしん》の強い男は少なかったのではなかろうか。その猜疑心は、外交の時の権謀術数となって表われている。

初期の活動から例を挙げると、弟信勝との度重なる争いの時、けっして強引な態度を取らずに味方を固めたこと、美濃攻めの最中に武田氏・上杉氏と同時に懇意にしていることなど、周囲の情勢をしっかりととらえた外交姿勢と言えよう。

当時の講和条約は、勝手な理由づけによって簡単に破棄されたものだが、信長こそ破棄する達人だったと言ってよかろう。

大河内城攻防戦後に結ばれた北畠氏との約束、志賀の陣の対朝倉氏との条約、本願寺開城の際の加賀に関する約束、いずれの約束も信長は簡単に破棄している。それでいて、信玄に一杯食わされたことは、終生の怨みとして残ったのであった。家康に高天神城との講和をさせなかったやり方を見ると、実に芸が細かい。

④についてだが、信長と言えば、能力主義と言われる。秀吉をはじめ、能力さえあればどんどん引き上げたのは確かである。だから、いったん力を失った者でも、信長に利用価値を認められて復活した例がかなりある。小笠原貞慶・神保長住・長連龍がそれに該当しよう。信長の外交に付随した現象として、ここに挙げておきたい。

時期による変化

まだ尾張一国の大名にすぎなかった頃の信長は、武田信玄にも上杉謙信にも下手《したて》に出ているが、上洛を境に尊大化したように感じられる。中央政権に連なったことよりも、実力において凌《しの》いだという自信からであろう。

徳川家康・浅井長政のような比較的弱小な者に対しては、同盟した最初の段階から優位な立場を通している。それが原因かどうかわからないが、長政は数年後に背いて執拗に信長と戦う形になる。

天正三（一五七五）年という年は、信長にとって大きな飛躍の年であった。「天下人」に脱皮した年と見なしてもよいだろう。家康にしても、この年を境に家臣化の道をたどることになる。

「天下人」に脱皮してまもなく、本願寺に上杉氏・毛利氏が結んだ勢力に苦戦した時期があった。信長は、この時期を羽柴秀吉・明智光秀・柴田勝家など、有能な家臣の献身的活躍に支えられて乗り切り、一気に展望を開くことができた。

ここまでくると、外交はたやすく進む。相手のほうから近づいてくるからである。東方からは北条氏が膝《ひざ》を屈《くっ》してやってきた。西の九州からも大友氏があらためて臣従を誓ってきた。当時戦っている武田氏および毛利氏より遠くの大名たちである。時に天正七年、本願寺との講和の前年のことである。

本願寺を屈服させたあと、「天下人」として信長の採った外交策は、かなり強引な方法に転化する。武田氏は恭順《きょうじゅん》の態度を示してきたが、信長はとうとう最後まで赦《ゆる》さなかった。長宗我部氏に対しては、前言を翻《ひるがえ》してまで恣意的な態度を貫こうとし、ついには討伐軍を派遣するに至った。このあたりは、まさに「力の外交」であった。

東方の関東・奥羽、西方の九州の大名たちの家臣化を進めようとした信長だが、このまま外交策のみで家臣化が成就《じょうじゅ》したかはおおいに疑問である。それを考えて、圧倒的軍事力を背景にした「力の外交」、もしくは外交と戦争の併用という方針を打ち出したのであろう。

将軍義昭との関係

信長と義昭との関係については、かなり紙幅を費《つい》やして述べた。外交面だけでなく、信長の上洛前後の七〜八年間は、義昭抜きには語れないからである。特に、上洛後の連合政権の時期には、二人三脚で外交にたずさわったこともあった。

義昭が将軍として在京している時には、信長はたいへん義昭に気を遣っている。上洛一年後に早くも衝突し、以後しっくりしない状態が続くが、信長はなんとか破局に至る事態だけは避けようと努力している。ついに、義昭が打倒信長を旗印《はたじるし》に挙兵してからも、兵に敵愾を攻撃させるいっぽう、「君臣の間」にこだわって、説得を繰り返している。

義昭を追放するという現実を経験することによって、ようやく、信長は将軍の呪縛から解き放たれた感がある。そして、さらに二年後に「天下人」となることで、信長は室町将軍とは別流の道を模索する形になる。

義昭は毛利氏のもとに移って、一時は本願寺・上杉氏などに呼びかけて信長包囲網を作ろうとするが、いかんせん足並みが揃わず空転している。戦国大名の間の遠距離外交がいかに難しいかを示す例と言えよう。

そして、天正五年後期あたりからは、各国の戦国大名に対する義昭の影響力はほとんど失われている。以後、信長はもう相手にすらしていない。

信長と各大名との外交について考える場合、義昭の存在を意識しすぎると、誤った方向に導かれる恐れがあるだろう。

朝廷との関係

信長と朝廷の関係についても、随所で触れてきた。最初に確認しておきたいことは、信長と朝廷とは、多少の行き違いはあったとしても、おおむね融和《ゆうわ》関係だった点である。信長は朝廷の保護に努めており、彼なりに崇敬《すうけい》の態度を示していると言ってよい。一部に、正親町天皇とは仲が悪かったという説もあるが、その確たる証拠はない。

とはいっても、信長はただ一方的に朝廷を奉戴するという姿勢ではない。当然ながら、利用しようという魂胆《こんたん》があり、実際に必要とする場面でしっかりと利用したのである。「凭《もた》れ合《あ》いの間柄」と評してもよかろう。

任官を必要とする時、勅命講和が望まれる時、信長の要求に応じて朝廷は動いた。蘭奢待《らんじゃたい》（東大寺正倉院《とうだいじしょうそういん》に収蔵されている香木《こうぼく》）切り取りの求めに対しても断わることはなかった。信長は朝廷を敬う姿勢を貫いているようで、実質上、その朝廷を動かす立場にいるのである。

信長の外交について考えた場合、朝廷を動かす力を握っていることは大きい。最後の最後には、勅命という切り札があるのだから。ただ、荒木村重攻めのケースに表われたように、信長は、できることならならその切り札を切りたくなかった様子である。

信長外交の評価

信長外交の基本方針として最初に挙げた遠交近攻策から取り上げよう。なにしろ他の大名と異なり、スケールが大きい。日本全体に及ぶ視野があってこその外交だが、そう評価する以前に、信長のようなずば抜けた戦力があってはじめて成り立つ外交と言えよう。

それにしても、まだ尾張のなかの不安定な存在だった時から、確実に外交の相手を見定めて素早く対処しているのは、若者離れした見事さである。美濃攻めの最中、武田信玄・上杉謙信と同時に交渉を持つというのも、特筆に値する外交能力と言える。信長と言えば傲慢《ごうまん》で気が短いというイメージがあるが、信玄・謙信に対する態度は、それとはまったく逆に謙虚そのものであり、ひたすら「待ち」の姿勢を貫いている。

彼の外交方針のひとつである、利用できるものを徹底的に利用するという策は成功したのだろうか。近親者の利用、朝廷の利用、外様の者の利用は、どれもだいたい好結果をもたらしたと言ってよかろう。しかし、将軍との関係については、足利義昭という人物の個性を持て余したこともあって、とても利用できたとは言えないだろう。

信長の外交で、あきらかに失敗と言えるケースは対朝倉氏であろう。義昭をめぐってこじれてしまった様子だが、完全に決裂する前に手を打つ方法はなかったのだろうか。朝倉氏との外交の失敗が浅井氏の離反を生み、元亀争乱の泥沼に入り込む。全国の統一へと向けた活動は、このため確実に三年ほどは遅れてしまったはずである。

全体的に見て、信長の外交は優れたものと評価できよう。しかし、その信長も一目《いちもく》置かざるを得ない存在がふたりいた。ひとりは本願寺顕如、そしてもうひとりは武田信玄である。

顕如個人というよりも、本願寺の交流網はさすがと言わねばならない。元亀年間の信長の苦悩の元凶は、第一に本願寺だったと言ってよかろう。この時の信長包囲網にしても、その核になったのは本願寺顕如であろう。ただ、この時は反信長方のチームワークが取れなかったのと、信玄の寿命が早々と尽きたため、失敗に終わったのである。

信長と信玄は、元亀三（一五七二）年に決裂するまで友好関係にあった。だが、そうしたつきあいのなかでのふたりの得失《とくしつ》を比べた場合、信玄のほうがはるかに得をしているように思われる。駿河攻めの時は、信長のほうが一方的に利用された形だったし、信玄最後の出陣の時も、信長はまんまと出し抜かれている。武田信玄という武将は、信長を凌ぐ外交の達人だったと言えるかもしれない。

最後に述べるのは、信長の外交が最後に到達したのが、強硬で裏を返せば危うさのある形だった、ということである。

天正十（一五八二）年、信長はついに武田氏を滅ぼした。勝頼の嘆願には最後まで耳を貸さなかった。また、長宗我部氏に対しては討伐軍を遣わした。元親がまだ交渉の道を探っているのにかかわらず。

筆者は、本能寺の変がなかったならば、二、三年のうちに信長による日本の統一が成ったと思っているが、万《まん》が一《いち》その通りにならなかったとしたら、その原因は、彼のこのような「力の外交」のなかに落とし穴があったような気がする。

関連年表

西暦	年号	年齢	月日	事項
1534	天文3	1	5月	尾張勝幡城に生まれる。幼名、吉法師
1546	15	13		元服、三郎信長を名乗る
1547	16	14		初陣、三河大浜城を攻撃
1548	17	15		父信秀と斎藤道三が和睦。翌年ヵ、道三の娘（濃姫・帰蝶）と婚姻成立
1552	21	19	3月3日	信秀が末盛城で病没、信長家督を継ぐ
			4月17日	赤塚の戦い。山口教継・九郎二郎と戦う
			8月16日	萱津の戦い。坂井大膳ら清須方を破る
1553	22	20	4月下旬	尾張富田の聖徳寺で斎藤道三と会見
			7月18日	成願寺の戦い。清須方を破る
1554	23	21	1月24日	村木砦攻め。今川方を破る
			4月20日	清須城占領。叔父織田信光と謀り、清須城守護代織田彦五郎を殺害。その後、那古野城を信光に譲り、清須城に移る。
1556	弘治2	23	4月20日	斎藤道三、子義龍と戦い、敗死
			8月24日	稲生の戦い。弟織田信勝方の柴田勝家・林美作守を破る
1558	永禄元	25	11月2日	病気と偽り、信勝を清須城に招いて殺害
1559	2	26	1月？	岩倉城を攻略
			2月2日	初上洛、将軍足利義輝に謁見
1560	3	27	5月19日	桶狭間の戦い。今川義元を討ち取る
1561	4	28	春	「清須同盟」成立。松平元康（のちの徳川家康）と同盟を結ぶ
			5月14日	森部の戦い。斎藤軍を破る
1563	6	30	この年か？	清須城から小牧山城に移る
1564	7	31	8月頃	鵜沼城・猿啄城を攻略
1565	8	32	5月19日	将軍足利義輝、三好三人衆や松永久秀に襲殺される
			7月28日	将軍の弟覚慶（のちの足利義昭）、興福寺一乗院を脱出。甲賀の和田惟政を頼る
			8月頃	犬山城を攻略
			11月13日	養女（遠山直廉の娘）を武田勝頼に嫁がせる

1566	9	33	閏8月8日	河野島の戦い。斎藤方に敗れる
1567	10	34	5月	娘五徳を徳川家康の嫡男信康に嫁がせる
			8月15日	稲葉山城攻め。斎藤龍興を破る。稲葉山城を岐阜城と改称、小牧山城から移城
			11月21日	足利義昭、朝倉義景を頼って一乗谷へ赴く
1568	11	35	2月	北伊勢に出陣、神戸・長野両氏を降す
			7月25日	足利義昭、岐阜郊外の立政寺に到着
			9月7日	兵六万を率いて岐阜を出陣、上洛へ
			9月26日	足利義昭を奉じて入洛。この後、畿内平定
			10月18日	足利義昭、征夷大将軍に就任
1569	12	36	1月5日	三好三人衆が六条の本国寺を包囲、将軍義昭を襲う。急遽上洛
			2月	足利義昭の新邸を造営、4月竣工
			8月28日	伊勢北畠氏の大河内城を包囲。10月3日、大河内城開城
1570	元亀元	37	1月23日	五カ条の条書を足利義昭に送り、承認させる。諸大名に触書を発する
			4月20日	越前朝倉氏攻め。京都を出陣
			4月30日	浅井氏離反により京都に戻る
			6月28日	姉川の戦い。浅井・朝倉連合軍を破る
			8月26日	野田・福島の戦い。三好三人衆らの砦を攻める
			9月12日	本願寺敵対、信長軍を攻撃。23日、京都へ撤退
			9月24日	志賀の陣。比叡山に着陣、朝倉・浅井方と対峙
			12月13日	朝倉・浅井方と和睦成立
1571	2	38	9月12日	比叡山焼き討ち
1572	3	39	7月19日	江北出陣。小谷城を攻撃
			9月	十七カ条の異見書を義昭に提出
			10月3日	武田信玄、甲府を出陣
			12月22日	三方ヶ原の戦い。徳川・織田連合軍、武田信玄に敗れる
1573	天正元	40	2月13日	足利義昭、反信長を鮮明化。24日、義昭方の石山・今堅田城を攻撃させる
			4月4日	上洛して上京を放火。将軍御所を包囲するが、7日勅命により和議成立
			4月12日	武田信玄、信濃駒場に病没
			7月3日	足利義昭、槙島城で挙兵。9日信長、大船を利用して上洛
			7月19日	槙島城攻略、義昭を追放
			8月10日	江北出陣、小谷城攻め。13日朝倉軍を追撃。20日朝倉氏滅亡
			9月1日	浅井氏滅亡。同月、浅井の旧領を秀吉に与える

			11月16日	若江城陥落、三好義継自害
			12月26日	多聞山城開城、松永久秀降参
1574	天正2	41	2月5日	明知城救援のため出陣、失敗(対武田勝頼)
			3月28日	東大寺の蘭奢待を切り取る
			6月14日	高天神城救援のため出陣、失敗(対武田勝頼)
			7月14日	長島を包囲。9月29日、殲滅
1575	3	42	4月8日	高屋城・本願寺を攻める
			5月21日	長篠の戦い。武田勝頼を破る
			8月15日	越前一向一揆攻め、殲滅戦を継続
			9月	越前・加賀に柴田勝家らを分封
			9月	丹波平定戦。明智光秀、丹波に入国。10月、赤井直正と戦う
			11月4日	従三位権大納言に叙任。7日、右近衛大将を兼任
			11月28日	嫡男信忠に家督を譲る
1576	4	43	2月	安土城の築城を開始。2月23日、岐阜より安土に移る。4月、天主が着工
			4月14日	本願寺攻撃軍派遣。5月3日、塙直政戦死。7日、大坂へ出陣
			5月	佐久間信盛を本願寺攻めの主将として、天王寺城に置く
			7月13日	第一次木津川口海戦。和泉水軍、毛利方の村上水軍に敗れる
1577	5	44	2月16日	雑賀討伐のため、和泉に出陣。3月15日、鈴木孫一らを降伏させる
			8月	上杉謙信に備え、柴田勝家を加賀に派遣
			9月15日	上杉謙信、七尾城を攻略。23日、手取川の戦い。柴田ら追撃され、敗れる
			10月10日	信忠の軍、信貴山城に松永久秀を滅ぼす
			10月下旬	羽柴秀吉、播磨・但馬に入国。上月城攻略
			10月29日	明智光秀、丹波に出陣。籾井城を攻める
			11月16日	従二位に叙任。20日、右大臣に任官
1578	6	45	2月	三木城の別所長治が背く
			3月13日	上杉謙信、春日山城に病没
			4月9日	右大臣・右近衛大将の官を辞任
			4月	羽柴秀吉・荒木村重、上月城後巻きに赴く
			5月1日	信忠、播磨戦線に援軍として出陣
			10月4日	月岡野の戦い。織田方の斎藤利治、上杉方を破る
			11月6日	第二次木津川口海戦。九鬼水軍、毛利水軍を撃破
			11月3日	荒木村重謀反により、有岡に向けて出陣

1579	7	46	3月	宇喜多直家、織田方となり三星城を攻撃
			6月1日	明智光秀、波多野氏の八上城を開城させる
			10月24日	明智光秀から丹波・丹後平定の報告を受ける
			11月19日	有岡城開城。12月13～16日、荒木の一族郎党を処刑
1580	8	47	1月17日	羽柴秀吉、三木城を開城させる。別所長治、城兵の助命と引き換えに切腹
			3月	本願寺に覚書を送り、石山城中全員の赦免を約する
			閏3月5日	本願寺と和睦
			閏3月	柴田勝家、野々市砦を攻撃、加賀北部まで進攻。金沢御坊滅亡
			4月9日	顕如、大坂を退去
			8月2日	教如、大坂を退去後、石山本願寺焼滅
			8月	佐久間信盛父子・林秀貞・安藤守就父子を追放。大和の諸城を破却
			11月17日	柴田勝家、加賀を平定。一揆首謀者の首を安土に送る
1581	9	48	2月28日	皇居東門外で馬揃え、正親町天皇臨席
			2月	佐々成政を越中に封じる
			3月22日	徳川家康、高天神城を攻略
			6～7月	能登の遊佐氏および越中の寺崎氏・石黒氏を粛清
			9月3日	信雄を総大将として伊賀を攻撃。11日、伊賀平定
			10月2日	前田利家を能登に封じる
			10月25日	羽柴秀吉、鳥取城を攻略
			11月	羽柴秀吉、淡路平定
1582	10	49	2月12日	武田氏平定戦開始。信忠、岐阜を出陣
			3月2日	信忠、高遠城を攻略
			3月5日	武田攻めのため、安土を出陣
			3月11日	武田勝頼自害、武田氏滅亡
			3月29日	知行割を行ない、武田氏の遺領に滝川一益ほか信忠軍団の諸将を封じる
			3月	柴田勝家、魚津城を囲む
			4月	富士山を見物、東海道を回り凱旋
			5月4日	三職推任の勅使の訪問を受ける
			5月8日	羽柴秀吉、高松城水攻めの普請を開始
			5月29日	わずかな供を連れて上洛、本能寺に入る
			6月2日	明智光秀の軍に本能寺を襲われ自害。信忠は二条御所で自害

参考文献

史料

『大日本史料』第十編之一～二十八　東京大学史料編纂所編　東京大学出版会
『毛利家文書』一～四（大日本古文書、家わけ八）東京大学史料編纂所編　東京大学出版会
『吉川家文書』一～三（大日本古文書、家わけ九）東京大学史料編纂所編　東京大学出版会
『小早川家文書』一～二（大日本古文書、家わけ十一）東京大学史料編纂所編　東京大学出版会
『上杉家文書』一～三（大日本古文書、家わけ十二）東京大学史料編纂所編　東京大学出版会
『島津家文書』一～三（大日本古文書、家わけ十六）東京大学史料編纂所編　東京大学出版会
『愛知県史』資料編10　中世3　愛知県　二〇〇九年
『愛知県史』資料編11　織豊1　愛知県　二〇〇三年
『増訂織田信長文書の研究』上・下・補遺・索引　奥野高廣著　吉川弘文館　一九八八年
『歴代古案』一～五（史料纂集　古文書編）続群書類従完成会　一九九三～二〇〇二年
『別本歴代古案』一～三（史料纂集　古文書編）八木書店　二〇〇八～一一年
『徳川家康文書の研究　新訂』上巻　中村孝也著　日本学術振興会　一九八〇年
『朝倉氏五代の発給文書』（福井県立一乗谷朝倉氏遺跡資料館古文書調査資料1）福井県立一乗谷朝倉氏遺跡資

料館　二〇〇四年
『信長公記』（角川文庫）太田牛一著、奥野高廣・岩沢愿彦校注　角川書店　一九六九年
『信長記』太田牛一著　岡山大学池田家文庫等刊行会編　福武書店　一九七五年
『信長記』太田牛一著　天理大学附属図書館所蔵
『兼見卿記』一～二（史料纂集）吉田兼見著、斎木一馬・染谷光廣校訂　続群書類従完成会　一九七一、七六年
『言継卿記』四　山科言継著、国書刊行会編　太洋社　一九四一年
『新訂増補　言継卿記』六　山科言継著　続群書類従完成会　一九六七年
『言経卿記』一（大日本古記録）山科言経著、東京大学史料編纂所編　岩波書店　一九五九年
『御湯殿の上の日記』（続群書類従補遺三）七　続群書類従完成会
『多聞院日記』二～三　多聞院英俊著、辻善之助編　角川書店　一九六七年
『蓮成院記録』辻善之助編『多聞院日記』五所収　角川書店　一九六七年
『天正十年夏記』勧修寺晴豊著　立花京子著『信長権力と朝廷』所収　岩田書院　二〇〇〇年
『二条宴乗記』二条宴乗著　『ビブリア』五二～五四、六〇・六二所収　一九七二～七六年
『宇野主水日記』宇野主水著　上松寅三編纂校訂『石山本願寺日記』下所収　清文堂出版　一九六六年
『家忠日記』松平家忠著、竹内理三編　臨川書店　一九六八年

『天王寺屋会記』（茶道古典全集7～8）津田宗及著、永島福太郎編　淡交新社　一九五九年
『今井宗久茶湯日記抜書』（茶道古典全集10）今井宗久著、千宗室ほか編　淡交新社　一九六一年
『永禄以来年代記』（続群書類従二十九下）　続群書類従完成会
『定光寺年代記』瀬戸市史編纂委員会編『瀬戸市史』資料編三所収　二〇〇五年
『厳助大僧正記（厳助往年記）』（続群書類従三十上）　厳助著　続群書類従完成会
『松雲公採集遺編類纂　記録部』金沢市立玉川図書館近世史料館所蔵
『公卿補任』（国史大系）　経済雑誌社　一九〇四年
『歴名土代』（群書類従二十九）　山科言継編　続群書類従完成会
『東国紀行』（群書類従十八）　谷宗牧著　続群書類従完成会
『立入左京亮入道隆佐記（立入宗継記）』（続群書類従二十上）　立入宗継著　続群書類従完成会
『本城惣右衛門覚書』本城惣右衛門著『ビブリア』五七所収　一九七四年
『イエズス会日本年報』上・下（新異国叢書）村上直次郎訳　雄松堂書店　一九六九年
『（フロイス）日本史』五畿内編　フロイス著、松田毅一・川崎桃太訳　中央公論社　一九八一年
『永禄六年諸役人附』（群書類従二十九）　続群書類従完成会
『新訂寛政重修諸家譜』高柳光壽ほか校訂　続群書類従完成会　一九六四～六七年
『細川両家記』（群書類従二十）　生島宗竹著　続群書類従完成会

『足利季世記』（新訂増補史籍集覧一六） 臨川書店
『越州軍記（朝倉記）』（続群書類従二十二下） 続群書類従完成会
『（甫庵）信長記』 小瀬甫庵著、国民文庫刊行会編 国民文庫刊行会 一九一〇年
『織田軍記（総見記）』（通俗日本全史七） 遠山信春著 早稲田大学出版部 一九一二年
『当代記』（史料雑纂） 続群書類従完成会 一九七四年
『永禄記』（群書類従二十） 続群書類従完成会
『松平記』（三河文献集成 中世編） 国書刊行会 一九六六年
『三河物語』（戦国史料叢書『家康史料集』） 大久保忠教著 人物往来社 一九六五年
『勢州軍記』（続群書類従二十一上） 神戸良政著 続群書類従完成会
『長曾我部元親記（元親記）』（続群書類従二十三上） 高嶋重漸著 続群書類従完成会
『南海通記』（戦国史料叢書『四国史料集』） 香西成資著 人物往来社 一九六六年
『甲陽軍鑑』（戦国史料叢書） 上・中・下 磯貝正義・服部治則校注 人物往来社 一九六五年
『上杉家御年譜』 一〜二 米沢温故会編 米沢温故会 一九八八年
『綿考輯録』 一 石田晴男ほか編 出水神社 一九八八年
『張州雑志』 内藤東甫著、愛知県郷土資料刊行会 一九七五〜七六年
『重訂越登賀三州志』 富田景周著 石川県図書館協会 一九三三年

著書・論文

朝尾直弘「『将軍権力』の創出」『歴史評論』二四一・二六六・二九三　一九七〇〜七四年
天野忠幸「織田・羽柴氏の四国進出と三好氏」『四国と戦国世界』岩田書院　二〇一三年
有光友学『今川義元』（人物叢書）吉川弘文館　二〇〇八年
粟野俊之『織豊政権と東国大名』吉川弘文館　二〇〇一年
池上裕子『織豊政権と江戸幕府』（日本の歴史15）講談社　二〇〇二年
池上裕子『織田信長』（人物叢書）吉川弘文館　二〇一二年
石崎建治「足利義昭期室町幕府奉行人奉書と織田信長朱印状の関係について」『文化財論考』一　二〇〇一年
今谷明『戦国大名と天皇―室町幕府の解体と王権の逆襲』福武書店　一九九二年
今谷明『信長と天皇―中世的権威に挑む覇王』（講談社現代新書）講談社　一九九二年
臼井進「幕府存在期の信長の京都支配における木下秀吉の立場―木下秀吉発給文書から」『史叢』五〇　一九九三年
臼井進「室町幕府と織田政権との関係について―足利義昭宛の条書を素材として」『史叢』五四・五五(合)　一九九五年
岡田正人「天下布武への道―検証織田信長」『別冊歴史読本』連載　一九九〇年〜九四年
岡田正人『織田信長総合事典』雄山閣出版　一九九九年

岡本良一ほか編『織田信長事典』新人物往来社　一九八九年
奥野高廣『足利義昭』（人物叢書）吉川弘文館　一九六〇年
奥野高廣「織田信長と浅井長政との握手」『日本歴史』二四八　一九六九年
尾下成敏「羽柴秀吉勢の淡路・阿波出兵―信長・秀吉の四国進出過程をめぐって」『ヒストリア』二一四　二〇〇九年
小和田哲男『桶狭間の戦い』学習研究社　一九八九年
勝俣鎮夫「楽市場と楽市令」『論集　中世の窓』吉川弘文館　一九七七年
金子拓『織田信長〈天下人〉の実像』（講談社現代新書）講談社　二〇一四年
鴨川達夫『武田信玄と勝頼―文書にみる戦国大名の実像』（岩波新書）岩波書店　二〇〇七年
鴨川達夫「元亀年間の武田信玄―『打倒信長』までのあゆみ」『東京大学史料編纂所研究紀要』二二　二〇一二年
神田千里『信長と石山合戦―中世の信仰と一揆』吉川弘文館　一九九五年
神田千里『戦国乱世を生きる力』（日本の中世11）中央公論新社　二〇〇二年
神田千里『一向一揆と石山合戦』（戦争の日本史14）吉川弘文館　二〇〇七年
神田千里『織田信長』（ちくま新書）筑摩書房　二〇一四年
神田裕理「織田信長に対する公家衆の『参礼』」『戦国史研究』四三　二〇〇二年

桐野作人『火縄銃・大筒・騎馬・鉄甲船の威力―戦国最強の兵器図鑑』新人物往来社　二〇一〇年
桐野作人『織田信長―戦国最強の軍事カリスマ』新人物往来社　二〇一一年
桐野作人「再検証　信長の対四国戦略」『歴史群像』二〇一四年十月号
久野雅司「足利義昭政権と織田政権―京都支配の検討を中心として」『歴史評論』六四〇　二〇〇三年
久野雅司「足利義昭政権論」『栃木史学』二三　二〇〇九年
久保尚文「和田惟政関係文書について」『京都歴史資料館紀要』一　一九八四年
久保田昌希「戦国大名今川氏の三河侵攻」『駿河の今川氏』三　一九七八年
黒田日出男「『甲陽軍鑑』の古文書学―『甲陽軍鑑』の史料論(4)」『武田氏研究』三八　二〇〇八年
黒田基樹『小田原合戦と北条氏』(敗者の日本史10)吉川弘文館　二〇一三年
小泉義博「朝倉義景と景鏡の感状」『武生市史編さんだより』二六　一九九五年
小島廣次『今川義元』(日本の武将)人物往来社　一九六六年
小島道裕『信長とは何か』(講談社選書メチエ)講談社　二〇〇六年
坂口善保「織田信長の上洛と堺衆(中)―信長と政商今井宗久」『尚絅大学研究紀要』七　一九八四年
佐藤圭「朝倉義景と織田信長との対決」『朝倉義景のすべて』新人物往来社　二〇〇三年
佐藤進一「日本花押史の一節―十六世紀の武家の花押」『名古屋大学日本史論集』下　吉川弘文館　一九七五年

柴裕之「織田政権の関東仕置―滝川一益の政治的役割を通じて」『白山史学』三七　二〇〇一年
柴裕之「永禄期における今川・松平両氏の戦争と室町将軍―将軍足利義輝の駿・三停戦令の考察を通じて」『地方史研究』三一五　二〇〇五年
柴辻俊六「武田信玄の東美濃進攻と快川国師」『武田氏研究』四六　二〇一二年
柴辻俊六「『甲陽軍鑑』収録文書の再検討」『武田氏研究』四九　二〇一三年
下村信博「戦国・織豊期尾張熱田加藤氏研究序説」『名古屋市博物館研究紀要』一四　一九九一年
下村信博「織田信秀の台頭」『新修名古屋市史』第二巻第六章第四節　名古屋市　一九九八年
宿南保『但馬の中世史―城跡と史料で語る』神戸新聞総合出版センター　二〇〇二年
鈴木眞哉（香月龍哉）「織田信長新戦術考」『歴史と人物』一九七五年七月号
鈴木眞哉『紀州雑賀衆　鈴木一族』新人物往来社　一九八四年
戦国史研究会編『織田権力の領域支配』岩田書院　二〇一一年
千田嘉博「小牧城下町の復元的考察」『ヒストリア』一二三　一九八九年
千田嘉博『信長の城』（岩波新書）岩波書店　二〇一三年
染谷光廣「織田政権と足利義昭の奉公衆・奉行衆との関係について」『国史学』一一〇・一一一（合）一九八〇年
高木庸太郎「織田政権期における『天下』について」『院生論集（名古屋大学大学院文学研究科）』九　一九八〇

年
高田徹「桶狭間古戦場を歩く(戦場をあるく―戦場調査ガイド)」『織豊期研究』九　二〇〇七年
高柳光壽『明智光秀』(人物叢書)吉川弘文館　一九五八年
竹井英文『織豊政権と東国社会―「惣無事令」論を越えて』吉川弘文館　二〇一二年
立花京子「織田信長の全国制覇正当化の大義―天下静謐執行について」『歴史学研究』六九五
一九九七年
立花京子「信長期公武関係の実態」『信長権力と朝廷』岩田書院　二〇〇〇年
田中義成『織田時代史』(講談社学術文庫)講談社　一九八〇年
谷口克広『織田信長合戦全録―桶狭間から本能寺まで』(中公新書)中央公論新社　二〇〇二年
谷口克広『信長軍の司令官―武将たちの出世競争』(中公新書)中央公論新社　二〇〇五年
谷口克広『信長の天下布武への道』(戦争の日本史13)吉川弘文館　二〇〇六年
谷口克広『信長と消えた家臣たち―失脚・粛清・謀反』(中公新書)中央公論新社　二〇〇七年
谷口克広「上杉謙信と織田信長」『新編上杉謙信のすべて』新人物往来社　二〇〇八年
谷口克広『信長と家康―清須同盟の実体』(学研新書)学研パブリッシング　二〇一二年
谷口克広『信長の政略―信長は中世をどこまで破壊したか』学研パブリッシング　二〇一三年
谷口克広『信長と将軍義昭―連携から追放、包囲網へ』(中公新書)中央公論新社　二〇一四年

津野倫明『長宗我部元親と四国』吉川弘文館　二〇一四年
典厩五郎『家康、封印された過去―なぜ、長男と正妻を抹殺したのか』PHP研究所　一九九八年
鳥居和之「織田信秀の尾張支配」『名古屋市博物館研究紀要』一九　一九九六年
永島福太郎「織田信長の但馬経略と今井宗久―附・生野銀山の経営」『関西学院史学』五　一九五九年
日本史史料研究会編『信長研究の最前線』（歴史新書y）洋泉社　二〇一四年
橋本政宣「織田信長と朝廷」『日本歴史』四〇五　一九八二年
橋本政宣「正親町天皇宸筆の武田信玄書状」『書状研究』一七　二〇〇四年
平井上総「津田信張の岸和田入城と織田・長宗我部関係」『戦国史研究』五九　二〇一〇年
平井上総「総論　長宗我部元親の四国侵攻と外交関係」『長宗我部元親』戎光祥出版　二〇一四年
平野明夫「徳川氏と織田氏」『徳川権力の形成と発展』岩田書院　二〇〇六年
平山優「織田源三郎信房について」『山梨県史だより』三〇　二〇〇五年
平山優『長篠合戦と武田勝頼』（敗者の日本史9）吉川弘文館　二〇一四年
平山優『検証　長篠合戦』（歴史文化ライブラリー）吉川弘文館　二〇一四年
藤井尚夫「桶狭間合戦―合戦最大の謎、義元本陣はどこか？」『信長と織田軍団』（新・歴史群像シリーズ⑪）
学習研究社　二〇〇八年
藤木久志「統一政権の成立」『岩波講座　日本歴史』9　岩波書店　一九七五年

藤田達生「織田信長の東瀬戸内支配」『戦国期畿内の政治社会構造』和泉書院　二〇〇六年
藤田達生『証言 本能寺の変─史料で読む戦国史』八木書店　二〇一〇年
藤本正行「長篠合戦における織田の銃隊の人数について」『甲冑武具研究』三五　一九七五年
藤本正行『信長の戦争─『信長公記』に見る戦国軍事学』（講談社学術文庫）講談社　二〇〇三年
藤本正行『長篠の戦い─信長の勝因・勝頼の敗因』（歴史新書y）洋泉社　二〇一〇年
堀新「戦国大名織田氏と天皇権威─今谷明氏の『天皇史』によせて」『歴史評論』五二三　一九九三年
堀新「織田信長と武家官位」『共立女子大学文芸学部紀要』四五　一九九九年
堀新「織田信長と勅命講和」『戦争と平和の中近世史』青木書店　二〇〇一年
堀新「信長公記とその時代」『信長公記を読む』吉川弘文館　二〇〇九年
堀新『天下統一から鎖国へ』（日本中世の歴史7）吉川弘文館　二〇一〇年
堀新『織豊期王権論』（歴史科学叢書）校倉書房　二〇一一年
本多隆成『定本 徳川家康』吉川弘文館　二〇一〇年
松下浩『織田信長　その虚像と実像』サンライズ出版　二〇一四年
松田訓「那古野」『守護所と戦国城下町』高志書院　二〇〇六年
丸山和洋「信玄の拡大戦略　戦争・同盟・外交」『新編　武田信玄のすべて』新人物往来社　二〇〇八年
三鬼清一郎『鉄砲とその時代』（教育社歴史新書）教育社　一九八一年

水野嶺「足利義昭の栄典・諸免許の授与」『国史学』二一一　二〇一三年
宮島敬一『浅井氏三代』(人物叢書)吉川弘文館　二〇〇八年
村岡幹生「今川氏の尾張進出と弘治年間前後の織田信長・織田信勝」『愛知県史研究』一五　二〇一一年
山田康弘「戦国期幕府奉行人奉書と信長朱印状」『古文書研究』六五　二〇〇八年
山田康弘『戦国時代の足利将軍』吉川弘文館　二〇一一年
山室恭子『群雄創世記―信玄・氏綱・元就・家康』朝日新聞社　一九九五年
横山住雄『織田信長の系譜―信秀の生涯を追って』教育出版文化協会　一九九三年
横山住雄『織田信長の尾張時代』(中世武士選書)戎光祥出版　二〇一二年
脇田修「織田政権と室町幕府」『日本史論集(時野谷勝教授退官記念)』清文堂出版　一九七五年
脇田修「近世権力の構造」『近世封建制成立史論―織豊政権の分析Ⅱ』東京大学出版会　一九七七年
脇田修『織田信長―中世最後の覇者』(中公新書)中央公論社　一九八七年
渡邊大門『宇喜多直家・秀家―西国進発の魁とならん』ミネルヴァ書房　二〇一一年
渡辺世祐「足利義昭と織田信長との関係に就いての研究」『史学雑誌』二二―一　一九一一年

切りとり線

★読者のみなさまにお願い

この本をお読みになって、どんな感想をお持ちでしょうか。祥伝社のホームページから書評をお送りいただけたら、ありがたく存じます。今後の企画の参考にさせていただきます。また、次ページの原稿用紙を切り取り、左記まで郵送していただいても結構です。

お寄せいただいた書評は、ご了解のうえ新聞・雑誌などを通じて紹介させていただくこともあります。採用の場合は、特製図書カードを差しあげます。

なお、ご記入いただいたお名前、ご住所、ご連絡先等は、書評紹介の事前了解、謝礼のお届け以外の目的で利用することはありません。また、それらの情報を6カ月を越えて保管することもありません。

〒101-8701（お手紙は郵便番号だけで届きます）
祥伝社新書編集部
電話03（3265）2310
祥伝社ホームページ　http://www.shodensha.co.jp/bookreview/

★本書の購買動機（新聞名か雑誌名、あるいは○をつけてください）

＿＿＿＿新聞の広告を見て	＿＿＿＿誌の広告を見て	＿＿＿＿新聞の書評を見て	＿＿＿＿誌の書評を見て	書店で見かけて	知人のすすめで

★100字書評……織田信長の外交

名前
住所
年齢
職業

谷口克広　たにぐち・かつひろ

戦国史研究家。1943年、北海道室蘭市生まれ。横浜国立大学教育学部歴史科卒業。横浜市役所、港区立港南中学校教諭、岐阜市信長資料集編集委員会委員などを経て、現在に至る。戦国史、なかでも織田信長に関する研究を一貫して継続。著作『織田信長家臣人名辞典』は信長に仕えたすべての家臣1458人を網羅、研究者からも引用される大著。他に『織田信長合戦全録』『信長軍の司令官』『信長と消えた家臣たち』『信長の天下布武への道』『検証　本能寺の変』など。

織田《おだ》信長《のぶなが》の外交《がいこう》

谷口克広《たにぐちかつひろ》

2015年11月10日　初版第1刷発行

発行者……………竹内和芳
発行所……………祥伝社《しょうでんしゃ》
〒101-8701　東京都千代田区神田神保町3-3
電話　03(3265)2081(販売部)
電話　03(3265)2310(編集部)
電話　03(3265)3622(業務部)
ホームページ　http://www.shodensha.co.jp/
装丁者……………盛川和洋
印刷所……………萩原印刷
製本所……………ナショナル製本

Printed in Japan　ISBN978-4-396-11442-8　C0221

〈祥伝社新書〉
中世・近世史

278
源氏と平家の誕生
なぜ、源平の二氏が現われ、天皇と貴族の世を覆《くつがえ》したのか？
関 裕二

054
山本勘助とは何者か 信玄に重用された理由
軍師か、忍《しの》びか、名もなき一兵卒か。架空説を排し、その実像を明らかにする
作家 **江宮隆之**

232
戦国の古戦場を歩く
古地図、現代地図と共に戦闘の推移を解説。30の激戦地がよみがえる！
作家 **井沢元彦** 監修

161
《ヴィジュアル版》江戸城を歩く
今も残る石垣、門、水路、大工事の跡などをカラー写真と現地図・古地図で解説
歴史研究家 **黒田 涼《りょう》**

240
《ヴィジュアル版》江戸の大名屋敷を歩く
東京ミッドタウンは長州藩中《なか》屋敷、水天宮は久留米藩邸内社《ていないしゃ》など、13の探索コース
黒田 涼